A reinvenção do conhecimento

Ian F. McNeely
e Lisa Wolverton

A reinvenção do conhecimento
De Alexandria à internet

Tradução de
MARIA LÚCIA DE OLIVEIRA

1ª edição

EDITORA RECORD
RIO DE JANEIRO • SÃO PAULO
2013

CIP-BRASIL. CATALOGAÇÃO NA FONTE
SINDICATO NACIONAL DOS EDITORES DE LIVROS, RJ

McNeely, Ian F., 1971-

M429r   A reinvenção do conhecimento: de Alexandria à internet / Ian F. McNeely e
Lisa Wolverton; [tradução de Maria Lúcia de Oliveira]. – Rio de Janeiro: Record, 2013.

Tradução de: Reinventing knowledge
Índice
ISBN 978-85-01-08312-8

1. Vida intelectual – História. 2. Erudição – História. 3. Civilização ocidental – História.
4. Civilização moderna – História. I. Wolverton, Lisa. II. Título.

CDD: 909
12-4365   CDU: 910(100)

Título original em inglês:
REINVENTING KNOWLEDGE

Copyright © Ian F. McNeely e Lisa Wolverton, 2008

Todos os direitos reservados. Proibida a reprodução, armazenamento ou transmissão de partes
deste livro através de quaisquer meios, sem prévia autorização por escrito.Proibida a venda
desta edição em Portugal e resto da Europa.

Texto revisado segundo o novo Acordo Ortográfico da Língua Portuguesa.

Direitos exclusivos de publicação em língua portuguesa para o Brasil
adquiridos pela EDITORA RECORD LTDA.
Rua Argentina 171 – 20921-380 – Rio de Janeiro, RJ – Tel.: 2585-2000
que se reserva a propriedade literária desta tradução.

Impresso no Brasil

ISBN 978-85-01-08312-8

Seja um leitor preferencial Record.
Cadastre-se e receba informações sobre nossos
lançamentos e nossas promoções.

EDITORA AFILIADA

Atendimento direto ao leitor:
mdireto@record.com.br ou (21) 2585-2002.

Para Jing e Margot

Sumário

INTRODUÇÃO   9

1. A Biblioteca   19

2. O Mosteiro   49

3. A Universidade   83

4. A República das Letras   121

5. As Disciplinas   157

6. O Laboratório   195

CONCLUSÃO   237

AGRADECIMENTOS   259

NOTAS   261

ÍNDICE REMISSIVO   287

Introdução

IMAGINE QUE A TOTALIDADE do conhecimento seja posta na internet. Todos os livros e todos os artigos de todas as áreas de estudo, todos os manuscritos e todos os artefatos de todas as culturas antigas, todas as pinturas e todas as gravações musicais, todas as sequências de pares de bases do DNA e todos os *blue prints* de microchips: tudo aquilo a que chamamos conhecimento estaria fielmente digitalizado, universalmente acessível, completamente indexado e seria facilmente pesquisável. Pois não se trata mais de uma fantasia de ficção científica, mas uma quase realidade para colossos da Internet como o Google. com, cujos funcionários já estão escaneando os conteúdos das maiores bibliotecas do mundo.

Imagine agora um projeto alternativo, sonhado por um grupo diferente de visionários do ciberespaço: uma Biblioteca de Dez Mil Anos, cujo propósito é preservar o conhecimento para o futuro distante, ao invés de torná-lo instantaneamente disponível no presente.[1] Esse projeto nos permitirá enviar uma correspondência para o futuro e (quando chegarmos lá) recebê-la do passado; armazenar cápsulas de tempo e sermos avisados quando chegar a hora de abri-las; estocar manuais para reconstruir a civilização no caso de uma catástrofe global. A Biblioteca de Dez Mil Anos não é a projeção de uma excessiva confiança tecnológica, mas o reconhecimento de um calcanhar de aquiles. Seu propósito é nos tornar atentos ao tempo, mas de um modo que nossa sociedade acelerada esqueceu como fazer. Na opinião de alguns, a atual "era da informação" ameaça tornar o conhecimento algo tão efêmero quanto a passagem faiscante de um impulso eletrônico ao longo de um cabo de fibra óptica.

Estamos atravessando mais um daqueles períodos recorrentes na história mundial nos quais mudanças econômicas, culturais e tecnológicas de longo alcance levantam questões básicas sobre a produção, preservação e transmissão do conhecimento. Como nos adaptar a circunstâncias quase inteiramente novas para termos a garantia de que podemos nos reproduzir como cultura humana? De que novas instituições precisaremos para organizar e transmitir a totalidade de nossos conhecimentos? Será que as bibliotecas convencionais ficaram obsoletas? O que precisa ser mudado na universidade tradicional? Podemos continuar a esperar que os avanços científicos melhorem nossas vidas no futuro? Qual será o efeito da mídia digital sobre a produção e distribuição do conhecimento em palavras e imagens?

Para escrever este livro, investigamos a luz que a história pode lançar sobre essas questões. Mas, em vez de nos preocuparmos com o rumo que tomará o conhecimento no futuro, escolhemos evocar o drama e o dinamismo que cercaram a busca do conhecimento no passado. Em lugar de narrar o crescimento de um sistema educacional com o qual muitos são excessivamente complacentes, queremos transmitir quão diferente e excitante, e até perigosa, podia ser a vida da mente para aqueles que, há centenas ou mesmo milhares de anos, se confrontaram com perturbações semelhantes. Antes que existissem as doações multibilionárias a universidades, os famosos e prestigiados laboratórios governamentais, a mídia digital e a banda larga sem fio, os acadêmicos eram pioneiros e renegados, e o conhecimento era um tesouro duramente conquistado. Tudo de novo que aprendiam corria o risco de ser

INTRODUÇÃO

perdido e esquecido, fosse pela hostilidade dos que temiam novas ideias ou, mais insidiosamente, pela simples negligência de pessoas relutantes em organizar e preservar uma memória coletiva civilizacional. Hoje, quando novamente nos defrontamos com a hercúlea tarefa de organizar todo o nosso conhecimento, faríamos bem em estudar o exemplo daqueles que mostraram audácia semelhante para fazer o mesmo sob condições muito mais adversas.

Esta história inclui uma rica variedade de eventos e personagens, desde os monges cristãos medievais que inventavam sistemas para preservar o conhecimento enquanto o Império Romano desmoronava à sua volta até os estudiosos que criaram uma "República das Letras" internacional para unificar a Europa dos primeiros tempos da modernidade, quando o continente estava sendo feito em pedaços por protestantes e católicos em guerra. Inclui Pedro Abelardo, o arrogante lógico medieval que entrou em conflito com seus senhores, seduziu sua pupila mais brilhante, Heloísa, e acabou assistindo à queima de seus livros e sofrendo a castração nas mãos do tio da amada. E inclui as lutas públicas e privadas de Marie Curie, uma das primeiras mulheres cientistas, que literalmente se envenenou com radiação (o que lhe custou a vida) porque queria explorar a estrutura do átomo.

Um dos mais improváveis efeitos dos esforços desses homens e mulheres, e de muitos outros, foi a constituição de um corpo de conhecimento comum a todos os que vivem, trabalham e estudam no chamado mundo ocidental e, cada vez mais, também em outras partes do planeta. Teólogos medievais como Abelardo e físicos atômicos como Curie tinham razões muito diferentes para buscar o conhecimento — conhecer Deus, desvelar os segredos da natureza —, mas, ainda assim, ambos contribuíram para o que é frequentemente definido como a "tradição intelectual ocidental" e, portanto, para a história que temos a contar neste livro.

Argumentaremos que a melhor maneira de definir "o Ocidente" é por suas instituições destinadas a organizar o conhecimento, e não por um conjunto de valores culturais ou como uma região do globo. Imagine um grupo que inclua antigos pastores gregos, aristocratas franceses, burocratas de um partido soviético, trabalhadores californianos e, talvez, até estudantes da Universidade da Malásia em Kuala Lumpur. Esses "ocidentais" diferem radicalmente em língua, etnia e estilo de vida. Historicamente, estiveram concentrados na Europa, rnas faz muito tempo que se espalharam por suas colônias e para além delas, por todo o mundo. A maior parte agora apoia os chamados valores ocidentais — democracia, secularismo, ciência e individualismo —, mas outros adotaram exatamente o oposto disso. Basicamente, o que partilham é uma herança intelectual comum. Mas, como pode ser definida essa herança? E aonde ela está nos conduzindo? Se pudermos entender de onde veio, talvez possamos fazer conjeturas bem fundamentadas a respeito de para onde está indo.

Este livro tenta precisamente isso. Traça a produção, preservação e transmissão de tudo o que se considera valer a pena ser conhecido e que veio a constituir a tradição "ocidental". Esse conhecimento abrange todos os temas debatidos na Academia de Platão, desde leis e política até amor e poesia, bem como tudo o que, desde então, tem sido acrescentado a essa lista — e subtraído dela. Este livro não é uma história da filosofia, embora empregue ideias filosóficas que animam nossas práticas educacionais. Tampouco se trata de uma história da educação, embora argumente que a maneira como o conhecimento é transmitido de uma geração a outra é inseparável do conteúdo do conhecimento. Mais obviamente, quase nada se falará aqui sobre o conhecimento informal, o tipo de conhecimento que obtemos lendo um jornal, consertando uma motocicleta, cuidando de uma criança ou criando uma obra de arte. Nosso terreno é o conhecimento formal, aquele organizado por instituições, pelo público mundial mais amplo e para ele. Nossa abordagem é necessariamente seletiva, ainda que aspire a uma amplitude enciclopédica. Tomamos exemplos da teologia cristã

INTRODUÇÃO

e da física nuclear, do grego de Homero e do direito corporativo, do mapeamento de continentes e do estudo da mente.

Este livro é sobre o Ocidente, mas a compreensão desse termo é gerada aqui a partir de comparações com as outras grandes culturas letradas do mundo. Para nossos propósitos, podemos reduzi-las a três: a chinesa, a islâmica e a indiana. A China teve a mais longeva alternativa à tradição ocidental em todo o mundo, um universo paralelo de erudição e civilização que se estendeu até o final do século XX. O Islã partilhava com o Ocidente tanto a origem no monoteísmo do Oriente Próximo como a absorção da filosofia e do conhecimento gregos. A Índia, uma região com um dos mais antigos sistemas autóctones de conhecimento, baseado no sânscrito, ficou enredada em complexas redes de influência. Nessas três tradições e na ocidental cresceram instituições acadêmicas para solucionar problemas comuns às sociedades letradas e para os quais os estudiosos ocidentais simplesmente encontraram soluções específicas duradouras. Essas incluem como produzir conhecimento, convertendo tradições filosóficas orais em erudição escrita; como preservá-lo, copiando manuscritos, estabelecendo um cânone de escrituras e garantindo que sejam mantidos o significado e o sentido da língua em que foram registradas; e como transmitir o conhecimento, dando vida à letra morta por meio de discussões e debates frente a frente ou recorrendo a cartas para superar as impossibilidades do contato direto. Periodicamente, os rápidos olhares que lançaremos às soluções dadas por outras culturas a esses problemas irão destacar não a superioridade intrínseca da variante europeia e, mais tarde, da americana, mas, em vez disso, sua especificidade histórica.

Assim, este livro é uma história de instituições de conhecimento. Ele registra a história das seis instituições que dominaram a vida intelectual ocidental desde tempos antigos: a biblioteca, o mosteiro, a universidade, a República das Letras, as disciplinas e o laboratório. Juntas, essas instituições salvaguardaram o conhecimento ao longo das eras, agindo como interfaces entre estudiosos e o restante da sociedade. Cada uma foi formada, por incrível que pareça, para organizar a totalidade do conhecimento. Cada uma se materializou como reação a drásticas mudanças históricas que desacreditaram sua predecessora ou expuseram suas limitações. E cada uma aproveitou a insatisfação e desilusão com os modos de conhecimento existentes para configurar uma nova ideologia todo-abrangente que legitimava sua missão perante o mundo externo. Em tempos de estabilidade, essas instituições sustentaram a tocha do saber. Em tempos de perturbação, indivíduos e pequenas comunidades reinventaram o conhecimento ao fundar novas instituições. Esses momentos de transição e inovação constituem nosso foco exclusivo neste livro, pois, uma vez estabelecido um padrão, as encarnações posteriores de uma instituição levam adiante a mesma missão básica — até que o conhecimento seja de novo reinventado.

Um foco em instituições direciona a atenção para além das personalidades individuais, das ideias, escolas de pensamento e até de disciplinas, privilegiando as formas como os buscadores do conhecimento têm praticado seu ofício. Os leitores reconhecerão muitos dos nomes (Curie ou Santo Agostinho) e das ideias (heliocentrismo ou taylorismo) encontrados nestas páginas. Ainda assim, muitos dos "gigantes" — Newton, Darwin e Einstein, por exemplo — fazem aparições passageiras, se tanto: suas contribuições, por mais importantes que sejam, encaixam-se confortavelmente nas instituições existentes. Na realidade, pretendemos evitar a abordagem mais costumeira da história intelectual, "grandes homens e grandes ideias". Em vez disso, examinamos mudanças que ocorrem, muitas vezes sem uma direção consciente, entre comunidades inteiras de estudiosos estrategicamente situados na história. Assim, Galileu e Descartes fazem aparições muito breves no capítulo sobre a República das Letras, mas mais por seu estilo epistolar que por suas doutrinas científicas. Outros, figuras menos conhecidas, como Demétrio de Falero, Wilhelm von Humboldt e Vannevar Bush (que não é parente dos Bush presidentes), deram maiores contribuições à organização de instituições que ao progresso de ideias, sempre em momentos de tran-

INTRODUÇÃO

sição na história. Arquitetos por detrás das cenas, o amplo alcance de suas inovações institucionais os torna merecedores das luzes da ribalta.

Grandes ou pequenas, as ideias só podem comunicar seus resultados se houver instituições que as organizem. Algumas das mais poderosas ideias são as que têm a capacidade de reorganizar a maneira como as pessoas buscam o conhecimento: quem o busca, onde e como, e de que forma elas julgam que o alcançaram. Antes mesmo que os buscadores do conhecimento de qualquer época possam começar sua empreitada, alguns pontos fundamentais têm de ser esclarecidos. Debatem com seus colegas em confrontações verbais, ou escrevem livros na solidão para leitores distantes? Escrutam a natureza quando a encontram, ou levam-na a fazer o inesperado? Relacionam-se com seus contemporâneos, ou trabalham em benefício de estudiosos passados e futuros? Estreitam fileiras para preservar verdades desgastadas, ou disseminam o conhecimento para benefício de todos? Essas são apenas algumas das questões que afetam a maneira como a vida da mente tem sido construída e reconstruída ao longo dos séculos. Os intelectuais constroem locais muito diferentes para reunir ou abrigar os que buscam o conhecimento, mas partilham suas matérias-primas com criadores de instituições em outros setores. Entre essas matérias-primas estão a fala e a escrita, as imagens e os objetos, e iniciativas para superar as limitações de espaço e as devastações causadas pelo tempo. Também são importantes as decisões a respeito de privacidade e publicidade, a quem excluir e a quem incluir. Ressaltaremos isso examinando os diversos acessos das mulheres ao mundo do conhecimento e identificando as ideologias marcadas por distinções de gênero que governam as contribuições tanto de homens quanto de mulheres a esse mundo.

O mais original dos experimentos, as mais fundamentais descobertas, os mais estupendos feitos da genialidade acadêmica exercem sua influência sobre nós porque seus criadores disseram, escreveram e fizeram coisas que reorganizaram a atividade de outras mentes de menor envergadura. As instituições dão significado àqueles que vivem de acordo com suas

A REINVENÇÃO DO CONHECIMENTO

regras e até aos que se rebelam contra elas. Convulsões na organização do conhecimento, por sua vez, decorrem de inovações institucionais que qualquer um com vocação para aprender pode reconhecer. Por exemplo, seria impossível pesquisar, ainda que superficialmente, as realizações de cada disciplina individual, da antropologia à zoologia. Mas não é difícil compreender que, quando surgiu pela primeira vez, após 1800, um mercado de massa para a educação, o resultado natural seria uma nova especialização do trabalho intelectual criando esses campos. Tais entendimentos revelam a totalidade da história intelectual, a despeito de todos os segredos que contém, e a colocam ao alcance da compreensão dos leigos. Nada disso pretende sugerir que a majestade das ideias possa ser reduzida às cruas circunstâncias materiais de sua produção. Entre a catedral medieval e o arranha-céu moderno, as práticas arquitetônicas foram radicalmente transformadas pela passagem da pedra ao aço. E, embora essa observação dificilmente baste para explicar os feitos de arquitetos góticos ou modernos, ela serve, ainda assim, para iluminar suas respectivas formas de genialidade. De maneira similar, este livro pretende desmistificar o conhecimento e construir uma narrativa básica de seu desenvolvimento. Ele busca catalogar as matérias-primas com as quais é moldado o conhecimento e examina as instituições que transformam essas matérias em poderosas forças políticas, sociais e culturais.

A partir do momento em que, há cerca de 2.300 anos, o conhecimento expandiu-se pela primeira vez para além do domínio da mente de uma só pessoa — ou das mentes de uma única comunidade de estudiosos engajados no debate direto, frente a frente, como no caso de Sócrates e seus seguidores —, a organização do conhecimento tornou-se tão importante quanto o próprio conhecimento. Não basta empilhar todos os grandes livros numa sala e presumir que eles inspirarão a sede de conhecimento. Como bem sabiam os fundadores da primeira biblioteca, em Alexandria, era necessário, de alguma forma, categorizar o aprendizado, ou não haveria como compreender seu significado e sua relação com outros corpos de conhecimento. Como sabiam os funda-

INTRODUÇÃO

dores das primeiras universidades, o conhecimento ainda tinha que ser apresentado em aulas atraentes e em debates, ou se tornaria insípido, vazio e crescentemente irrelevante para o mundo lá fora. E como também sabiam os fundadores do laboratório científico do século XIX, era necessário que ele produzisse trabalhos práticos que aprimorassem a condição humana, ou deixaria de haver qualquer fundamento para que recebesse apoio continuado diante de uma multidão de necessidades sociais prementes.

As formas como organizamos a atividade intelectual continuam a ter impacto decisivo sobre como criamos novos conhecimentos e deles extraímos orientações morais e práticas na vida diária. Recentemente, fomos testemunhas do surgimento de uma nova tecnologia, a Internet, com grande potencial para transformar o modo como produzimos, preservamos e transmitimos conhecimento em todo o mundo. Mas a inovação tecnológica, em si mesma, pouco faz para garantir o progresso do saber como um todo. Arriscamo-nos a cometer um grave erro se pensarmos que a informação barata universalmente disponibilizada através da mídia eletrônica atende aos requisitos de uma sociedade democrática no que se refere ao conhecimento organizado. As gerações passadas tiveram que conquistar o conhecimento usando a sagacidade, e nunca tomaram como verdade indiscutível o que sabiam. Evocar seus esforços e labutas é, na realidade, mais importante que nunca se quisermos distinguir entre o que há de verdadeiramente inovador na "era da informação" e o que são apenas modismos.

Sem dúvida, a universidade contemporânea, por mais que pretenda um conhecimento todo-abrangente, não é a culminância ou o pináculo de tudo o que aconteceu antes dela. A história do conhecimento é descontínua, cheia de caminhos não percorridos, e o sistema atual pode não ser o melhor de todos os mundos possíveis. As páginas seguintes estão cheias de histórias de pessoas que buscaram o conhecimento de maneiras surpreendentes — e talvez superiores. Houve um tempo em que estudantes na Europa e na Índia deixaram de lado as aulas e pa-

A REINVENÇÃO DO CONHECIMENTO

lestras passivas e dedicaram-se às disputas verbais, que consideravam a alma do aprendizado. Aristocratas na Europa e na China de outras épocas empenhavam-se em conseguir tempo livre, roubado de suas carreiras profissionais, para levar adiante as tradições acadêmicas. Cientistas na Europa e no Islã já viram o domínio e a manipulação da natureza como algo complementar à compreensão religiosa e humanista, em vez de antagônico a ela. Muitas formas alternativas de saber, de aprender e de ensinar foram perdidas ou ficaram soterradas sob as camadas de história que sustentam a atual organização do conhecimento. Se a vida da mente está de fato passando por uma transformação estrutural, isso torna ainda mais importante trazer de volta o que a história aparentemente descartou, de modo a transformar uma situação potencialmente desestabilizadora em uma que revitalizará a busca do conhecimento no futuro.

Mais importante ainda, devemos nos esforçar para desencavar os motivos e argumentos fundamentais que serviram de justificativa para a preservação do conhecimento; eles estão incorporados — e, muitas vezes, passam despercebidos — nas histórias das instituições que herdamos do passado. Cada capítulo deste livro, portanto, conta a história de uma instituição familiar a partir de uma perspectiva não familiar, enfatizando o que continha de inovador no momento em que surgiu. Em todas as conjunturas imprevisíveis, a reinvenção do conhecimento foi conduzida por mudanças generalizadas no mundo, e não pelas atividades de gênios específicos ou intelectuais em geral. Mas, quando quer que se cristalize uma nova instituição de conhecimento, sua influência permeia, notavelmente, tudo o mais. Foi tão abrangente o efeito de cada uma dessas sobre a reformulação da vida da mente que, sob sua égide, até as mais duradouras e arraigadas práticas do conhecimento submeteram-se à reforma e à renovação. Como veremos, até a "sociedade do conhecimento" de nossos dias, apesar de todas as suas aparentes novidades e direções radicais, não passa de uma continuação desse padrão milenar.

1

A Biblioteca

300 A.C.–500 D.C.

QUANDO A BIBLIOTECA TRANSFORMOU UMA CULTURA
ERUDITA BASICAMENTE ORAL NUMA BASICAMENTE ESCRITA,
A TRADIÇÃO INTELECTUAL GREGA PASSOU
A SER PORTÁTIL E HERDÁVEL.

O HOMEM QUE FUNDOU a mais famosa biblioteca do mundo ocidental usava maquiagem, clareava os cabelos, mantinha casos com mulheres casadas e garotos adolescentes e levava uma vida atribulada, cheia de intrigas políticas. Demétrio de Falero (c. 360-280 a.C.), que iniciou a construção da biblioteca de Alexandria, está entre as menos conhecidas figuras da tradição intelectual ocidental, embora seja uma das mais fundamentais. Demétrio começou sua carreira em Atenas, como um estudante da famosa escola ao ar livre fundada por Aristóteles, o Liceu. Por volta de 317 a.C., havia se tornado tirano de Atenas por cortesia, embora indireta, de outro estudante de Aristóteles, Alexandre, o Grande. Alexandre e seu pai submeteram a Grécia ao controle macedônio e Atenas, antes democrática, ao seu domínio. Parte ditador-títere, parte rei-filósofo, Demétrio governou Atenas com uma arrogância reconhecidamente típica de intelectuais no poder. Com certa dose de hipocrisia, dada a extravagância de seus próprios hábitos — era famoso por promover orgias e pródigos banquetes —, deu início a uma série de medidas punitivas contra exibições de excessos e luxúria nas vestimentas e nos espetáculos. Em 307 a.C., conseguira fazer tantos inimigos que foi obrigado a se exilar em Tebas.[1]

Àquela altura, Alexandre, o Grande, morrera havia muito tempo e seus generais estavam ocupados repartindo o legado que ele deixara na Ásia. O general encarregado do Egito, futuro Ptolomeu I, convidou De-

A REINVENÇÃO DO CONHECIMENTO

métrio a emigrar para Alexandria depois de Aristóteles haver declinado da mesma oferta. Demétrio agarrou a oportunidade e tornou-se, de fato, o filósofo da corte de Ptolomeu. Antes de conseguir cair novamente em desgraça (ao se indispor com Ptolomeu II numa controvérsia sobre a sucessão), ele iniciou e depois supervisionou a construção da biblioteca de Alexandria e de seu igualmente famoso museu.

Existem pelo menos três formas de contar a história da biblioteca, cada uma a partir de uma perspectiva, mas todas superpostas. A primeira abordagem é institucional: conta como bibliotecas eram fundadas e financiadas; como os livros eram produzidos, colecionados, copiados, catalogados e guardados, e como os estudiosos os usavam. Essa história poderia começar com as bibliotecas da antiga Mesopotâmia. Alcançaria seu clímax na inédita decisão dos Ptolomeus de recolher e colecionar todo o conhecimento do mundo em Alexandria. E concluiria com as glórias do mundo acadêmico islâmico, que transmitiu e expandiu o conhecimento da antiguidade por todo o Mediterrâneo e para além dele.

A segunda abordagem é intelectual e começa, antes de mais nada, com a justificativa filosófica para se colecionar livros. Organizar e administrar uma biblioteca é, afinal, uma tarefa monumentalmente tediosa, e requer a existência de um profundo compromisso prévio que justifique sua utilidade. Em particular, as bibliotecas apoiam-se na convicção de que a escrita é a melhor forma de organizar o conhecimento. No entanto, tão recentemente quanto em 1800, os enciclopedistas do Iluminismo e os palestrantes nas universidades do período romântico ainda discordavam quanto a ser preferível a escrita ou a fala. Dado que grandes filósofos como Sócrates e Platão preferiam o debate à escrita, a decisão tomada por seus sucessores imediatos de fundar as primeiras bibliotecas gregas é um episódio surpreendente que pede uma explicação especial. A sociedade grega, como a maioria das sociedades arcaicas, girava em torno da tradição oral, da memorização e recitação dos épicos homéricos. Se ouvir a *Ilíada* ou a *Odisseia* conferia a alguém as habilidades culturais necessárias, e se os poemas épicos tinham sua mais elevada

22

A BIBLIOTECA

forma de expressão nos espetáculos teatrais, então por que escrevê-los? Aqui encontramos uma conexão direta entre Demétrio e Aristóteles: ambos decidiram dar à escrita o mesmo apoio que davam à fala, pôr tudo por escrito, guardar em bibliotecas e basear a erudição na análise e síntese de textos, e não em argumentações verbais.

A menção a Aristóteles, que trabalhou como mentor de Alexandre, nos remete às conquistas mundiais dos macedônios e à terceira abordagem, que pode ser chamada de política. Os sucessores de Alexandre, em particular os governantes do Egito e da Ásia Menor, tiraram a cultura grega do estado de confinamento em que se encontrava nas cidades-Estado, ou *poleis* (daí deriva a palavra *política*). As bibliotecas que fundaram permitiram, pela primeira vez, que o conhecimento florescesse no império helênico, um ambiente social radicalmente diferente do grego. Desde então, até os dias de hoje, as bibliotecas têm sido apoiadas por uma espantosa variedade de sistemas políticos. Qualquer instituição que tenha durado bem mais de dois milênios tem que ter atraído não apenas os eruditos e acadêmicos, mas a sociedade como um todo. Ela deve ter preenchido algumas das mais profundas aspirações de povos antigos, refletido os desejos daqueles que detinham influência e recursos e se mesclado às estruturas do poder social e político. A compreensão do que terá levado os Ptolomeus — e outros sucessores de Alexandre — à decisão de criar bibliotecas, entre tantas outras coisas possíveis, nos dá uma indicação de por que motivo poderes políticos de grande escala fazem, com tanta frequência, do patrocínio do saber uma parte essencial de sua competição com rivais.

Tomando então a política como guia, mas tendo em mente as transformações institucionais e as justificativas intelectuais, façamos agora um esboço das origens da biblioteca helênica. O conhecimento acadêmico teve seu início na sociedade da pólis ateniense. Mas somente o eclipse do mundo grego e, com ele, o da própria Grécia clássica tornou possível o surgimento das bibliotecas e de suas formas características de erudição. Instituições suntuosas concebidas numa escala monumental, as

A REINVENÇÃO DO CONHECIMENTO

bibliotecas refletiam a riqueza e a ambição dos construtores do império helenístico, cujos feitos recentes encorajavam a afirmação da hegemonia do saber grego sobre o mundo conhecido. Nada no mundo antigo comparava-se ao que eles haviam conseguido — exceto na China, cuja era de unificação também inspirou uma grande biblioteca para organizar o conhecimento. Lá também, a padronização cultural seguiu lado a lado o fim da filosofia clássica e sua substituição pelo patrocínio imperial da erudição. Da mesma forma, as profundas diferenças entre as bibliotecas chinesas e helenísticas revelam as especificidades históricas da cultura erudita que brotou no Ocidente. Alexandria, não Atenas, foi seu primeiro centro. A biblioteca de Alexandria tornou-se um modelo para três outras civilizações imperiais da antiguidade mediterrânea — a romana, a cristã e a islâmica —, todas elas edificadas sobre o legado grego.

FALA E ESCRITA NA PÓLIS CLÁSSICA

Entre as características mais inquietantes dos gregos antigos, um povo que frequentemente consideramos a fonte da civilização ocidental, está sua profunda desvalorização da vida privada e familiar, a esfera de mulheres, crianças e escravos. A vida pública — a única que realmente importava — era o domínio dos homens. Celebrações do falo, graficamente exibido em numerosos vasos e esculturas, anunciam uma cultura de franca e agressiva masculinidade.[2] Igualmente perturbador para as sensibilidades modernas é o fato de que os gregos mostravam uma clara preferência por relacionamentos pederásticos entre homens adultos e meninos pós-púberes. A misoginia e o orgulho homoerótico sustentavam a vitalidade e o brilho da filosofia grega, transformando em quebra-cabeça saber por que ela veio a assumir a forma escrita.

O amor entre homens, que fez a fama da Grécia antiga, tinha suas origens na camaradagem militar. Homens adultos e jovens — de 15 a 19 anos, não crianças — tentavam mostrar seu valor uns para os

A BIBLIOTECA

outros, com os mais velhos tomando os camaradas mais jovens como seus protegidos. Às vezes, tais relações assumiam a forma de contato carnal explícito, embora isso, em geral, fosse encarado com desprezo. O intercurso homossexual era visto mais como vemos o adultério hoje do que como se vê a pedofilia: uma fraqueza da carne, algo bastante humano, e não uma perversão da natureza. Em vez disso, a norma era um tipo de amizade apaixonada. A educação grega era concebida para transformar a ligação erótica entre homens numa ligação entre mentor e protegido, fazendo da pederastia uma pedagogia.[3] (Uma mistura semelhante de companheirismo sexual e educacional floresceu entre mulheres na ilha de Lesbos.) A educação física era tão importante quanto o treinamento mental, ou até mais; a palavra *ginástica* deriva de *gymnos* ("nu"), indicando o modo grego de exercícios masculinos. Ao longo do tempo, no entanto, o domínio efetivo da fala acabou superando as proezas nas artes marciais.

A fala era fundamental para o funcionamento da política pessoal, em pequena escala, como a praticada em Atenas. Durante longo tempo, as cidades gregas haviam sido governadas por tiranos ou aristocratas, mas os conflitos nos séculos VI e V a.C. gradualmente levaram ao estabelecimento de democracias. A passagem de tirania a democracia intensificou a necessidade da pedagogia para que houvesse uma fala pública eficaz. Temos uma tendência tão forte de louvar automaticamente a democracia grega, que é fácil negligenciar suas fraquezas intrínsecas. Tome um grupo de pessoas treinadas em combate, cronicamente em guerra, pobres pelos padrões modernos e confinadas num espaço pequeno: ao serem emancipadas da autoridade tradicional, elas provavelmente começarão a se agredir mutuamente de forma ainda mais vigorosa. Em tal ambiente, a competição verbal, em debates políticos nas praças públicas, oferecia um meio de canalizar o conflito violento para formas de expressão não violentas.

Esses aspectos da educação, da sociedade e da política na Grécia estão reunidos nos poemas épicos atribuídos a Homero, a *Ilíada* e a

A REINVENÇÃO DO CONHECIMENTO

Odisseia, ambos centrados na identidade masculina. A *Ilíada* trata da camaradagem durante uma guerra (deflagrada pela disputa por uma mulher, Helena de Troia), e a *Odisseia* fala do individualista solitário, do homem que, durante dez anos, prefere as explorações e a aventura à companhia de sua sofredora esposa, Penélope. Os dois épicos também focalizam a coesão política grega: ao narrar a guerra das cidades-Estado gregas contra os troianos da Ásia Menor, eles estabeleciam uma identidade grupal que manteve a Grécia unida em meio à tendência de degenerar numa guerra civil. Passados de geração a geração, os dois poemas constituíam um repositório do que significava ser grego. Ambos eram transmitidos oralmente, memorizados por bardos ou poetas profissionais que vagavam de cidade em cidade.

No entanto, para poder competir na fala, precisava-se não de bardos, mas de instrutores, e esses foram encontrados nos sofistas, um grupo rival de escritores profissionais que vieram de todos os cantos da Grécia e convergiram para a democrática Atenas no final do século V a.C. Eles se reuniam em espaços públicos já frequentados por homens engajados no autoaperfeiçoamento, especificamente nos ginásios. Como profissionais que podiam ser alugados, eles explicavam a poesia épica e arcaica, particularmente Homero, e ensinavam seus clientes a falar bem. A habilidade para vencer qualquer discussão — o produto que os sofistas ofereciam — preparava o caminho para se ganhar influência e poder na pólis. O conhecimento literário era mais importante que o conhecimento científico, e assim foi durante todo o período pré-moderno. A fala eficaz conferia domínio sobre pessoas, o que, numa época anterior ao avanço da tecnologia, era algo muito mais importante que o domínio sobre a natureza oferecido pela ciência.

Os sofistas abordavam os desafios da democracia sistematizando a arte da persuasão e a pedagogia da fala correta. Com isso, eles se tornaram os primeiros verdadeiros praticantes da erudição textual.[4] O estudo cuidadoso e metódico de Homero significava usar as palavras de forma absolutamente correta, o que exigia uma ênfase na gramática, na

26

retórica e, *grosso modo*, no campo que hoje chamamos de linguística ou filologia. Para isso, os sofistas recorriam intensamente à palavra escrita e, em particular, aos livros. Tornaram-se famosos pelo refinamento de suas distinções linguísticas e desenvolveram argumentos dignos de um jurista, baseando suas evidências e citações em precedentes poéticos. Como fontes de referências, os livros eram ferramentas indispensáveis ao estilo sofista de argumento.

Mas os sofistas eram não apenas críticos mesquinhos obcecados com detalhes, mas também charlatões e aproveitadores cínicos: essa era a crítica que lhes fazia Sócrates, e essa imagem desfavorável predominava, acima de tudo, entre o círculo de filósofos elitistas que suspeitavam da tendência da democracia de pôr à venda o conhecimento. Sócrates acreditava que a fé exagerada dos sofistas na palavra escrita enfraquecia a memória física. Sendo um conservador, ele remontava aos vínculos vivos, eróticos, verbais entre homens. O método socrático, seu estilo robusto de pergunta e resposta, é a expressão de uma pedagogia oral fundada no atrito produtivo entre mestres e discípulos. Ele também reflete a crença socrática de que a fala leva à verdade: para julgar a veracidade de uma afirmação, a pessoa também pode consultar a reputação daquele que fala, um hábito mental da maior importância numa pólis baseada em interações face a face. A palavra escrita, em contraste, não merece confiança e é corruptora, porque está separada das ações, da honra e do caráter de quem quer que a tenha expressado.

O que sabemos de Sócrates, dado seu assumido desprezo pela escrita, chega-nos, inevitavelmente, por meio de seus discípulos, principalmente Platão, que, por sua vez, agia de modo a fazer pender a balança novamente para o lado oposto à fala. Os diálogos de Platão ganharam forma escrita e, por sua própria natureza, ajustavam diferenças e desacordos entre rivais (inclusive o próprio Sócrates), ao exaurirem, de forma lógica, seus argumentos. Igualmente importante, os diálogos serviam de canal para as mais inovadoras discrepâncias socráticas em relação à erudição sofista. Em oposição às meticulosas análises de tempos verbais

A REINVENÇÃO DO CONHECIMENTO

nos épicos de Homero, Platão e seu círculo adotaram um estilo de especulação metafísica associada às filosofias ecléticas dos pré-socráticos, que discutiam, entre outras questões, se átomos, números ou elementos (terra, ar, fogo e água) eram os constituintes primordiais da realidade. Em essência, eles mesclaram o gosto pré-socrático pela contemplação abstrata com a ênfase dos sofistas no conhecimento prático.[5] Isso propiciou um novo enfoque sistemático a questões práticas perenes sobre as melhores maneiras de viver, formar o caráter, constituir a sociedade e desenhar instituições. Os diálogos fizeram esses feitos parecerem naturais. Não tanto transcrições literais, e sim recriações textuais de debates falados, eles apresentavam percepções arduamente alcançadas como sendo produtos aparentes de um filosofar improvisado. Esse brilhante ilusionismo confrontou os sofistas em seu próprio terreno e criou na cultura acadêmica uma duradoura tensão entre a verdadeira sabedoria e a mera retórica. "Filosofia", a ideologia do saber antigo, surgiu como algo calculado: um amor à sabedoria orientado por questões públicas, contrapondo-se ao oportunismo sofista e ao lucro privatizado.

Institucionalmente, o que Platão, seus seguidores e seus diálogos criaram, e o que imitadores mais tarde copiaram, foi a escola filosófica. Platão provou sua devoção à sabedoria convidando rivais a se juntarem a ele, e sua Academia — uma irmandade de estudiosos que se reuniam num bosque em Atenas — abrangia, livremente, a totalidade do que veio a ser entendido como conhecimento acadêmico. Quando Aristóteles, discípulo de Platão e seu rival, fracassou na tentativa de sucedê-lo como líder da Academia, seus seguidores, por sua vez, criaram sua própria escola, o Liceu. As duas instituições tinham vínculos estreitos com os ginásios dos quais vieram seus nomes e, como tal, conformavam-se aos ideais clássicos da pedagogia grega, estabelecendo novas tradições orais que se expressavam, apenas entre homens, como atos de amor ritual e conflito público. Sendo uma instituição criada para organizar o conhecimento, a escola engendra apaixonados compromissos entre indivíduos que, a despeito de suas rivalidades, unem-se em torno de

28

um fundador carismático. Além disso, sua continuidade institucional é ameaçada pela morte ou defecção de líderes e integrantes proeminentes. Aristóteles enfrentou exatamente esse problema, encontrando, em Atenas e em outras partes, uma pletora de escolas, além da sua, que competiam por uma posição intelectual.

Aristóteles conseguiu cooptar seus rivais ao basear seus ensinamentos, decisivamente, na escrita. Ele resolveu sintetizar as posições representadas por escolas em disputa, e seu método consistia em agrupar doutrinas distintas e tratar diferenças e semelhanças de modo a desfazer suas aparentes contradições.[6] Por essa razão, muitas pessoas acham os livros de Aristóteles insuportavelmente insípidos. Sua filosofia generalizante está entulhada de sóbrias classificações — a tipologia das causas como materiais, formais, eficientes e finais, por exemplo — e carece dos lampejos de dissidência que dão vida a Platão. E há os que encontram inspiração justamente nos amplos espaços de Aristóteles, capazes de incorporar todos os detalhes enciclopédicos de tudo, desde flora e fauna até constituições políticas, algo que faltava a Platão. De qualquer modo, esse estilo é eminentemente adequado para a passagem da fala à escrita. A fala se presta à sustentação de posições parciais, de forma que o argumento possa prosseguir indefinidamente em torno das mesmas questões; a escrita torna possível, e desejável, uma abordagem inclusiva, ecumênica.

Do mesmo modo, a biblioteca incorporava, em grande escala, o que os livros de Aristóteles incorporavam em miniatura, o que faz dele não apenas o vínculo pessoal, mas também intelectual, com o mundo helenístico que emergiu das ações de seu discípulo Alexandre. Todas as bibliotecas, confortavelmente, contêm escritos e justapõem ideias que, se representadas por seus proponentes em carne e osso, poderiam contrastar violentamente umas com as outras. Ainda assim, lá estão, sentadas nas prateleiras, esperando que surjam aqueles estudiosos a quem caberá cotejar suas contradições latentes. Não é ao propor um novo simplismo — uma arrojada filosofia que afirme, por exemplo,

A REINVENÇÃO DO CONHECIMENTO

que o ar, não a água, é o constituinte primordial da matéria — que as bibliotecas reduzem a complexidade, mas ao construir um edifício intelectual bem-feito onde todas as doutrinas têm seu lugar próprio. Onde escolas fenecem ou se fragmentam, as bibliotecas persistem; onde as escolas sustentam argumentos fixos e preservam linhagens intelectuais, as bibliotecas absorvem novos conhecimentos e acomodam ao mundo do saber os recém-chegados. Isso transformou o conhecimento grego, incubado pela disputa oral, num produto novo que podia ser transportado para cenários não gregos. Em outras terras, pela primeira vez, a escrita permitiu a acumulação não apenas de perspectivas filosóficas, mas de conhecimentos sobre o mundo, em termos mais gerais.

ALEXANDRIA: A GRÉCIA EM OUTRAS TERRAS

Livros antigos circularam livremente no mercado muito antes da criação das primeiras bibliotecas helenísticas, mas colecioná-los era uma atividade privada, não pública. Os livros, ou, mais exatamente, os rolos de papiro, eram produzidos por copistas treinados associados a livrarias comerciais ou que trabalhavam como escravos domésticos para patrões ricos. O ato físico da escrita carregava o mesmo estigma de qualquer trabalho manual e era desprezado por homens cultos; na realidade, os eruditos que "escreviam" livros ditavam-nos a seus escribas. Combinado com a ênfase dada à fala na política e na filosofia, esse fato limitava a medida em que os livros podiam ser — ou poderiam ser considerados como — os repositórios fidedignos do conhecimento na Atenas clássica. Somente com a passagem de pólis a império e com a criação de bibliotecas em Alexandria, em Pérgamo e em outras partes, colecionar livros passou a ser uma atividade pública.

Em 323 a.C., Alexandre, o Grande, morreu (um ano antes de Aristóteles), o que desencadeou conflitos entre seus diversos sucessores. A vida na pólis e nas cidades continuou, mas organizações políticas de escala

A BIBLIOTECA

mais ampla tornaram-se a regra. Agora, havia impérios competindo, não mais cidades, e geralmente sob o patrocínio de um governante ou grupo familiar ricos, e não de um corpo de cidadãos democráticos. Suplantando a pólis, esses novos estados elevaram a competição cultural do nível de indivíduos ao nível de dinastias, sem que isso, de nenhuma forma, reduzisse a centralidade da língua ou da cultura gregas. Tais dinastias simplesmente detinham, pela primeira vez, os recursos para criar instituições que sobreviviam a seus fundadores e cuja sorte, no longo prazo, estava atada à dos estados que as patrocinavam. A mais rica e mais poderosa dessas dinastias estava no Egito, onde os Ptolomeus governavam o vale do Nilo a partir de sua capital em Alexandria, um posto avançado militar e administrativo localizado onde o delta do rio encontrava-se com o mar. Competindo com outros construtores de império em Antioquia e Pérgamo, e também na Macedônia e na Grécia, os Ptolomeus fizeram de sua cidade um ímã para ambiciosos emigrantes gregos. Sob a tutela ptolomaica, Alexandria cresceu até se tornar a cidade multicultural por excelência da Antiguidade.

Os Ptolomeus eram governantes de um nível cultural excepcional, e criaram, como um paraíso para eruditos, um templo riquíssimo dedicado às musas, o Museu. O patrocínio imperial marcou um ponto de inflexão fundamental: ficou para trás o espírito público e de autossacrifício dos filósofos atenienses, e surgiu uma nova preocupação com as vidas privadas dos intelectuais e, em particular, com seus rendimentos. Certamente, a ênfase que se dera à formação do caráter na pólis clássica minguou quando a política passou a girar em torno de intrigas palacianas, e não de disputas verbais. Bem tratados, mimados, isolados num complexo arquitetônico suntuoso que ficava à parte dos tumultos de uma cidade portuária movimentada e poliglota, os integrantes do Museu desfrutavam de substanciais isenções fiscais e do livre uso de salões residenciais, locais para jantares, servos pessoais, salas de aula, colunatas e galerias, espaços abertos e, o mais importante, da famosa biblioteca. Observadores externos ressentidos chamavam o Museu de

A REINVENÇÃO DO CONHECIMENTO

"gaiola" para ratos de biblioteca politicamente emasculados. Mas o Museu era parte integrante de uma política muito sagaz destinada a atrair talentos de todo o mundo grego oferecendo todos os confortos materiais e todas as amenidades culturais da vida grega. O mesmo ocorreu, em menor escala, com os inúmeros ginásios, banhos públicos, festivais e teatros estabelecidos em Alexandria para fundir a diáspora grega numa só classe dominante.

Os Ptolomeus tinham pressa em atrair os melhores intelectuais gregos para sua capital e pagá-los generosamente. Entre aqueles que floresceram sob seu patrocínio estavam Euclides, o grande sintetizador da geometria antiga; Eratóstenes, cujas medidas estabeleceram com impressionante exatidão a circunferência da Terra (que, aliás, ele sabia ser redonda); e Arquimedes, o polímata que ficou mais conhecido entre nós por seu estudo da mecânica dos fluidos. Mais tarde, sob o domínio romano, Alexandria abrigou Galeno, o gigante da medicina antiga, e Cláudio Ptolomeu (ou simplesmente Ptolomeu — que não tinha nenhuma relação com a dinastia ptolomaica), arquiteto do sistema solar geocêntrico que acabou sendo derrubado por Copérnico.

Mas foi Demétrio de Falero quem se tornou o personagem em torno do qual tudo veio a girar. Ninguém melhor que ele expressa a conexão entre Aristóteles e a biblioteca, e a passagem de pólis a império. Como resultado de sua iniciativa, os Ptolomeus começaram a adquirir o maior número possível de livros. Pagavam enormes somas, de forma totalmente indiscriminada, por qualquer coisa disponível no mercado mediterrâneo. Chegaram mesmo a ordenar que navios atracados no porto tivessem seus rolos de papiro temporariamente confiscados para serem copiados; depois, as cópias, não os originais, eram devolvidas aos donos. Os livros eram investimento ainda melhor que estudiosos. Esses vêm e vão num mundo competitivo, mas os livros podem ser continuamente acumulados. Relatos antigos (não verificáveis) dizem que havia na biblioteca de Alexandria, em seu apogeu, um acervo de mais de meio milhão de livros. Embora muitos deles ocupassem diversos rolos, o que significa que o número de títulos talvez fosse um terço disso, ainda assim a biblioteca de Alexandria era, com ampla margem, a mais abrangente da Antiguidade.

A erudição helenística

Sob a égide do império, a busca do conhecimento grego assumiu um caráter mais despolitizado. Não apenas a fala carregada finalmente cedeu lugar à escrita erudita, mas a todo-abrangente busca da "filosofia" dispersou-se entre vários campos do saber pelos quais Alexandria tornou-se famosa: literatura, filologia, poesia, geografia, etnografia, medicina, matemática e ciência experimental. A filosofia, pelo menos no início, foi praticamente o único campo que não floresceu ali. A filosofia não apenas se alimenta da interação oral, mas, sem dúvida, se beneficia de uma escassez de textos: sem as seduções de uma biblioteca onde pesquisar, os estudiosos dependem de seus próprios recursos intelectuais. Em meio ao excesso de riqueza de Alexandria, por contraste, o intelectualismo público foi facilmente sacrificado à curiosidade privada, e a filosofia foi transmutada em algo mais reconhecivelmente acadêmico.

Cotejo, tradução e síntese: essas foram as formas particulares de erudição inicialmente estabelecidas em Alexandria. Muito mais que um espaço para meramente acumular rolos de manuscritos, a biblioteca tornou-se um lugar para organizá-los: editar e recopiar manuscritos, recombinar seus conteúdos e acrescentar comentários e análises. Numa era anterior à tecnologia da impressão, até os textos mais fielmente copiados a mão eram irremediavelmente incorretos. Os grandes clássicos, especialmente, circulavam em todo o Mediterrâneo numa desalentadora quantidade de versões. Estabelecer uma edição confiável dos épicos de Homero tornou-se, assim, um ponto de honra especial para Alexandria. Desdenhando outros eruditos — de Pérgamo, por exemplo — que se contentavam em estabelecer o significado alegórico genérico de Homero, os alexandrinos empenharam-se particularmente em encontrar a forma

A REINVENÇÃO DO CONHECIMENTO

correta para cada parágrafo, cada sentença, cada palavra.[7] Com bastante frequência, isso os levou a fazer inferências que resultaram em mais danos que benefícios aos textos em questão. Um verso da *Ilíada* no qual Afrodite carrega um assento para Helena ofendeu a crença dos críticos de que uma deusa não poderia se inclinar para servir a uma mera mortal.[8] Mas a decisão de elevar a exatidão e o rigor acima da mensagem moral substantiva ilustra, melhor que qualquer outra coisa, a extinção da fala clássica ateniense no Egito ptolomaico e sua substituição por uma cultura acadêmica centrada no texto.

Ainda mais importante do que editar Homero, um poeta grego para pessoas de fala grega, foi o esforço de tradução que começou a estabelecer a hegemonia do saber grego entre culturas não gregas. Alexandria era uma encruzilhada multicultural na qual conviviam uma grande (embora oprimida) população nativa egípcia e uma minoria de judeus ricos e influentes; estava também bastante próxima das grandes civilizações da Pérsia e da Mesopotâmia. Nesse ambiente excepcional, os Ptolomeus assumiram a tarefa de tornar disponíveis em grego os mais importantes livros dos vários povos mediterrâneos — o que, para eles, correspondia ao mundo conhecido. Isso incluía direito romano, história egípcia, astronomia babilônica e, primeiro e acima de tudo, por seu impacto na história subsequente, a Bíblia hebraica. O próprio Demétrio pode haver iniciado a produção da Septuaginta, assim chamada por alusão aos 72 eruditos judeus, seis de cada uma das Doze Tribos, supostamente levados da Palestina para Alexandria com a tarefa de traduzir para o grego a Bíblia hebraica. Embora estivessem todos separados, sem contato uns com os outros, alega-se que todos os 72 produziram exatamente o mesmo texto. Isso provava tanto a exatidão da tradução quanto sua sanção divina.

A Septuaginta veio a se tornar o patrimônio da crescente comunidade judaica de Alexandria, que já havia começado a adotar o grego como seu idioma principal, substituindo o aramaico e o hebreu. Mas a motivação inicial da Septuaginta refletia interesses distintamente ptolomaicos.

34

A BIBLIOTECA

Além de cultivarem uma genuína curiosidade intelectual a respeito do "conhecimento estrangeiro", os governantes helenísticos tinham uma percepção politicamente arguta de que, para governar povos vassalos, era necessário conhecer suas leis e seus costumes.[9] Conforme explicado na Carta de Aristeias, uma de nossas poucas fontes sobre as atividades iniciais da biblioteca, Ptolomeu queria ganhar a lealdade dos judeus que haviam sido obrigados pelos persas a sair de Jerusalém e ir para o Egito, bem como de um grande número de judeus forçados a servir nos próprios exércitos dos Ptolomeus: "E como estou ansioso para mostrar minha gratidão a esses homens e aos judeus em todo o mundo e às gerações ainda por vir, determinei que suas leis sejam traduzidas do idioma hebraico em uso entre vocês para a língua grega, e que esses livros sejam acrescentados aos outros livros reais que se encontram em minha biblioteca."[10] Séculos mais tarde, alguns dos mais famosos filósofos de Alexandria, inclusive o judeu Filo e os cristãos Orígenes e Clemente, basearam-se na Septuaginta para conciliar filosofia grega e revelação divina e produzir uma verdadeira teologia a partir do monoteísmo hebraico. Poucos esforços resumem tão bem a maneira como o saber helenístico havia se entranhado na política do império multiétnico.

A síntese foi o terceiro e último feito da erudição alexandrina. Isso simplesmente refletia a influência da abordagem enciclopédica de Aristóteles. O luxo de perambular entre infindáveis prateleiras de livros inspirava os estudiosos a pegar aqui e ali fragmentos do conhecimento que seus predecessores haviam pilhado o mundo para descobrir. O mais autêntico praticante dessa arte foi Calímaco (c. 305-c. 240 a.C.), famoso tanto por sua poesia erudita quanto por haver compilado o primeiro catálogo da biblioteca de Alexandria, chamado de *Pinakes* ("tabletes") (nome derivado dos tabletes de argila usados para catalogar rolos agrupados por assunto). Esses "tabletes" representaram um enorme aperfeiçoamento no sistema de alfabetização baseado na primeira letra, também inventado pelo primeiro bibliotecário de Alexandria. Eles permitiam a Calímaco localizar na biblioteca os rolos com listas de rios, cidades, mitos, peixes,

A REINVENÇÃO DO CONHECIMENTO

rituais, deuses, palavras raras e costumes estranhos de povos em todo o mundo. Maravilhas naturais e humanas, como "água salgada com sabor adocicado" e "metais preciosos que crescem como plantas" tornaram-se lugar comum no que é chamado de "paradoxografia", um gênero que ele inventou.[11] Ele mantinha tudo isso ao alcance da mão, como um depósito de referências, alusões eruditas e fatos fascinantes com os quais poderia enriquecer ou enfeitar seus versos. Os agrupamentos temáticos e as referências cruzadas tornaram suas coleções disponíveis para outros eruditos da biblioteca — em detrimento da poesia que faziam, na opinião dos críticos. "Vocês, soldados de Calímaco", escreveu um detrator vitriólico, "caçadores de sinistras combinações verbais, que gostam de usar 'min' e 'sphin' [pronomes arcaicos] e de pesquisar se os ciclopes tinham cachorros, que desapareçam para todo o sempre."[12]

A categorização do conhecimento, seja em tabletes, cascas de árvores ou com as decimais de Dewey,* tem exercido entre os acadêmicos modernos uma fascinação totalmente desproporcional à sua verdadeira importância. Esquemas de classificação são conveniências arbitrárias. O que importa não é se história está agrupada com poesia ou com política, nem o que isso nos revela a respeito da mente antiga, mas apenas se tais sistemas tornavam os livros pronta e rapidamente acessíveis a intelectos enciclopédicos perambulantes. A julgar pela qualidade da erudição sintética substantiva que emanou da Alexandria ptolomaica, foi exatamente isso o que alcançaram os *Pinakes* de Calímaco e outras obras semelhantes. Alguns dos melhores trabalhos de cartografia e etnografia do mundo antigo foram feitos por especialistas que nunca se aventuraram para além das muralhas da cidade para coletar dados, ou talvez nem mesmo além dos confins do Museu; em vez disso, simplesmente fizeram um apanhado dos melhores e mais confiáveis mapas e relatos de viagens disponíveis na biblioteca. A geometria de Euclides encaixa-se

---

*Melvil Dewey (1851-1931), bibliotecário americano que, aos 26 anos de idade, criou o sistema de catalogação decimal até hoje vigente. [*N. da T.*]

36

A BIBLIOTECA

na mesma categoria: embora se trate de uma síntese, mais que de um trabalho original, é o livro-texto matemático mais influente da história.

A leitura crítica tornou-se "uma fonte de escrita adicional" em Alexandria, engendrando novos gêneros como o comentário, o glossário e o índice.[13] Erudição, ecletismo e um pendor para a construção de sistemas, que continuam a ser os vícios e as virtudes da mente culta, eram manifestações do novo estilo intelectual. Para o bem ou para o mal, isso era algo muito diferente do estilo dos filósofos. Mas, de qualquer modo, é improvável que a verdadeira filosofia pudesse ter sobrevivido fora de estufas como a Atenas do século V. O patrocínio de governantes tornou todo esse conhecimento disponível — de forma modificada — para outros, inclusive para nós.

Patrocínio cultural

Podemos perfeitamente especular por que razão grandes governantes, dos Ptolomeus do Egito aos Médicis da Itália, dos sultões aos dirigentes do Império Muhgal indiano e aos imperadores da Ásia, têm, tão frequentemente, patrocinado o saber acadêmico. O fato de que o saber superior tenha prosperado sob tão amplo apoio financeiro e político não pode ser simples coincidência, mera boa vontade de personagens poderosos que se interessavam pela vida da mente.

Uma das explicações é simplesmente — e até cinicamente — política. Ela sustenta que os governantes investem em capital cultural para polir suas reputações e, por contraste, representar seus rivais como desprezíveis senhores da guerra. Especialmente num mundo como o helenístico, culturalmente unificado, mas politicamente fragmentado (ou, da mesma forma, na Itália da Renascença ou na China dos "Estados Guerreiros"), os centros de alto saber faziam pender a balança numa disputa que, de outra forma, ficaria empatada entre um número limitado de rivais. No entanto, havia também outros meios, como o patrocínio da religião ou a construção de arquiteturas monumentais,

A REINVENÇÃO DO CONHECIMENTO

que alcançavam esse objetivo mais diretamente, dando a impressão de magnanimidade real ou imperial a grupos muito maiores de pessoas. Os predecessores dos Ptolomeus, os faraós, haviam feito exatamente isso com imensas pirâmides e complexos de templos. O patrocínio real desse tipo era uma tradição milenar encontrada em todo o sudoeste da Ásia, e disso os Ptolomeus estavam bem cientes.

Mais satisfatório, de certo modo, é o argumento de que os eruditos desempenham um papel especial no estabelecimento de linguagens de poder e comércio. Após o desaparecimento de Alexandre, o grego ainda não havia suplantado o aramaico (a língua de Jesus Cristo) como a língua franca do Mediterrâneo oriental, mas tinha uma boa chance de consegui-lo se os vários administradores, marinheiros, comerciantes, soldados e artesãos procedentes das cidades-Estado gregas pudessem ser induzidos a pôr seus talentos a serviço do império. Para eles, o complexo Museu/biblioteca, incrustado numa população nativa com a qual não tinha afinidade étnica, certamente atuava como um sinal luminoso tão potente quanto o gigantesco farol que os Ptolomeus haviam erigido no porto de Alexandria. Assim, novamente, é duvidoso que intelectuais fechados numa gaiola fossem presenças verdadeiramente consoladoras para um fino estrato de conquistadores empenhados em se aclimatar a povos estrangeiros e línguas estrangeiras

De qualquer modo, nenhuma dessas explicações pode esclarecer por que a escrita, especificamente — a erudição escrita, a mania de colecionar livros, o gosto pela exatidão, e tudo aquilo que a biblioteca representava —, veio a oferecer aos Ptolomeus os meios mais eficientes para alcançar seus objetivos. Para responder a essa questão, precisamos examinar a civilização antiga mais centrada na escrita, a chinesa, e explorar uma situação na qual, bem ao contrário da helenística, a uniformidade cultural já existia, mas a concorrência política apenas recentemente terminara.

38

GREGOS X CHINESES

Um primeiro olhar sobre a China antiga parece confirmar, se não a magnanimidade dos Ptolomeus, pelo menos as vantagens da competitividade grega sobre a repressão monolítica dos déspotas orientais. A época dos "Estados Guerreiros" na China havia sido filosoficamente brilhante, bastante parecida com a da Grécia clássica: foi a era de Confúcio, aproximadamente contemporâneo de Platão, e de uma multidão de dinâmicas escolas rivais — legalista, taoista, moista e muitas outras. Mas, em 221 a.C., o imperador Chin, de cuja dinastia deriva o nome China, acabou com tudo isso. Primeiro, pôs de joelhos os estados guerreiros e criou o primeiro império chinês unificado. Então, seu principal ministro, Li Si, ele próprio um exímio erudito da escola legalista, reprimiu todos os que se opunham à filosofia do estado Chin, especialmente o confucionismo. Em seguida, o potentado-filósofo ordenou uma queima geral dos livros. Num famoso memorando ao imperador, Li Si explicou que, por terem acesso privado ao saber, os eruditos confiavam mais em seus próprios ensinamentos que nas ordens do imperador. Pode-se fazer uma correlação direta entre a multiplicidade de ensinamentos filosóficos e a fragmentação da China. Restava um único recurso: "Seu servo sugere que todos os livros no departamento de história, exceto os registros de Chin, sejam queimados; que todas as pessoas no império, exceto as que detenham funções sob o controle dos eruditos oficiais, que tenham a ousadia de guardar a literatura clássica e as discussões dos vários filósofos devem ir aos governadores administrativos e militares para que esses livros sejam indiscriminadamente queimados." A punição da não obediência seria igualmente severa: "Aqueles que ousam discutir a literatura clássica entre si devem ser executados, e seus corpos expostos no mercado. Aqueles que usam o passado para criticar o presente devem ser mortos, junto com seus parentes."[14] A diversidade e o dissenso pereceram nesse holocausto, ou assim sustenta a tese, e a unidade política foi comprada pelo alto preço da conformidade cultural. Felizmente, nenhum dos Ptolomeus nem seus ministros jamais estiveram numa posição que lhes permitisse adotar tal sistema.

Por maior que seja a tentação de demonizar Li Si como o anti-Demétrio, sua política de queima de livros está inseparavelmente ligada a outra política cultural, mais positiva: a padronização do chinês escrito. Os belos e complexos caracteres chineses indicam, há muito tempo, uma grande fascinação com a escrita, maior que a encontrada no caso dos alfabetos do Mediterrâneo, de caráter mais utilitário. Diferentemente da escrita grega, que se desenvolveu a partir dos rabiscos usados nas transações comerciais dos mercadores fenícios, os caracteres não alfabéticos chineses eram objeto de uma veneração estética e religiosa que se perde no tempo. Dinastias da antiguidade remota, a partir dos Chang, faziam inscrições em pedra, jade e, especialmente, bronze para se comunicar com os ancestrais e com os deuses, bem como com futuras gerações. A caligrafia, uma arte elegante destinada ao cultivo erudito, carregava um prestígio que seria inimaginável a um estudioso grego ditando para seu escravo. Mas os caracteres chineses tinham muitas variantes históricas, funcionais e até regionais. Li Si e seus associados eliminaram essas variantes, simplificaram a escrita e estabeleceram uma tendência, que culminou diversas gerações mais tarde, ao substituírem a antiga "escrita de selo" curvilinear pelos caracteres reconhecidamente angulares do chinês atual.[15] Quanto à queima de livros, seu propósito era limpar as teias de aranha da história e estabelecer os Chin como o ponto zero do desenvolvimento chinês subsequente.

Há certo exagero em se dizer que, ao fazer isso, Li Si salvou a civilização chinesa, já que essa dependia da uniformidade de seu sistema de escrita. O chinês era e é uma língua exclusivamente escrita: o que está grafado tem uma relação arbitrária com os sons que as pessoas pronunciam. Ele carece não apenas de um alfabeto, mas de um silabário: olhar um caractere escrito não oferece nenhuma indicação confiável de como pronunciá-lo, e, inversamente, cada sílaba falada corresponde a múltiplos caracteres escritos. Os alfabetos, em contraste, seja o grego, o hebraico, o romano ou outro, proveem pelo menos alguma orientação tosca quanto à pronúncia e, com isso, estão vinculados às línguas cotidianamente faladas tanto por pessoas comuns quanto por eruditos. A região cultural chinesa, que inclui Japão, Coreia, Manchúria, Mongólia e Vietnã, é tão variada, em termos linguísticos, topográficos, climáticos e étnicos, quanto eram o Mediterrâneo e o Oriente Próximo antigos juntos. Ainda assim, esses dois últimos nunca foram uma unidade coerente, certamente não sob o domínio grego, enquanto a China (ou, pelo menos, a China no sentido estrito) era — e ainda é. Isso se deve ao fato de que, por falarem dialetos diferentes e não poderem se entender no contato face a face, os intelectuais chineses só podiam se comunicar no plano puramente imaginário da escrita. Isso lhes deu uma coesão e vínculos comuns que, muito certamente, não existiam entre eles e as hordas deseducadas com as quais conviviam diariamente. A China era um império de eruditos. Sua unidade repousava sobre sua tradição textual. As dinastias chegavam e partiam, mas, durante os períodos de distúrbio, os clássicos chineses, e a escrita que os tornava acessíveis à compreensão, mantinham vivo o sonho de uma civilização chinesa unificada.

Em meio a tais perturbações, a queima de livros durante a dinastia Chin não foi uma exceção, mas sim a melhor ilustração da regra. Embora o objetivo fosse erradicar a sabedoria passada, acabou tendo o efeito não intencional de preservá-la. Além de haver poupado escritos sobre medicina, farmácia, artes divinatórias e agricultura, também excluiu os eruditos estatais, direcionando suas chamas apenas ao "ensino privado". Adicionalmente, as ordens tiveram um cumprimento limitado e ineficaz, de modo que uma grande quantidade de livros conseguiu sobreviver. O episódio funcionou não tanto como um dano à herança literária da China, mas como motivo para despertar nas dinastias subsequentes uma obstinada determinação de recuperar o conhecimento que acreditavam perdido.

As primeiras bibliotecas imperiais chinesas datam da dinastia Han, que suplantou os Chin e buscou recuperar tudo o que haviam destruído,

A REINVENÇÃO DO CONHECIMENTO

especialmente os clássicos de Confúcio. Os intelectuais Han encarregados da tarefa enfrentaram problemas de edição e cotejo textual ainda piores que os de suas contrapartes alexandrinas. Os materiais usuais da escrita chinesa, bambu e seda, eram muito mais perecíveis que os papiros e pergaminhos dos gregos. Os livros chineses também eram mais dados ao colapso físico e ao consequente embaralhamento do texto que os livros mediterrâneos. Em geral, inscreviam-se os caracteres verticalmente em tiras de bambu que depois eram amarradas umas às outras; quando os fios se partiam, os textos se desfaziam em fragmentos e perdiam a coerência. No caso dos livros gregos, o número de "volumes" era menor e a perda da sequência não constituía um problema tão grave, mesmo nos rolos de três metros de comprimento que continham os livros mais extensos. Alguns sinólogos modernos acreditam mesmo que a restauração feita pelos Han, que envolvia colecionar os textos perdidos, rearranjar o conteúdo e, às vezes, inventar elementos perdidos, tudo isso com base em inferências dúbias e decisões editoriais subjetivas, com toda a certeza causou mais danos à autenticidade dos trabalhos literários antigos do que a própria queima de livros empreendida pelos Chin.[16]

Mas a biblioteca imperial Han seguiu uma lógica política que facilmente pôs de lado o tipo de escrúpulos filológicos encontrados em Alexandria. Isso foi da maior importância não apenas para salvar a herança literária chinesa, mas para reconstituí-la plenamente como um espelho perfeito de uma Era Dourada perdida. Esse duplo imaginário do presente serviria de guia tanto durante períodos de agitação quanto de estabilidade.[17] A busca da permanência e o estabelecimento de cânones explicam o mais imponente ato de patrocínio do saber encontrado na dinastia Han, algo certamente comparável, em escopo e visão, à biblioteca alexandrina. Os eruditos Han, tendo laboriosamente reconstruído o corpo de textos dos clássicos confucianos, então os erigiram em maciças placas de pedra. Iniciado em 175 d.C. e tendo durado oito anos, o esforço exigiu entre quarenta e cinquenta placas do tamanho de uma geladeira para gravar os mais de 200 mil caracteres que compunham os

A BIBLIOTECA

seis clássicos de Confúcio.[18] Os blocos foram dispostos logo à saída da Academia Nacional em Luoyang. Estudiosos de toda a China se reuniam lá aos milhares para fazer decalques das inscrições e, assim, adquirir cópias inquestionavelmente fidedignas daqueles textos canônicos. Somente um império unificado poderia dispor de recursos — mão de obra, materiais, o compromisso e a organização — para realizar tamanho feito. Somente um império unificado poderia então se empenhar nos séculos seguintes em produzir uma vasta elite de leais eruditos-funcionários que eram doutrinados e testados de acordo com um corpo único de textos literários; essa foi a base do sistema confuciano de exames, usado até 1905 para a seleção de funcionários governamentais.

O uso de materiais permanentes, além da reprodução mecânica que isso tornava possível, era desconhecido no mundo acadêmico helenístico. Os chineses entalhavam caracteres em pedra, bronze e jade; os mesopotâmios escreviam caracteres cuneiformes em tabletes de argila; os egípcios dos faraós gravavam hieróglifos em obeliscos e templos; os próprios gregos fizeram inúmeras inscrições epigráficas. Mas a escrita durável nunca fez parte da tradição *erudita* grega nem helenística. A multiplicidade e, de fato, o número praticamente ilimitado de escritos acadêmicos simplesmente tornaram irrelevantes as inscrições públicas permanentes.

Não há dúvida de que os estudiosos alexandrinos teriam rejeitado qualquer oportunidade de inscrever seus feitos em pedra, mesmo se tivessem tido a chance de fazê-lo. E aqui chegamos ao ponto crucial dessa comparação: enquanto as bibliotecas chinesas foram fundadas para deter a decadência de uma tradição intelectual evanescente e parcialmente destruída em seu próprio solo, as bibliotecas helenísticas se desenvolveram para possibilitar a reprodução confiável e facilitar o transporte físico de um corpo de conhecimentos já existente. Os gregos, tanto por inclinação quanto por circunstância, viviam no presente. Recém-chegados ao palco do mundo, periféricos aos grandes impérios asiáticos, faltava-lhes o sentimento de raízes profundamente plantadas no tempo e de presença consolidada num mesmo lugar, fatores que, presentes na cultura erudita chinesa, decisivamente a levaram a buscar a reconstrução do passado histórico.

Isso deu aos gregos seu caráter progressista, inovador, explorador. Também os tornou historicamente superficiais e, às vezes, espantosamente simplistas. Os dois mais famosos historiadores da Atenas clássica foram Tucídides, que só escreveu sobre eventos que ele mesmo testemunhara, e Heródoto, que escreveu sobre outros povos de uma forma notavelmente crédula. Nada em seus valorizados épicos, que se passam num mundo egeu familiar, cercado de monstros e maravilhas, preparou os gregos para governar e compreender povos estrangeiros. E, ainda assim eles se confrontaram no Egito com uma civilização que reconheceram como muito mais antiga que a sua. Governando a terra das pirâmides, os Ptolomeus copiaram o estilo dos faraós e talvez tenham construído o Museu segundo a planta do templo de Ramsés em Tebas.[19] Mais que tudo, os gregos no exterior adquiriram uma nova consciência a respeito de sua própria história.[20] Os alexandrinos foram os primeiros a dar um formato canônico ao feito dos gregos. Consideravam que sua erudição, por mais criativa que fosse, derivava dos gregos, e estabeleceram um precedente pelo qual a centelha da sabedoria helênica poderia migrar de um lugar e de um sistema político a outros e, ainda assim, ser vista como parte de uma tradição orgânica — aquilo que, hoje, chamamos de "o Ocidente".

HISTÓRIAS DE DESTRUIÇÃO E PERDA

A respeito da destruição da biblioteca de Alexandria, temos mínimas e preciosas informações; de fato, existem vários relatos conflitantes, nenhum deles factualmente satisfatório. Um deles atribui a responsabilidade a Júlio César. O grande general romano, tendo perseguido seu inimigo Pompeu até o Egito, logo se envolveu com Cleópatra, a última

A BIBLIOTECA

da linhagem ptolomaica, e, por volta de 47 a.C., apoiou sua ascensão ao poder. No conflito que se seguiu, César acabou numa armadilha e não conseguia escapar do complexo do palácio real. Para poder chegar a seus navios, teve que ir pondo fogo por onde passava. Como o complexo do palácio incluía o Museu no qual estava a biblioteca, existem relatos de que um grande número de livros foi reduzido a cinzas. Alguns estudiosos duvidam da exatidão dessa história, argumentando, com base num trabalho de detetives literários, que a grande conflagração deve ter ficado confinada a alguns armazéns do porto, muito distantes do complexo do palácio.[21] Outros, aceitando o fato básico da destrutividade de César, repetem uma história gasta e provavelmente apócrifa de que Marco Antônio, quando *ele próprio* estava cortejando Cleópatra, cerca de uma década mais tarde, roubou 200 mil livros da biblioteca rival em Pérgamo e os deu a Alexandria como compensação pelas antigas perdas. Se isso for verdade, terá sido uma ajuda à biblioteca, pois permitiu que ela continuasse a existir depois de o Egito ptolomaico ter sido finalmente conquistado por Roma no ano 30 a.C.

Essas variantes evocam a verdade essencial, mas nenhuma delas a captura: o conhecimento grego e as bibliotecas em particular beneficiaram-se enormemente da conquista romana. O general romano Sulla, grande apreciador dos livros gregos, transportou, depois de conquistar Atenas, toda a biblioteca da cidade para a Itália, inclusive os originais dos trabalhos de Aristóteles. Durante vários séculos depois disso, imperadores romanos continuaram a indicar os diretores da biblioteca de Alexandria, ajudando a cidade a manter sua reputação como centro de erudição. Mais importante ainda, isso levou à construção de outras bibliotecas em todo o Mediterrâneo, e especialmente em Roma. Às vezes como templos isolados, outras como anexos de banhos públicos, elas tinham espaçosos salões de leitura e alas para grego e latim, e podiam ser frequentadas por homens e, provavelmente, também por mulheres. Júlio César tornou-se um grande patrono de bibliotecas, e Augusto, seu filho adotivo que o sucedeu como ditador, o

A REINVENÇÃO DO CONHECIMENTO

excedeu nisso. O Império Bizantino, como ficou conhecido o Império Romano oriental após sua cisão, cuidou dos textos gregos durante todo um milênio, tempo suficiente para transmiti-los à Itália renascentista antes que sua própria capital fosse saqueada pelos turcos otomanos em 1453. Assim, independentemente do verdadeiro motivo que levou os Ptolomeus a construir bibliotecas, a conquista pelos romanos não interrompeu o precedente criado, e o patrocínio imperial da erudição foi mantido.

O mesmo vale para outra história de destruição militar, dessa vez chegada do Oriente pelas mãos dos árabes. Alguns dizem que, em 640 d.C., um general muçulmano árabe, no processo de desalojar os bizantinos de Alexandria, encontrou a biblioteca e enviou uma mensagem a seu superior, o califa Omar, perguntando o que fazer com os livros. Omar, mais conhecido por seu zelo militar que por sua tolerância ou sutileza intelectual, aparentemente respondeu com um silogismo inescapável: se os livros em Alexandria conflitassem com o Alcorão, eram heréticos e deveriam ser queimados; se não, eram supérfluos e, igualmente, deveriam ser queimados. Novamente, há razão para duvidar, se não dos fatos dessa história, então certamente da mensagem que ela passa a respeito da intolerância muçulmana. O dito de Omar não foi a palavra final sobre a política islâmica com relação à "filosofia" grega. Dando-lhes o nome de *falasifa*, os eruditos muçulmanos logo se apropriaram da totalidade dos conhecimentos gregos, primeiro recorrendo a traduções do siríaco e, depois, aos originais gregos.[22] Eles também fizeram mais que os romanos no sentido de espalhar bibliotecas e conhecimentos por uma ampla área, fundando centros de saber desde a Casa da Sabedoria em Bagdá, no leste, até as bibliotecas da Espanha medieval no extremo oeste; desde Samarkand, no Caminho da Seda eurasiano, até Timbuktu, ao sul do deserto do Saara.

Frequentemente, considera-se que o Islã, assim como Bizâncio, foi um zelador passivo do saber grego, até que pudesse transmiti-lo às sociedades mais dinâmicas da Europa Ocidental. Mas os muçulmanos não eram mais passivos nem menos originais que os romanos, que, de forma semelhante, buscavam o conhecimento a partir de um firme alicerce helênico. As instituições acadêmicas islâmicas foram, de fato, durante séculos, bastante mais vibrantes e originais que as romanas ocidentais, mas, para compreender isso, é preciso aguardar que a Europa as alcance.

A última história da destruição e perda do Museu alexandrino refere-se a um de seus últimos integrantes confirmados, Teon, e Hipácia, sua filha. Teon era um conceituado matemático, astrônomo e poeta. Dedicava-se também à alquimia, astrologia e às artes divinatórias, três artes "herméticas" que refletiam um tipo de síntese entre a ciência grega e a magia popular egípcia.[23] Hipácia, que dirigia uma escola de filosofia neoplatônica, era ainda mais brilhante que seu pai. Confortável entre homens de poder, devia sua reputação à sua virtude e sabedoria, não à feminilidade, e diz-se que rechaçou um admirador apaixonado exibindo sua toalhinha higiênica. Mas, em 415 d.C., cinco anos depois do saque de Roma, Hipácia foi brutalmente esquartejada por forças paramilitares sanguinárias lançadas contra ela pelo bispo cristão de Alexandria, Cirilo. Ele havia passado seus primeiros dias no cargo comandando um pogrom contra os judeus de Alexandria, uma campanha à qual Hipácia se opôs ativamente. Ele então se voltou contra ela, por resistir a seu exercício de poder antissemita. Acusando-a de magia negra, os seguidores de Cirilo adicionaram rumores populares a respeito dos interesses de seu pai pelo oculto. Na realidade, Hipácia era imune ao misticismo do outro mundo que marcou a decadência do Império Romano.[24] O que realmente enfurecia o agitador Cirilo era o fato de ela ser a última dos helenistas puros, uma verdadeira seguidora de Platão (embora elitista) dedicada à virtude, ao diálogo e ao ecumenismo espiritual.

O propósito dessa história não é criticar os cristãos, assim como não era o propósito da anterior isentar os muçulmanos. A Alexandria antiga estava povoada de tensões religiosas e violência pública de todos os lados: pagão, judeu e cristão. As autoridades políticas simplesmente já não tinham poder suficiente para manter unida aquela mescla de culturas,

A REINVENÇÃO DO CONHECIMENTO

e o conhecimento grego havia perdido seu papel de árbitro intelectual entre elas. O conhecimento era agora o patrimônio contestado de uma metrópole multicultural ingovernável. Judeus e cristãos o usavam, como visto no caso da Septuaginta, para refinar suas doutrinas religiosas. Os herméticos o usavam para conferir prestígio e dar profundidade à magia popular egípcia. Os colegas de Hipácia investiram seu peso filosófico — inutilmente — para defender, do assalto cristão, o Serapeu, templo pagão onde ficava a biblioteca secundária do Museu. Mas os pagãos filosóficos já não tinham nada parecido a um controle sobre o pensamento grego ou ao poder que esse tivera no passado.

Durante séculos, sob o domínio dos Ptolomeus e, depois, dos romanos, a *paideia* — o saber grego — dera a homens das mais variadas origens étnicas e geográficas a oportunidade de competir num campo neutro, como uma elite possuidora daquilo que, para muitos deles, não era de fato nem sua língua nem sua cultura nativas. O poder de persuasão, inicialmente incubado na democracia ateniense, unificava essas elites mesmo durante governos autoritários e funcionava como uma moeda de influência política cujo valor era reconhecido em todo o império.[25] Mas, sob o domínio dos césares e dos califas, o saber grego, mantido no alto pelo fermento espiritual, havia saltado por sobre os muros do Museu. A melhor ilustração disso está no fato de que seu último entusiasta era uma mulher. O saber estava agora ligado aos destinos de Alexandria como um todo. Ele prosperaria desde que a autoridade política — ptolomaica, romana, bizantina ou muçulmana — fornecesse pelo menos uma aparência de ordem. Isso era precisamente o que faltava, naquele momento, ao império a oeste de Roma. Nem a manutenção da ordem em Alexandria foi suficiente para salvar a própria biblioteca. Em termos simples, o famoso complexo acadêmico agora não tinha quem dele cuidasse e o preservasse. Sua coleção foi minguando, em vez de ter sido devorada pelo fogo, e deteriorou-se como resultado da negligência, não da destruição.

2

O Mosteiro

100–1100

Os mosteiros não apenas preservaram o conhecimento ao longo de séculos de colapso civilizacional, mas forjaram novos elos entre o estudo de textos escritos e a marcação e medição do tempo.

Em 529 d.C., a Academia fundada por Platão em Atenas, uma relíquia da filosofia pagã num mundo agora totalmente cristão, foi fechada por um edito imperial. Naquele mesmo ano, estabeleceu-se um mosteiro em Monte Cassino, a 120 quilômetros ao sul de Roma, que continua ativo até hoje. Localizado numa montanha "cujo topo parecia tocar o próprio céu", ele ficava próximo do epicentro do Império Romano ocidental. Mas, na Itália do século VI, a civilização da antiguidade clássica estava num avançado estado de colapso: "As cidades estão despovoadas, fortificações arrasadas, igrejas queimadas, mosteiros e conventos destruídos. Os campos estão abandonados pelos homens, e a terra desertada pelo lavrador está atônita, desolada. Não restou nenhum fazendeiro residente; animais selvagens ocuparam o lugar das antigas multidões de homens. O que ocorre em outras partes do mundo eu não sei; mas, aqui, na terra na qual vivemos, o mundo já não anuncia seu fim próximo, mas o exibe diante de nós."[1]

Esses são os sentimentos apocalípticos de Gregório, o Grande (c. 540-604), que, no ponto mais baixo do poder secular de Roma, testemunhou o nascimento de uma nova civilização, a cristandade latina, e contribuiu para implantá-la. Primeiro monge a se tornar papa, Gregório também popularizou a vida santa e os feitos do fundador de Monte Cassino, Bento de Núrsia, cujas "Regras" vêm fornecendo uma mesma diretriz, durante séculos, a monges e freiras beneditinos ocidentais.[2]

A REINVENÇÃO DO CONHECIMENTO

Monte Cassino tem sofrido muito desde a época de Gregório, repetidamente perdendo textos preciosos para o fogo, a guerra e desastres naturais. Em 577, foi saqueado por invasores germânicos do norte; em 883, por árabes do sul. Seus monges tiveram que fugir diversas vezes, numa delas carregando os ossos de Bento. Somente a partir do século XI o *scriptorium* — o local onde, numa imagem que nos é familiar, os copistas se debruçavam sobre pergaminhos num silêncio abafado — de Monte Cassino começou sistematicamente a adquirir e reproduzir manuscritos de Cícero e Ovídio, de Bizâncio e do mundo árabe. Então, o terremoto de 1349, que se seguiu à praga do ano anterior, precipitou outro revés da fortuna. Seiscentos anos depois, em 1944, um bombardeio dos Aliados contra a Itália fascista reduziu o local a escombros. Ao longo de todas essas vicissitudes, os monges em Monte Cassino reconstituíram suas tradições espirituais ao mesmo tempo que se adaptavam às mudanças do mundo. Recentemente, o convento de 1.500 anos abriu seu próprio site (www.officine.it/montecassino/main_e.htm).

Conforme vimos, a biblioteca de Alexandria sucumbiu ao definhamento das amenidades urbanas e à retirada do patrocínio político que se seguiram ao colapso dos impérios antigos. De fato, nenhuma das escolas ou bibliotecas da antiguidade escapou à extinção. Mas, diferentemente delas, os mosteiros cristãos buscaram o afastamento intencional da civilização urbana bem antes que ela entrasse em colapso. Estavam, portanto, notavelmente bem adaptados para cuidar da preservação do saber em tempos de decadência e devastação. Eles estão entre as instituições de mais longa vida contínua existentes no mundo ocidental. A longevidade é componente integral do mosteiro, parte de seu DNA institucional.

Uma profunda atenção ao tempo é parte intrínseca da vida do mosteiro e de suas práticas de preservação e aprofundamento do conhecimento. A ideologia que guia o mosteiro, o cristianismo, estrutura seu sentido de tempo em torno da vida e morte de Jesus Cristo, cujo retorno avidamente antecipado dá direção e significado à história. Ela oferece,

52

O MOSTEIRO

enquanto isso, um conjunto de escrituras e outros tipos de literatura para guiar os indivíduos em suas decisões pessoais e coletivas a respeito da vida, da morte e da salvação. Depois do colapso da infraestrutura da civilização no Ocidente, a ênfase na palavra escrita de Deus forneceu um fundamento lógico religioso para a preservação do conhecimento escrito. Sendo os mais devotados cristãos, monges e freiras baseavam-se especialmente em textos, tanto sagrados quanto profanos, para pautar todas as horas, semanas e todos os anos de suas vidas nas comunidades monásticas. Também eram monges os que desenvolveram o sistema de numerar o tempo "de acordo com o ano da Encarnação de Nosso Senhor", *anno Domini incarnationis*, ou A.D., hoje adotado em todas as partes do mundo, tanto cristãs quanto não cristãs.*

Contrariamente à imagem popular, o mosteiro foi mais que uma instituição dedicada a cuidar de manuscritos desprovidos de vida ao longo de séculos de escuridão até que fosse possível unir dois períodos luminosos, a antiguidade clássica e a Renascença europeia. Na realidade, sua dupla devoção a textos e ao tempo constituiu uma reinvenção do conhecimento ainda mais impressionante se levarmos em conta a humildade, diligência e inacreditável paciência com que isso foi realizado.

O CRISTIANISMO E A PALAVRA ESCRITA

A despeito da importância da biblioteca helenística, o mundo antigo nunca deixou de atribuir às habilidades do orador e do retórico honras mais elevadas que as conferidas ao escritor e ao leitor. Os romanos, em particular, consistentemente premiavam a fala e a tornaram um elemento central da vida pública e dos valores públicos. As escolas ensinavam aos rapazes o *trivium*, ou as três artes: gramática e dicção latina corretas,

---

*Historiadores recentes substituíram *Anno Domini* (A.D.) por Era Comum (*E.C*) e a.C. (antes de Cristo) por antes da Era Comum (*a.E.C*), em reconhecimento a essa comunidade, ainda que isso signifique apenas uma mudança superficial de nomenclatura.

retórica persuasiva e dialética (isto é, como montar um argumento lógico). A educação oral oferecia mais que uma preparação vocacional para os tribunais ou a administração imperial. A própria moralidade pessoal estava ancorada na reputação pública do indivíduo, conquistada por meio de trocas verbais com outros homens da elite dedicados ao saber. Quase quatro séculos depois de Cristo, Agostinho de Hipona (354-430), que veio a se tornar Santo Agostinho, ainda podia comentar, com desgosto, que aspirar o "h" na palavra "humano" contava mais, entre pessoas cultas, do que a exibição da verdadeira humanidade cristã. Esse comentário aparece nas *Confissões*, a mais antiga autobiografia da tradição ocidental. Nela, Agostinho tece uma história de vida em torno de sua conversão, quando passou da moralidade pagã à fé cristã. Uma obra filosófica transbordante de citações bíblicas, onde os capítulos e versículos são conduzidos de modo a reforçar o argumento do autor contra "o homem com uma reputação de eloquência" que "ataca seu oponente com feroz animosidade".[3]

Graças, não em pequena medida, aos trabalhos de Agostinho, os escritos cristãos finalmente começaram a ocupar o lugar até então reservado à retórica romana na formação do caráter e dos valores pessoais. Invertendo as posições de fala e escrita, o cristianismo produziu uma incrível riqueza de textos para guiar os crentes comuns, formar sua consciência e moldar seu comportamento. Tais escritos ofereciam ao mais humilde dos indivíduos — e a filósofos — a oportunidade de ganhar familiaridade com a palavra de Deus, usá-la para pautar sua vida na terra e, assim, preparar o caminho para a salvação no além.

O cristianismo começou como um culto sectário dentro do judaísmo, que, caso único no antigo Mediterrâneo, possuía um corpo bem definido de textos escritos, a Torá, sobre o qual se erigira sua prática religiosa. Quando os seguidores de Jesus começaram a se distinguir dos judeus, ainda assim mantiveram as noções judaicas a respeito da palavra escrita de Deus. As discussões sobre a Bíblia hebraica destacavam-se entre os primeiros agrupamentos cristãos, nos quais era recitada na tradução grega, a Septuaginta, e reinterpretada à luz da vida messiânica de Jesus e de sua morte redentora.[4] Mas o livro sagrado dos cristãos, chamado de Novo Testamento para contrastar com o antigo livro dos judeus, levou um tempo surpreendentemente longo para ganhar um corpo próprio. Histórias sobre a vida e os ensinamentos de Jesus circularam oralmente durante décadas antes de ganhar a forma escrita. Assim, temos quatro versões separadas e discrepantes sobre seu tempo na terra, os Evangelhos de Mateus, Marcos, Lucas e João. Outros evangelhos, "gnósticos", mergulhados em correntes de misticismo esotérico, competiram com esses quatro canônicos até o século III, mas depois foram considerados heréticos. O Evangelho de Judas, redescoberto na década de 1970 e publicado apenas em 2006, revela o discípulo que traiu Cristo e o entregou aos romanos como, de fato, agindo em nome de seu mestre, como um instrumento do grande plano secreto de Jesus.[5]

Os escritos cristãos mais antigos que existem, as Epístolas de Paulo, foram obra de um homem que claramente esperava o retorno iminente de Jesus, proclamando o fim dos tempos. No século I, Paulo contava com a famosa rede de estradas do Império Romano e com seu próspero sistema postal para fundar e apoiar comunidades que surgiam no Mediterrâneo. Suas epístolas aos coríntios, tessalonicenses, romanos e outros respondiam a questões surgidas em pequenos e diversificados grupos que buscavam uma vida cristã em comum. (Suas observações aos coríntios sobre o amor são evocadas em incontáveis cerimônias de casamento até hoje.) Transmitidas de cidade em cidade, suas cartas também ajudaram a formar uma comunidade maior que partilhava as mesmas crenças.[6] Circulando fora de qualquer tipo de instituição formal acadêmica ou educacional, os textos cristãos foram, desde o início, adaptados para o uso prático imediato dos crentes. Longe de ser um grupo especialmente culto, os cristãos primitivos dependiam daqueles que, tendo uma educação rudimentar, tanto homens quanto mulheres, liam em voz alta para outros e copiavam, à mão, os livros que necessitavam. Orando nas casas de fiéis ricos ou em locais abertos, os

A REINVENÇÃO DO CONHECIMENTO

cristãos se reuniam para ler antes de uma refeição comunal. De acordo com Justino, o Mártir (100-165), quando "o leitor para, quem preside a reunião fala, advertindo-nos e exortando-nos a imitar esses excelentes exemplos". Em seguida, vinha a prece, depois o pão, o vinho e a água. O uso regular de cenários como esses, acreditam os especialistas, acabou distinguindo alguns textos como mais doutrinariamente autorizados ou "canônicos" que outros.[7]

Durante séculos, questões fundamentais de doutrina, grandes e pequenas, foram ativamente discutidas, resolvidas, desafiadas e apoiadas, grande parte disso sob a forma escrita de cartas e tratados rapidamente distribuídos em todo o império. Não existia uma ortodoxia claramente definida e nenhum meio de impô-la. O debate contaminava até as cópias manuscritas das próprias escrituras. Diferentemente dos escravos ou profissionais pagos que atuavam como copistas na tradição greco-romana, os escribas cristãos faziam um investimento pessoal nos textos que disseminavam. Uma referência a José como pai de Jesus, por exemplo, poderia ser alterada em todas as cópias subsequentes de um texto para reforçar o status decisivo de Jesus como o Filho de Deus — processo conhecido como corrupção ortodoxa e, nesse caso, direcionado contra hereges arianos que negavam a divindade de Cristo.[8] Prevalecia um tipo de democracia tosca, mas eficaz, na qual a decisão de um indivíduo de transcrever e possivelmente mudar um texto constituía um voto a favor de seu uso contínuo em futuras gerações. Também havia mulheres copistas, o que demonstra a penetração da textualidade numa esfera privada e muito distinta do mundo exclusivamente masculino no qual ocorria o discurso público romano.[9]

Carecendo de qualquer autoridade coordenadora central e movida pelas necessidades imediatas de orientação espiritual e instrução, a prática da escrita cristã militou, durante muito tempo, contra a formação de um cânone ou um Livro Sagrado. Até na aparência os textos adaptados para uso prático diferiam dos rolos da Torá judaica, que eram tratados como objetos rituais na sinagoga. Ao contrário disso, os cristãos esta-

56

O MOSTEIRO

vam entre os primeiros a adotar um novo formato físico para o livro, o mesmo que usamos até hoje: o códice. Lembremo-nos de que a vasta maioria dos escritos antigos, inclusive os livros guardados na biblioteca de Alexandria, tinha a forma de rolos de papiro ou pergaminho. Mas, à altura do século I, os cristãos estavam empilhando folhas soltas de papiro ou pergaminho e atando-as para formar tabletes que se abriam ao meio. Esses códices eram suficientemente compactos para serem carregados em sacolas e usados quando as pessoas se reuniam para rezar. Os livros tinham vantagens em relação ao rolo: podiam ser escritos dos dois lados da superfície, o que significava mais espaço disponível, e, além disso, os rolos deviam ser lidos sequencialmente, enquanto os códices permitiam que os leitores os abrissem em páginas específicas — algo correspondente à diferença entre um videoteipe e um DVD hoje. Fora de contextos cristãos, o códice era nada mais que um conveniente bloco de notas, basicamente reservado para anotações administrativas. Somente os cristãos davam preferência a esse formato utilitário para acesso conveniente e imediato aos conteúdos dos textos fundamentais.[10]

Traduções do Novo Testamento, escritas originalmente em grego, logo apareceram não apenas em latim, mas em idiomas regionais como siríaco, copta (egípcio) e, em determinado momento, também em árabe. Não havia nenhuma autoridade divina ligada a essas traduções, como fora o caso da miraculosa Septuaginta — com suas 72 versões idênticas produzidas por 72 estudiosos trabalhando separadamente. O mais importante era disseminar a palavra de Deus. Tampouco os cristãos possuíam algo como a tradição rabínica do judaísmo para conferir uma sanção sagrada ao cuidado e à transmissão das escrituras. Os judeus desenvolveram escolas para ensinar tanto a Torá escrita quanto uma Torá oral distinta (o Talmude), teoricamente derivada do próprio Moisés, para complementar e explicar as escrituras. Os cristãos foram forçados a contar com instituições educacionais greco-romanas para o aprendizado básico necessário à compreensão de seus textos sagrados. A rápida disseminação do cristianismo e seu sucesso num império pagão indicavam que a devoção a textos escritos estava condicionada, necessariamente, a um treinamento prévio no *trivium* clássico de gramática, retórica e dialética.

Os pensadores cristãos se angustiavam com o fato de dependerem dos frutos do aprendizado pagão. Tertuliano (c. 155-230) foi o primeiro a lançar o desafio, perguntando o que Atenas (filosofia) tinha a ver com Jerusalém (religião). O grande tradutor Jerônimo (c. 347-420), antes de se decidir a passar toda a Bíblia do grego e hebreu para o latim, era atormentado por pesadelos nos quais um juiz divino o acusava de amar a Cícero mais que a Cristo. Agostinho, por sua vez, exibiu em suas *Confissões* todo o arsenal de artifícios da retórica latina para justificar seu repúdio aos costumes romanos e seu esposamento de uma vida cristã. Na realidade, uma questão retórica sintetizou sua crítica da história de amor em torno da qual gira a *Eneida* de Virgílio: "O que poderia ser mais lamentável que um infeliz que, sem piedade por si mesmo, chora a sorte de Dido ao vê-la morrer por amor a Eneias, mas não chora sua própria sorte e morre por falta de amor a vós, meu Deus?"[11]

O exame de consciência de Agostinho justificava a aplicação da argúcia intelectual, derivada do saber clássico, à prática cristã do autoexame baseado na leitura de textos. Ele aperfeiçoou uma tradição, iniciada por Clemente e Orígenes de Alexandria, de extrair profundidades filosóficas de textos populares cristãos. Gerações posteriores veneraram Agostinho por salvar a filosofia antiga, particularmente o platonismo, ao conferir a ela um lugar central, embora subordinado, no mundo das escrituras. Mas, com sua insistência na palavra e no texto, Agostinho se afastava até dos filósofos de sua época, que ainda conduziam suas vidas morais à maneira romana, em torno de encontros face a face. Estoicos, cínicos e, particularmente, neoplatônicos sempre formaram uma contracultura dentro da elite romana, adotando vidas de austeridade voluntária em círculos muito fechados de discípulos — o que constituía, de fato, cultos de personalidade. A reputação de santidade de que desfrutavam tinha de ser conquistada e defendida oralmente contra rivais de carne e osso,

O MOSTEIRO

particularmente ascetas cristãos e rabinos judeus.[12] Lembremo-nos de Hipácia, contemporânea de Agostinho, que perdeu a vida quando se envolveu nos conflitos etnorreligiosos alexandrinos.

Vista dessa perspectiva, a contribuição do cristianismo ao conhecimento foi além de meramente guarnecer com noções filosóficas os escritos de um culto ainda incipiente. A religião forneceu um caminho para a sobrevivência do saber, mesmo na ausência daquela competição oral viva que verdadeiramente definia o mundo antigo. Na época de Agostinho, o poder de Roma no Ocidente estava começando a se desintegrar. A desconfortável coabitação de escolas pagãs e escrituras cristãs no final da antiguidade chegaria ao fim com o desaparecimento das comunidades urbanas que as sustentavam. Mas havia muito tempo que o cristianismo se estabelecera como uma religião que podia existir fora da matriz da civilização e de suas instituições. Enquanto sobrevivessem seus textos, sobreviveriam também seus ensinamentos.

LIVROS NO ERMO

Em 410, os visigodos saquearam a cidade de Roma, um evento comparável ao desastre do World Trade Center em 2001, quando se consideram os efeitos chocantes sobre os contemporâneos. Em *A cidade de Deus*, seu grande tratado filosófico, Agostinho tentou defender os cristãos contra acusações de que sua religião, voltada para o outro mundo, havia deixado o império fraco, corrompido e vulnerável a ataques. Mas, no momento em que Agostinho morria, em 430, sua própria cidade no norte africano, Hipona, já estava cercada pelos vândalos, um dos povos germânicos rotulados de "bárbaros" pelos romanos. Em pouco tempo, o aparato político do império ocidental foi subjugado pelos invasores. O lento colapso da cultura cívica romana continuaria durante mais de dois séculos. A sociedade que dele emergiria seria quase o oposto da anterior: analfabeta e oral; rural, subpovoada, com uma economia de

A REINVENÇÃO DO CONHECIMENTO

subsistência; dominada por guerreiros em constante conflito uns com os outros; e, ainda assim — num profundo testemunho do apelo universal da mensagem de Jesus —, homogeneamente cristã. Dois séculos depois de Agostinho, a tarefa dos homens cultos não foi tão excitante quanto reconciliar Platão e Cristo. Num meio exclusivamente rural, ela ficara reduzida à simples preservação da cultura escrita *per se*. O conhecimento necessário para extrair o significado das escrituras teria que vir de outra fonte — uma função crucial assumida, no Ocidente, pelo mosteiro.

O mosteiro não era, de forma alguma, algo novo no sexto século, nem uma instituição originada pelo colapso de Roma. Em parte, seu começo refletia o sucesso do cristianismo. A conversão do imperador Constantino em pleno campo de batalha, em 312, conferiu sanção oficial a uma religião que, àquela altura, havia penetrado profundamente na vida de todo o império. Antes disso, a perseguição e o martírio de cristãos haviam deixado claro que todos eles partilhavam de um sofrimento semelhante ao de Cristo. No entanto, à medida que a fé ganhava legitimidade e era abraçada pela maioria da população nas cidades mediterrâneas, os indivíduos insatisfeitos com a negligência do que se tornara uma religião de massa buscaram as privações e o isolamento como uma escolha consciente. Um fluxo contínuo de crentes dirigiu-se aos desertos do Egito e da Síria em busca de uma vida mais pura e mais próxima de Deus. Simeão Estilita (c. 390-459), reconhecidamente um caso extremo, viveu durante 37 anos empoleirado no topo de uma coluna na Síria. A palavra "monge" vem do grego *monachos*, que significa "o solitário", como em nosso prefixo "mono". E, ainda assim, havia um enxame de 5 mil deles somente nos desertos do Baixo Egito no final do século IV.[13] Ali eles viviam tanto como ermitões quanto em comunidades. As notícias sobre esses homens disseminaram o ideal da pureza ascética individual entre aqueles que viviam fora dos acampamentos do deserto. Histórias sobre ascetas solitários inspiraram outros cristãos a se reformarem. O próprio Agostinho decidiu se converter no mesmo

O MOSTEIRO

dia em que soube de Antônio (c. 250-356), o monge arquetípico que abandonou Alexandria para viver no deserto.

A atitude de Antônio ao abandonar a capital mediterrânea do saber ilustra bem o compromisso dos primeiros ascetas, que rejeitavam não apenas o mundo culto das cidades romanas, mas, especificamente, suas tradições intelectuais. Agostinho ficou profundamente envergonhado ao saber que, embora analfabeto, Antônio sabia as escrituras de cor e realmente vivia de acordo com os preceitos. A rejeição do saber, especialmente dos sofismas dos filósofos, estava no cerne da vocação de um monge, como exemplificado por Antônio. Mas logo surgiu, também no Egito, uma alternativa comunitária à vida de eremita no deserto, e esses primeiros grupos monásticos inevitavelmente teriam que depender de textos. A recitação das escrituras durante encontros semanais dava aos noviços solitários um necessário sentido de companheirismo. Meditando sobre um versículo bem escolhido, um monge poderia aprender a afastar os demônios do tédio, do desespero e da tentação, como fizera Antônio. A infindável repetição de determinado salmo estabilizava e acalmava a mente. Focalizar em palavras de amor e poder retiradas da Bíblia ajudava a expulsar palavras de raiva e devassidão. Pedir a um monge mais velho para "dizer-me uma palavra" era uma forma de tornar-se seu aprendiz. Nenhuma dessas práticas envolvia o que os cristãos romanos chamariam de erudição. Em vez disso, os ascetas do deserto, como os monges nos claustros depois deles, construíam suas vidas em torno de uma atitude diferente com relação a palavras e textos: a *lectio divina*, leitura meditativa, equivalia à prece, devotada a Deus.[14]

O mosteiro foi a primeira instituição do saber especificamente adaptada à ausência de civilização, ao ermo. E, à altura do século VI, toda a Europa Ocidental, fosse não romana ou pós-romana, era, de fato, um ermo. Embora temperada e fértil, em vez de quente e estéril, a Europa já havia se provado receptiva ao modelo do deserto. Peregrinos como João Cassiano (c. 360-433), que emigrou da Terra Santa para fundar

A REINVENÇÃO DO CONHECIMENTO

dois mosteiros perto de Marselha, ajudaram a plantar as sementes. Mas foram textos escritos — As *Instituições* e as *Conferências* de Cassiano e, mais tarde, a Regra Beneditina — que verdadeiramente disseminaram os ideais da vida monástica e ofereceram diretrizes e procedimentos detalhados para sua realização. Os monges da Europa Ocidental moldaram suas vidas em torno de textos escritos, exatamente como o haviam feito os eremitas do deserto e, de fato, todos os cristãos. Mas, carecendo do luxo de um intercâmbio permanente entre o deserto e a cidade — uma característica sempre presente no Mediterrâneo oriental —, tiveram que transportar com eles toda uma cultura de saber. Ao estabelecer um novo modelo para os *scriptoria* monásticos europeus, Cassiodoro (c. 490-580s) chegou à conclusão lógica: os mosteiros deveriam ser deliberadamente concebidos para preservar manuscritos antigos.

Flávio Magno Aurélio Cassiodoro foi um estadista romano de uma família próspera, embora arrivista, que serviu aos reis ostrogodos que haviam usurpado a Itália dos imperadores romanos. Seu plano inicial era fundar uma escola cristã em Roma, mas "violentas guerras e sublevações no reino italiano" tornaram isso impossível. Acabou retornando à *villa* da família em Squillace, na "sola da bota" da Itália, onde se dedicou aos seus livros e escritos, uma reação comum em aristocratas desiludidos desde os tempos de Cícero. Logo, no entanto, Cassiodoro transformou Squillace numa comunidade monástica que chamou de *Vivarium*, ou "lugar de coisas vivas" em latim, referindo-se a um aspecto notável do bem escolhido retiro rural: as lagoas piscosas existentes ao longo do litoral. Ali ele deu início a um novo e audacioso empreendimento, colecionando sistematicamente as grandes obras da antiguidade e treinando seus monges para copiá-las e corrigi-las. Baseando-se nos escritos de Cassiano e modificando-os, Cassiodoro também produziu suas próprias *Instituições*. O trabalho, que poderia ser mais exatamente descrito como uma "extremamente detalhada e anotada bibliografia", também oferece um patético testemunho do colapso do conhecimento

O MOSTEIRO

à sua volta.[15] Cassiodoro alertou seus monges de que os livros seriam para eles os "substitutos de um professor". A quebra de vínculos com a tradição oral da cultura romana era clara: "seus mestres são de uma geração desaparecida, e não será ouvindo aquelas vozes já caladas que vocês aprenderão, mas usando seus próprios olhos". Instruiu os monges a deixarem folhas em branco nos códices, na expectativa de que fosse possível recuperar obras perdidas, e a preservar manuscritos gregos, embora, naquele mundo latino, dificilmente restasse alguém que falasse grego. "Considerem a natureza da causa confiada a vocês", instava ele, "o serviço aos cristãos, a guarda do tesouro da Igreja [seus livros], o esclarecimento das almas."[16]

Entre os primeiros a perceber o potencial do mosteiro para a manutenção do conhecimento antigo, Cassiodoro também ilustra as limitações decorrentes de se ver a instituição basicamente como um instrumento para sua transmissão. Após a morte de seu fundador, não restou nenhum traço do mosteiro em Vivarium nem de sua biblioteca; somente as *Instituições* de Cassiodoro sobreviveram, e, mesmo assim, como um livro-texto, mais que qualquer outra coisa. Os estudiosos atuais veem o período entre os séculos VI e IX como um gargalo através do qual passaram apenas algumas gotas dos textos clássicos. A grande maioria dos manuscritos anteriores a 800 que conseguiram sobreviver contém textos bíblicos ou litúrgicos ou os escritos de teólogos cristãos, predominantemente Agostinho, Jerônimo e Gregório, o Grande. É verdade que, no meio disso, alguns tesouros pagãos foram "contrabandeados" para os tempos futuros. Uma cópia da *Eneida* de Virgílio passou oito séculos em Bobbio antes que humanistas italianos a redescobrissem, em 1476. Mas, claramente, a maior parte das obras clássicas era considerada irrelevante. Somente 10% dos manuscritos datados de 550 a 750 *não* tratam do cristianismo, e todos eles, exceto um fragmento de Lucano, têm algum propósito utilitário, basicamente legal, médico ou gramatical.[17] Muitas obras hoje consideradas de valor inestimável simplesmente não valiam o pergaminho no qual estavam

A REINVENÇÃO DO CONHECIMENTO

escritas. Elas sobrevivem até nossos dias somente porque a superfície escrita foi reciclada — apagada e reutilizada para escrever outro texto ou cortada em tiras para encadernar algum livro. A única cópia existente da *República* de Cícero, por exemplo, foi descoberta no século XIX sob uma transcrição dos comentários de Agostinho aos salmos. Essa obra só foi salva para nós porque os monges em Bobbio não conseguiram raspar completamente o pergaminho antes de reutilizá-lo.[18] No início da Idade Média, as escrituras cristãs, e os comentários necessários para interpretá-las, sempre e em toda parte sobrepujaram Cícero.

Com a instabilidade social e política representando uma ameaça constante à vida e à propriedade nesse período, os livros, o tempo para transcrevê-los e o pergaminho utilizado eram luxos raros. Escolhas difíceis tinham que ser feitas. Ainda assim, paradoxalmente, alguns dos melhores *scriptoria* monásticos podiam ser encontrados nas áreas mais pobres e que mais afastadas se encontravam do antigo Império Romano. Ao norte da Muralha de Adriano, em lugares que nunca haviam estado sob o controle romano, o latim e a cultura clássica latina eram produtos estrangeiros importados. Mosteiros e cristianismo eram uma só coisa numa sociedade predominantemente pagã, de modo que a devoção religiosa e a educação latina se superpunham. Os monges irlandeses, em particular, ficaram conhecidos tanto por seu saber quanto por sua austeridade, e foram para o continente para fundar e reformar mosteiros na Gália e na Itália. Foi em áreas de fronteira como a Irlanda e o norte da Grã-Bretanha que a Bíblia começou a ser um objeto de culto, um Livro Sagrado brandido para convencer e aterrorizar incréus analfabetos amontoados do lado de fora do mosteiro. Os Evangelhos de Lindisfarne, que estão entre os livros mais profusamente ilustrados e ornamentados do mundo, foram o trabalho de monges que viveram por volta do ano 700 numa ilha acossada pelos ventos na costa norte da Inglaterra. Ainda hoje, Lindisfarne só pode ser acessada por um dique elevado que, duas vezes por dia, é coberto pela maré alta.

O MOSTEIRO

De Vivarium, "na sola da bota" da Itália, até Iona, no litoral britânico, os mosteiros foram praticamente os únicos que se encarregaram de preservar a cultura escrita do Ocidente desde o final de Roma, no século V, atravessando a estreita passagem intelectual do século VII, até o surgimento da universidade nos anos 1100. Mas havia algo mais acontecendo durante esse período, algo além da transmissão passiva do conhecimento e mais até que o ativo programa de cópia e armazenamento concebido por Cassiodoro. A dedicação dos monges a textos específicos — e sua falta de interesse por outros — dependia de quão úteis eram tais textos para plasmar as vidas numa comunidade asceta. Desde a Renascença, os estudiosos frequentemente culpam os monges pela seletividade que exerceram ao preservar a herança do passado. Mas isso era meramente o outro lado da moeda num programa de leitura e escrita monástica sempre orientado em direção ao presente e ao futuro. Para compreender as razões profundas de os monges haverem ocupado tantos dias e anos de vida nos *scriptoria*, temos que considerar o regime devocional mais amplo do qual os livros eram uma parte, tirar o foco de quais livros foram perdidos ou sobreviveram e considerar os novos tipos de escritos que esses séculos desolados produziram. Isso vai revelar como os monges usavam os textos não apenas para orientar indivíduos durante seu tempo na terra, mas para sustentar a própria comunidade monástica como um todo ao longo de gerações.

TEXTOS E TEMPO NA REGRA BENEDITINA

A Regra atribuída a Bento de Núrsia tem fornecido um manual de vida para, literalmente, mais de 14 séculos de monges, que seguem suas instruções cotidianamente e renovam sua compreensão do texto conforme necessário. Pode-se encontrar na Regra um programa para praticamente todos os minutos da vida de um monge. No domingo, por exemplo, "Os irmãos se levantarão mais cedo que o usual [...] Depois de cantados

A REINVENÇÃO DO CONHECIMENTO

os seis salmos e o versículo, [...] os irmãos se sentarão por ordem de senioridade. Feito isso, um irmão deve ler quatro lições e responsórios no livro. Depois de completado o quarto responsório, o cantor deve cantar o *Glória*, e todos se levantarão em reverência. Depois disso, seguir-se-ão outros seis salmos com antífonas e versículos, e serão lidas outras quatro lições com responsórios. O abade escolherá três cânticos dos profetas para serem cantados com *Aleluias*". E assim por diante. Era assim que as preces matinais de domingo deveriam ser seguidas durante todo o ano, exceto quando "os monges — que os céus não o permitam — se levantarem tarde".[19] A disciplina no uso do tempo, como veremos, era absolutamente essencial para a Regra.

A Regra Beneditina foi condensada no século VI a partir da Regra do Mestre, muito mais longa e de difícil manejo, bem como das *Instituições* de Cassiano.[20] Já no século IX, especialmente sob o patrocínio de Carlos Magno, havia se tornado o principal programa para a vida monástica na cristandade latina. De forma alguma a única regra para os mosteiros, nem a mais antiga ou a mais inovadora, ainda assim ela alcançou a predominância devido ao seu caráter prático e simples e às expectativas realistas com relação à capacidade de disciplina ascética dos monges comuns. Traçada para uso espiritual, testada pelo tempo e pela repetição e propagada por escribas anônimos, ela exibe certa semelhança com as próprias escrituras cristãs. A adesão a tal texto permitia que comunidades de monges sobrevivessem e florescessem a despeito de idiossincrasias pessoais e da transitoriedade da vida de cada integrante. Nos ideais de Bento e em seu desenvolvimento na prática, vemos como o tempo monástico girava em torno de ciclos de dias, semanas e anos, indefinidamente repetidos para garantir a sobrevivência e a estabilidade do mosteiro e do próprio conhecimento.

O que se conhece de Bento de Núrsia (c. 480-547), além da Regra, é apenas o relato de sua vida, atribuído ao papa Gregório, o Grande. Embora um exato contemporâneo de Cassiodoro e quase seu vizinho, Bento parece haver assumido uma abordagem menos acadêmica à vocação monástica. Em nenhum momento de sua vida ele é mostrado lendo, estudando ou explicando textos, nem mesmo as escrituras. Em vez disso, como no caso de Antônio, Bento renunciou a uma educação urbana nas artes liberais e dedicou-se a Deus no ermo. Gregório o mostra em cavernas e colinas da Itália central, lutando para reformar outros monges e realizando diversos milagres: reavivando um menino morto, por exemplo, ou estilhaçando, com o sinal da cruz, uma garrafa de vinho envenenado. Mas a Regra nos conta uma história bem diferente da biografia atribuída a Gregório, pois consagrou a leitura — leitura individual, leitura de textos em voz alta para o grupo, canto comunitário de escrituras — como parte da rotina diária da vida monástica. Despida de todos os detalhes de tempo, lugar e cultura que fizeram a história da vida de Bento tão inspiradora para os monges, a Regra oferecia um senso comum frugal e condensado, provando-se extremamente bem adaptada a qualquer comunidade de monges que a encontrasse e a adotasse.[21] As mulheres, em particular, podiam seguir a Regra e adaptá-la, fazendo do mosteiro o principal refúgio para mulheres letradas, educadas, até que a República das Letras e, muito mais tarde, o laboratório lhes permitissem desfrutar de um mínimo de igualdade de gênero.

No prólogo da Regra, Bento descreve o mosteiro como uma "escola a serviço de Deus", um espaço de treinamento para a renúncia à vontade pessoal e total devoção a Deus. Setenta e dois "instrumentos de boas obras" enumeram os objetivos de vida na clausura, começando com "Amar o Senhor Deus com todo o nosso coração, alma e força". Então se seguem preceitos mais concretos, como amar o jejum, visitar o doente e confortar o triste, resistir à tentação de pagar o mal com o mal, temer o Juízo Final, apreciar leituras santas, honrar o mais velho e amar o jovem, e nunca se desesperar da misericórdia de Deus. Vários dos Dez Mandamentos aparecem na lista, bem como alertas contra pequenas faltas que, se descuidadas, podem conduzir ao pecado. Os itens 37 a 40 incitam os monges, respectivamente, a "não se entregar ao

sono", "não ser negligente", "não resmungar" e "não difamar os outros".
A propriedade privada também é destacada como um vício que deve
ser "cortado pela raiz". Os pertences de cada monge devem se limitar
ao que o abade fornecer, "ou seja, capuz, túnica, meias, sapatos, cinto,
faca, caneta, agulha, toalha e tábua para escrever". A humildade é a
mentora e o princípio orientador de todo o resto, a base para a obediência ao abade, para o silêncio na clausura sempre que possível, para a
rendição dos hábitos mentais e corporais à vontade de Deus e, em última
instância, para a salvação. Bento enumerou 12 estágios da humildade,
comparando-os à escada de Jacó para ascender ao céu. Esvaziar a mente
de preocupações, libertando-a de cuidados materiais, minimizando o
risco de desviar-se da total devoção e estipulando a igualdade na busca
coletiva por Deus: degrau após degrau, a Regra dava à escadaria da
humildade uma estrutura estável.

A genialidade da Regra está no reconhecimento de que os monges
precisavam de um regime especial para fazer dessa meta espiritual uma
realidade alcançável. Uma coisa era declarar que a totalidade da vida
de uma pessoa, em todos os momentos, deveria ser devotada a Deus, e
outra era saber precisamente o que fazer durante todos os minutos que
se seguiam à aurora, dia após dia. Assim, Bento detalhou exatamente o
que comer, quando comer, onde dormir, quando despertar, o que vestir,
e até mesmo as peculiaridades da vestimenta para diferentes climas e
estações. Os monges deveriam se recolher às 18:30, dormir em camas
separadas, se possível em um quarto, "vestidos com suas túnicas e com
o cinto, mas sem facas, para impedir ferimentos durante o sono". Cerca de oito horas depois, no meio da noite, eles se levantavam. E então
davam início a um ciclo de preces, alternando com períodos de leitura,
trabalho e refeições, que se estendia por todas as horas em que estavam
despertos. Não havia refeição matinal, e, durante os meses mais escuros
do ano, faziam apenas uma refeição por dia. Tomando como referência a estação da Quaresma, um típico período de 24 horas poderia se
desdobrar do seguinte modo:[22]

O MOSTEIRO

2:00	Despertar
2:00–3:30	Vigília
3:30–4:30	Meditação
4:30–5:00	*Matinas*
5:00–9:00	Leitura, com a *Prima* às 6:00 (nascer do sol)
9:00	*Terça*
9:15–16:00	Trabalho, interrompido para a *Sexta* às 12:00
16:00	*Noa*
16:30	*Vésperas*
17:00	Refeição
18:00	*Completas*
18:30	Recolher-se

Então, a cada duas ou três horas, soaria um sino chamando a comunidade para rezar. Os monges deviam "levantar-se ao ouvir o sinal e apressar-se", porém "com gravidade e modéstia".[23] Uma conhecida canção infantil gentilmente alerta o irmão (*Frère Jacques*) que não consegue acordar com o sino da manhã. Não sem razão, o monge, cuja programação diária é sempre cheia, tem sido chamado de o primeiro verdadeiro profissional do Ocidente.[24]

Os termos latinos nessa lista são as horas canônicas da liturgia monástica, os pontos focais do dia: horas para atividades coletivas de leitura, reza e ritual. Conhecidas, em seu conjunto, como o Ofício Divino, ou simplesmente as Horas, esse ciclo perpétuo governava o tempo no mosteiro. Tudo girava em torno do canto dos 150 salmos do Antigo Testamento. A salmodia tem sido um aspecto característico do monasticismo, reconhecível pelos de fora, desde o tempo dos ermitões no deserto. Os primeiros monges no Egito recitavam os salmos de memória, como uma forma de meditação; alguns, realizando feitos de atletismo ascético, conseguiam rezar todo o saltério numa única noite.[25] Bento prescrevia

69

um ciclo repetitivo que também abrangia todas as horas, mas era menos hercúleo quanto às exigências. Os salmos se distribuíam ao longo da semana e deveriam ser cantados durante preces diárias específicas, o que não apenas tornava o programa semanal mais factível, mas também facilitava a compreensão meditativa das palavras do saltério. Mais tarde, os monges eram encorajados a ruminar os salmos. A palavra *ruminatio* evoca a rústica imagem de uma vaca mastigando, e regurgitando, e voltando a mastigar inúmeras vezes.[26] A recitação dos salmos em voz alta e em conjunto levaria os monges para mais perto de Deus. O som de seu murmúrio contínuo muitas vezes era comparado ao zumbido de uma abelha.[27]

A leitura era recomendada aos monges mesmo fora da liturgia. Todas as refeições em comum deveriam ser acompanhadas de uma leitura edificante. O período após o jantar e antes da hora de se recolher também deveria ser preenchido por leituras, em vez de conversas. No inverno, as horas escuras adicionais após as *matinas* seriam usadas "para praticar os salmos ou para a leitura". O capítulo da Regra intitulado "Trabalho Manual Diário" diz menos sobre as tarefas que poderiam ser atribuídas a um monge que sobre a leitura que ele deveria fazer quando ficasse desocupado. A leitura preenchia os interstícios do dia, especialmente no inverno, quando havia pouco a ser feito nos campos. Aos sábados, "todos lerão", e qualquer um excessivamente lento para ler "receberá algum trabalho, de forma a não ficar ocioso". Mais que um antídoto para a ociosidade, no entanto, a leitura era um componente da disciplina espiritual. Durante a Quaresma, diz Bento, quando "conduzimos nossa vida com a maior pureza possível", nós "nos devotamos à reza contrita, à leitura, ao arrependimento e à abstinência". Por essa razão, no começo da Quaresma, cada um dos monges deveria receber um livro da biblioteca do mosteiro, a ser lido "de capa a contracapa". No tempo devido, os mosteiros tornaram-se os primeiros locais na tradição ocidental onde a leitura silenciosa era a norma: até os grandes nomes da antiguidade murmuravam para si mesmos quando liam sozinhos.[28]

O MOSTEIRO

No mosteiro modelo de Bento, a palavra escrita dominava inteiramente a palavra falada. A Regra consistentemente prefere o silêncio à fala. Pois, assim como a leitura é um tipo de trabalho, a conversa é uma espécie de ociosidade. Com o passar do tempo, os monges acabaram concebendo um sistema de linguagem de sinais — 118 sinais com as mãos foram registrados no mosteiro de Cluny no século XI — para pedir comida e roupas e coordenar a participação no Ofício Divino.[29] Muitas induções ao pecado, desvios do caminho de Deus, são inerentes à fala: bisbilhotices, reclamações, pilhérias, expressões de raiva, orgulho ou ciúme. Daí a grande virtude da leitura nos encontros comunitários, nos momentos em que o canto não estivesse preenchendo o silêncio: um homem lia e os outros escutavam, treinando seus ouvidos com as palavras e impedindo que suas mentes se dispersassem, mantendo as línguas paradas. Era edificante, mas inerte; não um diálogo, mas um monólogo, quer se tratasse de uma pessoa lendo ou de muitas cantando em uníssono. Durante as refeições, "ninguém deve fazer perguntas sobre a leitura[...] a menos que o superior deseje falar brevemente, para a elevação moral do grupo".[30]

Com o desenvolvimento da prática beneditina, a escrita tornou-se ainda mais dominante. À altura dos séculos X e XI, quando a recuperação econômica europeia impulsionou a criação de novos mosteiros, foi produzido um número infindável de novos textos para regulamentar as vidas dos monges em comunidade — e também das monjas. O Ofício Divino tornou-se ainda mais elaborado à medida que os monges se esforçavam para progredir continuamente no caminho da disciplina e da perfeição. Lecionários (textos selecionados das escrituras), hinários, missais (para acompanhar a missa) e coleções de vidas de santos, lidas ao longo de todo o ano no dia consagrado a cada santo, juntaram-se aos saltérios para formar uma crescente biblioteca de livros litúrgicos. O canto dos salmos mudou gradualmente até chegar ao que hoje chamamos de canto gregoriano; os monges inventaram o primeiro sistema ocidental

A REINVENÇÃO DO CONHECIMENTO

de notação musical, e o chefe da biblioteca, não mais o Cantor,* atuava como mestre de cerimônias.[31] Eram feitas listagens de monges e monjas, vivos e mortos, para que pudessem ser nomeados nas preces litúrgicas. Isso ajudava o mosteiro a criar o sentimento de sua própria história, e o mesmo papel era desempenhado pelos arquivos de registros das terras recebidas de doadores ricos.[32] Finalmente, surgiram "costumeiros" detalhados que codificavam os acréscimos locais à regra básica estabelecida por Benedito, incluindo os ajustes feitos especialmente para acomodar as mulheres. Os costumeiros continham especificações de rituais para cuidar dos doentes e enterrar os mortos, descreviam minuciosamente os movimentos a serem feitos durante as procissões que atravessavam as igrejas da época romântica, proviam instruções para a manutenção de relíquias, ofereciam estatutos para reger o mosteiro ou — igualmente importante — descreviam como os livros deveriam ser consagrados ao uso litúrgico. Os costumeiros serviam não apenas para registrar a prática monástica, mas, de fato, para *reformá-la*, introduzindo uma disciplina mais estrita onde sua observância tivesse sido relaxada. Eles mostram quão diligentemente os monges e as monjas medievais seguiam a palavra escrita.[33]

Diferentemente das *Instituições* de Cassiodoro, a Regra de Bento havia sido concebida não como um guia para o aprendizado, mas como um guia para a vida. São poucas as obras que Bento menciona pelo nome, preferindo categorias familiares como "as vidas dos santos" e "comentários de padres famosos da igreja católica ortodoxa". Assim como ele pressupõe a existência de uma biblioteca sem prescrever seu conteúdo, também fala de canetas e tabletes para escrever, mas nada diz sobre a cópia de manuscritos. Não há nenhuma menção à criação de escolas para garantir a capacidade de ler e escrever que a Regra obviamente requer. A cozinha e o serviço à mesa recebem atenção mais detalhada que os livros. O programa contido na Regra era espiritual, não educacional.

---

*Refere-se ao cargo de mestre do coro de um mosteiro; também chamado de Precentor. [*N. da T.*]

O MOSTEIRO

Ainda assim, tamanhos eram o poder e a clareza da visão espiritual de Bento, que dela decorreu um programa completo de aprendizado. Havendo fundado uma vida em comum baseada na sacralidade do tempo que passavam juntos, monges e monjas então produziram os textos para preenchê-lo. Ao desenvolver as práticas de uma verdadeira erudição assim possibilitada, os monges deram ao mundo externo suas mais duradouras contribuições para o entendimento do tempo, no mais amplo sentido cósmico.

DO ANO LITÚRGICO À SEMANA MILENAR

O mosteiro persistiu por tantos séculos, sobrevivendo num mundo de tantas dificuldades, porque a atemporalidade era um aspecto fundamental do ideal monástico. Na visão de mundo cristã, tanto o tempo quando o mundo eram criações de Deus. A palavra *saeculum* significava tanto "o mundo" (ainda um significado da palavra "século" hoje) como um tempo determinado (uma "época/era" ou precisamente um período de cem anos). E, em algum momento, Deus daria um fim ao tempo e ao mundo. O mosteiro cristão era um lugar fora deste mundo, com seu próprio sentido de tempo, alicerçado nos infindáveis ciclos do Ofício Divino. A questão toda, desde a retirada de Antônio para o deserto egípcio até a disseminação da Regra de Bento na Europa Ocidental, era abandonar as vicissitudes do mundo e devotar a vida inteiramente a Deus, atemporal e eterno. Para muitos monges e monjas, e talvez para todos, essa era praticamente a única vida que conheciam. Crianças muito pequenas, algumas com apenas 7 anos, entravam no mosteiro como oblatos, como "oferendas" a Deus feitas por suas famílias, habituando-se à Regra e recebendo todo o treinamento em latim, que era praticamente sua língua materna.[34]

Mas monges e monjas nunca podiam se retirar inteiramente do mundo que os cercava, justamente porque dependiam tão fortemente de

A REINVENÇÃO DO CONHECIMENTO

doações que vinham de fora — de oblatos, de terra e recursos, de proteção política e militar. Os mosteiros estavam ligados aos dogmas centrais do cristianismo, não a crenças desviantes ou marginais, e tinham um papel crítico a desempenhar onde quer que a sociedade abraçasse o cristianismo e sustentasse os valores cristãos como fundamentais. Em certas épocas do ano, festas como a Páscoa reuniam toda a cristandade para, sincronicamente, recordar a paixão, crucifixão e ressurreição de Jesus. A Páscoa, principalmente, tornava-se uma ocasião para as melhores mentes monásticas elevarem sua visão acima dos dias e meses do ano litúrgico e contemplar o tempo de Deus, acima de séculos e milênios.

O ano litúrgico, comum aos monges e aos leigos, era o cerne da unidade cristã. Os dias de festa juntavam os crentes não apenas para relembrar os passos da vida e morte de Cristo, mas também para revivê-los ritualmente: trazer o passado ao presente. Dois ciclos de dias santificados dominavam o ano litúrgico, um centrado na antecipação da vinda do Salvador e em seu nascimento, do Advento até o Natal, e o outro na preparação para sua ressurreição no domingo de Páscoa, o dia mais sagrado do calendário cristão. Fazia muito tempo que o Natal fora fixado no dia do solstício de inverno no calendário juliano romano, 25 de dezembro, e aí permanece até hoje. Isso tornava relativamente simples calcular, retrospectivamente, o começo do Advento. A Páscoa, ao contrário, era uma festa móvel, caindo a cada ano num dia diferente e, ainda assim, era o centro de 16 semanas de celebrações litúrgicas diretamente ligadas a ela, que a antecediam e sucediam. O jejum durante a Quaresma, por exemplo, comemorava os quarenta dias de Jesus no deserto; a Semana Santa relembrava o drama sagrado de seus últimos dias na Terra; Pentecostes era o quinquagésimo dia após sua ressurreição, quando o Espírito Santo desceu sobre os discípulos de Cristo.[35] Todas essas datas tinham de ser definidas com grande antecedência para que as festividades requeridas pudessem ser preparadas. Na antiguidade tardia, o papa simplesmente anunciava, a cada ano, o dia em que cairia a Páscoa. Mas, à medida que as comunicações se deterioraram com o

O MOSTEIRO

colapso de Roma, a definição da data tornou-se uma questão fundamental para que as congregações locais celebrassem com confiança, mesmo no isolamento.[36] Listagens com as datas em que cairia a Páscoa ao longo de décadas futuras tinham de ser laboriosamente tabuladas, e os monges eram os únicos homens cultos disponíveis para revisar e atualizar os cálculos periodicamente.

O cálculo correto da Páscoa está entre os mais renitentes e complexos problemas matemáticos da história. Evoluindo a partir da Páscoa judaica e então deliberadamente fixada para nunca coincidir com ela, a Páscoa cristã cai no primeiro domingo depois da lua cheia que se segue ao equinócio de primavera. Sua data exata no calendário depende, portanto, de não menos que quatro diferentes ciclos: a semana de sete dias, de domingo a domingo; o ciclo da lua, que dura 29,53 dias entre uma lua cheia e a próxima; o do sol, que dura 365,2422 dias desde o equinócio de primavera até o equinócio de primavera seguinte, e o do ano calendário, que dura 365 ou 366 dias de acordo com o sistema de anos bissextos iniciado por Júlio César.* Dois desses — os relativos ao Sol e à Lua — podem ser conciliados calculando-se quantos anos solares são necessários para acomodar um número completo de ciclos lunares; os computistas alexandrinos, herdeiros da astronomia helenista, estabeleceram que esse número era 19.** Os dois outros ciclos — o da semana e o do ano calendário — repetem-se a cada 28 anos.***

---

*César contornou um problema crítico ao arbitrar que o ano solar teria exatamente 365,25 dias — uma quarta parte de dia a mais que, a cada quatro anos, comporia um ano bissexto — em vez de 365,2422. Ao longo dos séculos, isso fez com que a data no calendário fosse ficando cada vez mais atrasada com relação à data solar. Isso explica por que o solstício de inverno original, que coincidia com o dia do Natal, acabou migrando para 21 ou 22 de dezembro. Hoje, resolvemos esse problema ignorando os anos bissextos (os divisíveis por 4) quando eles são divisíveis por 100, a menos que sejam também divisíveis por 400. Assim, os anos 1800 e 1900 não tiveram o dia 29 de fevereiro, mas o ano 2000 teve. Isso significa que, após cerca de 8.000 anos, nosso próprio calendário ainda terá "perdido" um dia.

**Multiplicando 19 por 365,2422 e dividindo o resultado por 29,53 obtém-se 235,001, bem próximo de um número inteiro.

***Sendo produto de 4 (a frequência do ano bissexto) e 7 (que indica o progresso quadrienal do ano bissexto ao longo da sequência domingo, sexta-feira, quarta-feira, segunda-feira, sábado, quinta-feira e terça-feira), o 28 especifica o intervalo de anos em que se pode usar um mesmo calendário no qual coincidam as datas e os dias da semana.

A REINVENÇÃO DO CONHECIMENTO

Multiplicando-se 19 por 28, tem-se um ciclo completo de 532 anos, o mais curto intervalo de tempo em que toda a sequência das datas da Páscoa, conforme identificada pelo mês e dia no calendário juliano, começa a se repetir.

Foram necessários séculos de acaloradas discussões e complicada matemática (uma tarefa nada fácil no tempo em que se usavam numerais romanos) antes que os computistas chegassem ao número de 532 anos, e mais tempo ainda até que entendessem por que ele funcionava. Até o século XVI, os cristãos ainda estavam refinando seus cálculos utilizando catedrais como gigantescos observatórios astronômicos, fazendo furos em tetos abobadados para traçar raios de sol sobre os pisos de mármore.[37] Em vez de chegar a um acordo sobre determinada matemática (ou data aproximada), os cristãos sempre exibiram o que, para os de fora, pode parecer uma insistência fanática em estabelecer um número absolutamente exato. Mas um sistema que acidentalmente fizesse a Páscoa cair antes do equinócio de primavera, por exemplo, poderia fazer com que a Ressurreição fosse celebrada antes que a luz do dia tivesse de fato triunfado sobre a noite do inverno, enviando aos fiéis uma mensagem teológica totalmente errada.

Em decorrência disso, um complexo conjunto de técnicas chamado *computus* desenvolveu-se em torno dos cálculos da Páscoa. O *computus* era a peça central da educação "científica" nos mosteiros. Assim como a leitura devocional (*lectio divina*) havia absorvido e substituído o *trivium* humanístico romano, o *computus* se configurou a partir dos remanescentes do *quadrivium* matemático (aritmética, geometria, astronomia e música). Sendo a primeira verdadeira ciência ocidental aplicada, o *computus* progressivamente organizou toda a compreensão dos monges educados, no que se referia aos mundos natural, humano e divino, em torno de um único princípio norteador: o tempo. Bem à moda dos almanaques populares do período moderno, os manuscritos de *computus* tornaram-se "fichários" nos quais se podia encontrar qualquer coisa relacionada a tempo e periodicidade, fosse relativo a música,

76

navegação, climatologia, agricultura, prosódia (fala rítmica) ou mesmo medicina (cujas terapias estavam relacionadas à astrologia e às estações do ano).[38] Não é de surpreender que o calendário estivesse cheio de dias de santos (e especialmente de mártires), mas havia também anotações periféricas sobre eventos meteorológicos locais, fomes, eclipses e, mais notavelmente, política. A partir desses anais produzidos ano após ano, desenvolveram-se algumas das primeiras crônicas históricas narrativas da Europa.

Acima de tudo, o *computus* levava os monges a pensar o tempo em termos de épocas — o que fez com que, em algum momento, se chegasse à data da própria Criação. Dessa forma, preparava-os para confrontar o maior mistério que afligia a população cristã em geral com relação ao tempo: quando terminaria, quando cessariam seus sofrimentos, quando Cristo retornaria.

A especulação popular sobre a data exata da Segunda Vinda tem constituído uma poderosa corrente subjacente no cristianismo desde seus primeiros dias, como um movimento explicitamente messiânico. Os líderes de igrejas temiam que isso fosse um pretexto potencial para a indisciplina desenfreada e a negligência moral, mas, ainda assim, engajaram-se numa complexa dança com as expectativas mileniais. Agostinho, aquele arquiteto de opiniões ortodoxas, reconhecia que o mundo vivia numa era de senilidade, mas insistia veementemente em que ninguém podia saber a data exata em que ele acabaria. Aqueles que, ainda assim, buscaram tal data nas escrituras aferraram-se a II Pedro 3:8 ("Para o Senhor, um dia é como mil anos, e mil anos são como um dia") para desenvolver uma teoria da "semana milenial". Argumentando que, se o Senhor criou o mundo em seis dias e descansou no sétimo, e se cada dia é para ele mil anos, então o ano 6000 será um dia de descanso, um novo milênio anunciado pelo retorno de Cristo.

Involuntariamente, os primeiros cronologistas cristãos jogaram mais lenha na fogueira. Mourejando sobre as notavelmente detalhadas genealogias do Antigo Testamento, haviam fixado a criação do mundo

A REINVENÇÃO DO CONHECIMENTO

no ano 5.500 antes de Cristo. Na época em que estavam escrevendo, no século III da Era Comum, isso situava o fim do mundo confortavelmente para além do tempo de vida de qualquer contemporâneo. Mas, com o colapso do ocidente latino nos anos 400, o *anno mundi* — AM, o ano do mundo — entrou nos perigosos 5900s. Àquela altura, o establishment procrastinara, em termos praticamente literais: os estudiosos vasculharam suas Bíblias e conferiram os cálculos para redatar a Criação para cerca de 5.200 anos antes de Cristo, rejuvenescendo o mundo uns três séculos. Ainda assim, isso apenas plantou uma nova bomba-relógio, levando aqueles trezentos anos futuros a especular novamente que o fim estava logo ali, virando a esquina.[39]

Foi um monge da Nortúmbria, conhecido como o Venerável Bede (c. 672-735), quem finalmente desarmou a bomba e, no processo, mudou a maneira de pensar a respeito do tempo. O livro de Bede, *De temporum ratione* [A contagem do tempo], tornou-se o mais influente livro-texto de *computus* da Idade Média. Sintetizando concepções de tempo litúrgicas, históricas e astronômicas, cobria, além da Páscoa, tudo sobre frações e cálculos com os dedos, marés e sombras, até o Anticristo e o Juízo Final. Bede não se envolvia com os tipos "rústicos" que o atormentavam para que revelasse quando chegaria o milênio. Escrevendo no que correspondia aos anos 5900s do então corrente *anno mundi*, ele juntou as muitas fórmulas "X engendrou Y" contidas na Bíblia para rever novamente a data desde a Encarnação, dessa vez dramaticamente. Quando anunciou aos contemporâneos que Jesus havia nascido em 3952 AM e que estavam muitíssimo distantes do sétimo milênio, isso representou um amargo revés para as mentes apocalípticas.[40]

Em outro importante trabalho, Bede exibiu uma atitude mais adequadamente cristã com relação ao tempo histórico. Sua *História eclesiástica do povo inglês* demonstra como a história revelava a missão especial atribuída por Deus à Inglaterra. Trata-se também do primeiro trabalho ocidental de importância a introduzir a datação *anno Domini*, prática que produziu uma sutil revolução em nossa consciência do tempo. A vida monástica era caracterizada por uma obstinada paciência, e a vida dos demais cristãos era de ardente expectativa, mas as duas atitudes opostas com relação ao tempo puderam finalmente ser reconciliadas nesse novo sistema de cronologia. Acoplado à encarnação de Jesus, o *anno Domini* mesclava lembranças de Cristo na enumeração dos anos, somados um por um numa sequência que compunha um futuro redentor a se estender indefinidamente diante de nós. Um índex universal do progresso da história, ele substituía uma miscelânea de alternativas — as olimpíadas gregas, os anos de reinado de imperadores romanos, ciclos tributários de 15 anos e o calendário lunar hebreu. A escala de tempo uniforme de Bede lhe permitia adornar a narrativa com números que faziam lembrar a Encarnação e ressaltavam, em cada instância, a profunda interconexão de todos os diversos aspectos integrantes do grande plano divino que, não fosse isso, seria inescrutável. Em suma, a história garante salvação, mas, como indivíduos e até como nações, podemos desempenhar nossa parte apenas se seguirmos, diligentemente, o exemplo de Cristo aqui e agora. Nas páginas de abertura de sua *História eclesiástica*, Bede explicou como toda a sua vida de trabalho havia, em certo sentido, começado com sua oblação aos 7 anos de idade: "Desde então, tenho passado toda a minha vida neste mosteiro, dedicando-me inteiramente ao estudo das Escrituras; e, em meio à observância da disciplina da Regra e à tarefa diária de cantar no coro, meu prazer sempre tem sido aprender ou ensinar ou escrever."[41] Dificilmente se poderia imaginar uma síntese mais clara da relação de um humilde monge com os textos e o tempo.

CODA: A.D. 1000 VS. *KALIYUGA*

Obviamente, o *Anno Domini* pouco fez para aplacar as expectativas apocalípticas da população cristã como um todo. À medida que se aproximava o A.D. 1000, muitos simplesmente se aferraram a Apocalipse 20:2-10 para argumentar que o demônio, depois de mil anos de cativeiro após o nascimento de Jesus, em breve lançaria o Anticristo sobre eles. Em 982, o famoso computista Abbon de Fleury — do mosteiro que abrigava os ossos de Benedito — divulgou um calendário atualizado para persuadir o povo de que o ano não era 982, mas 1003, e que o momento temido já havia passado sem incidentes.[42] Mas não teve sucesso. Como vimos, a recente virada do segundo milênio revelou uma duradoura fascinação com a possibilidade do apocalipse; vejam-se os livros da série *Left Behind* [Deixados para trás]. O fenômeno *bug do milênio* (Y2K), embora gerado por uma legítima ansiedade quanto à nossa dependência da tecnologia, também teve um toque de expectativas apocalípticas. A antecipação popular do fim do mundo é uma característica comum (embora usualmente heterodoxa) de todas as religiões ocidentais — cristianismo, judaísmo e islamismo. Ela também figura com destaque no budismo, particularmente na China, onde a crença no iminente surgimento do Buda Maitreya tem, com frequência, alimentado enormes rebeliões.

Para um contraste revelador com o milenarismo do Ocidente latino, devemos, portanto, nos voltar para a Índia, onde por volta do ano 1000 da era cristã o budismo estava fenecendo em sua terra natal e a conquista islâmica encontrava-se em estágios muito iniciais. Na tradição sânscrita, os ciclos do tempo eram tão astronomicamente imensos e aparentemente exatos, que não poderia haver nenhuma expectativa de grandes mudanças na passagem de uma época a outra, mas apenas uma infindável repetição. A *kaliyuga*, nossa atual era de decadência e degeneração, de fato culminará em uma série de catástrofes globais. Mas está escrito que ela durará um total de 432 mil anos desde seu início com a inundação ocorrida no ano 3101 a.C. Então, o mundo renascerá em outro ciclo, que durará apenas um dia na vida de Brahma, o Criador, equivalente a dez *kaliyugas* ou 4,32 milhões de ano. E isso não é nada comparado com a duração do próprio universo, algo acima de 311 trilhões de anos, segundo alguns cálculos. O viajante muçulmano Al-Biruni, que visitou

O MOSTEIRO

a Índia nos primeiros anos do segundo milênio, explicou como tais números gigantescos ajudaram os astrônomos indianos a acomodar os ciclos de estrelas e planetas (algo parecido com o que os ciclos de 532 anos fizeram com relação à Páscoa). Mas descobriu que os indianos careciam completamente do que ele, como um ocidental, considerava sensibilidade histórica: pouco se importavam com a cronologia e a sequência de eventos passados.[43] Na Índia, os tempos pessoal, histórico e cósmico transcorriam de acordo com escalas radicalmente diferentes sem que houvesse nenhuma providência divina nem dinâmica de salvação que os sincronizasse. Infindáveis reencarnações e uma libertação definitiva (*moksha*) simplesmente dissolviam o indivíduo num processo universal de duração incomensurável.

Como resultado, o aprendizado do sânscrito enfatizava a atemporalidade, em vez de tempo, e a não textualidade, em vez de textos. Um caso único entre os sistemas de conhecimento existentes no mundo, a Índia manteve a transmissão oral e a memória como garantias mais seguras da permanência que a escrita transitória em folhas de palmeira ou cascas de árvore. O sânscrito era, literalmente, a fala eterna da divindade, e não, como o latim, um canal conveniente para a palavra de Deus. Os gurus levavam seus discípulos a memorizar, não copiar, as escrituras védicas e verbalizá-las com exatidão, de modo que o poder mágico de seus mantras não pudesse ser diluído nem mal direcionado. Os gramáticos sânscritos inventaram quase 4 mil regras para proteger a linguagem falada contra a mudança e a degradação. Em consequência, é extremamente difícil datar os manuscritos ainda existentes com base no estilo literário ou no vocabulário.[44] Os autores de tratados eruditos deliberadamente despiram seus textos de detalhes históricos concretos para imitar a qualidade eterna dos Vedas e associar seus trabalhos ao ritual cíclico, repetitivo, atemporal das falas litúrgicas dos brâmanes.[45]

Não é de admirar, então, que o grande mosteiro indiano em Nalanda, onde as vozes de 10 mil estudantes um dia encheram os pátios com debates e discussões, esteja hoje reduzido a mudas ruínas de pedra, e que nosso melhor relato escrito sobre ele venha não de indianos, mas de um visitante chinês. O gigantesco complexo de templo, dormitórios e salão de conferências em Nalanda floresceu desde o século V até o XII, quando foi saqueado por turcos muçulmanos. Sendo um produto do budismo, a outra grande religião monástica do mundo, Nalanda abrigava budistas e não budistas que estudavam tanto as escrituras quanto temas seculares, e relógios de água e gongos marcavam as horas da vida monástica regular. Era uma cultura profundamente oral, não escrita. "O dia não é suficiente para tantas perguntas e respostas sobre questões profundas", nas palavras de Xuanzang, um peregrino chinês do século VII: "Da manhã à noite, eles se envolvem em discussão."[46] Nenhum dos mosteiros europeus jamais se aproximou de Nalanda em tamanho, escopo ou dedicação ao conhecimento. Fazia muito tempo que os ascetas cristãos haviam trocado a conversa pelo silêncio, substituindo a interação vocal por uma paciente devoção aos textos. Eles poderiam durar mais que Nalanda, embora não necessariamente o pudessem exceder em brilho. Para entender onde e como o espírito do debate erudito ressurgiu na Europa, temos que estender os olhos para além do mosteiro e examinar uma instituição inteiramente nova, devotada ao conhecimento, que ali criou raízes: a universidade.

3

A Universidade

1100–1500

A REVIVESCÊNCIA DA EUROPA MEDIEVAL GEROU MAIOR MOBILIDADE, NOVAS CIDADES, MAIS CONTATOS PARA ALÉM DA CRISTANDADE — UMA RECONFIGURAÇÃO DO ESPAÇO QUE DEMANDOU UM REORDENAMENTO DO CONHECIMENTO.

ESTE CAPÍTULO, QUE trata da universidade, deve começar dissipando alguns conceitos errôneos anacrônicos. Ele traça as origens da instituição intelectual dominante no mundo contemporâneo, e é tentador ver o passado simplesmente como contendo as sementes do presente. A fim de evitar que a universidade pareça inevitável ou imutável, devemos começar observando três pontos que tornavam as universidades medievais profundamente diferentes das nossas.

O primeiro é que as universidades mais antigas, encontradas nos séculos XII e XIII em Bolonha e Paris, não foram deliberadamente fundadas; elas simplesmente se aglutinaram de forma espontânea em torno de redes de estudantes e professores, formando nodos nos pontos mais densos. As universidades que vieram depois, tanto na Europa quanto nos Estados Unidos, foram, é claro, deliberadamente criadas, mas somente depois que o modelo emergiu (duas vezes, conforme veremos) por conta própria.

Em segundo lugar, praticamente todas as universidades europeias são fenômenos urbanos. Isso deriva da primeira proposição, pois, quando professores e estudantes começaram a se juntar, precisavam fazê-lo em lugares que dispusessem de infraestrutura e amenidades: alojamentos, fornecedores de papel, tinta e canetas, tavernas e, sim, bordéis. A maior parte das universidades da Europa ainda é identificada com o

A REINVENÇÃO DO CONHECIMENTO

nome das cidades onde se aglutinaram (mais notavelmente, Oxford e Cambridge), embora quase nenhuma tenha sido fundada por líderes locais. Por outro lado, as universidades americanas tendem a ter nomes derivados dos de pessoas (como John Harvard e Eli Yale) ou de grandes unidades territoriais (como Michigan e Califórnia) e a estar localizadas em idílicos cenários rurais (como Ítaca, no estado de Nova York, e Grinnell, em Iowa).

Por último, e talvez mais surpreendentemente, as primeiras universidades não tinham um campus, nem edifícios, nem tijolos e argamassa. O termo *universitas* referia-se a um grupo de pessoas, não a um local físico. Tampouco indicava "universalidade" no sentido de um conhecimento abrangente, como poderíamos pensar hoje. Em vez disso, *universitas* era um conceito do antigo direito romano relativo a uma sociedade formada por associação juramentada de indivíduos. Por volta do século XIII, poderia se referir a qualquer associação de mercadores ou artesãos — uma guilda, em suma — reunida para apoio mútuo e barganha coletiva contra os que não pertenciam a ela. Bem cedo, a *universitas* de estudiosos estava sendo comparada a guildas de ocupações cotidianas, como as de alfaiates e curtidores. Tal como suas similares, tinha mestres (professores), artífices (ou "bacharéis", como ainda os chamamos) e aprendizes (estudantes).[*][1] E, também como elas, destinava-se, acima de tudo, a prover treinamento vocacional, originalmente para pregadores, advogados e doutores e, em nossa própria época, para homens de negócios, jornalistas e engenheiros. A erudição desinteressada, a liberdade acadêmica, a educação liberal e o idealismo impraticável — todos elementos hoje usualmente presentes nos discursos de formatura — surgiram como subprodutos não intencionais do agrupamento de estudiosos, expressões do orgulhoso espírito de guilda da *universitas*.

---

*No início, as pessoas da Idade Média usavam um termo diferente, *studium generale*, para se referir ao que mais tarde chamaram de universidades. *Generale* referia-se não à multiplicidade de temas ensinados, mas ao âmbito geográfico supraregional do recrutamento, em contraste com um *studium particulare*, cujos estudantes eram todos de um único local.

A UNIVERSIDADE

Se o mosteiro era uma instituição viável para organizar o conhecimento num mundo dominado pelo cristianismo, como foi possível que essa guilda de estudantes e professores o substituísse? Por que o mosteiro não continuou como o lócus predominante dos eruditos e de seus livros até que o cristianismo, como uma ideologia unificada, fosse desafiado pela Reforma? Obviamente, a resposta a essa última pergunta é que o mosteiro, como um lugar de retiro, de afastamento do mundo, persistiu e ainda persiste até os dias de hoje. No século XII, em particular, ele passou por um período de genuíno florescimento. Portanto, a universidade não surgiu como uma resposta à estagnação monástica, e daí o cabimento da primeira pergunta: por que surgiu uma nova instituição devotada ao conhecimento, se havia uma outra que ainda prosperava?

Em termos simples, a Europa finalmente se recuperou dos golpes recebidos durante o declínio de Roma. Ao longo do século XI e culminando no seguinte, a economia europeia teve uma recuperação surpreendente. A produtividade agrícola aumentou, a população prosperou, o comércio e os negócios floresceram, cidades e vilas ganharam forma, as burocracias da Igreja e do Estado estenderam seus tentáculos por toda a sociedade e as pessoas começaram a interagir com base em dinheiro e contratos, em vez de juramentos e tradições. Acima de tudo, elas pegaram a estrada. Peregrinos, mercadores, soldados, trovadores, pregadores e cruzados se dispersaram pela cristandade e para além dela. Muitos homens jovens aproveitaram a nova prosperidade para viajar em busca de conhecimentos. "Peregrinações acadêmicas" levaram alemães a Paris para aprender teologia, poloneses a Bolonha para estudar direito, ingleses a Toledo para traduzir textos científicos árabes. Os habitantes locais lhes forneciam cama e comida, canetas e pergaminhos. Em pouco tempo, os professores ganharam o direito de levar com eles suas credenciais, podendo lecionar em qualquer escola da cristandade.

Em determinado momento, a prosperidade declinou, em meio a fome, rebelião, guerra e heresias, antes que a Peste Negra de 1348 paradoxalmente a revigorasse, limpando o terreno para novas oportunidades

A REINVENÇÃO DO CONHECIMENTO

econômicas resultantes da reconstrução empreendida pelos sobreviventes. Àquela altura, a universidade já havia adquirido os contornos que conhecemos hoje. A reconfiguração do espaço naquele primeiro período de mobilidade explica o reordenamento do conhecimento promovido pela universidade. Inundando as cidades pequenas, espalhando-se por todo o continente e restabelecendo contatos com o mundo mediterrâneo que se estendia para além da cristandade latina, os estudiosos, durante alguns séculos, continuaram se aglutinando ao mesmo tempo que a própria Europa começava a se unir, e pelas mesmas razões.

OS AMORES DE ABELARDO

Ninguém melhor que Pedro Abelardo (1079-1142) para exemplificar a efervescência e a mobilidade recém-descobertas na Europa medieval. Ele foi um intelectual combativo e itinerante imortalizado por seu trágico caso de amor com Heloísa. Abelardo nasceu na Bretanha, a faixa céltica da França próxima à costa do Atlântico. Ganhou notoriedade muito cedo apresentando-se numa série de escolas catedrais urbanas que se aglomeravam entre os rios Loire e Mosela. Insatisfeito com a instrução pesada, meditativa, oferecida até pelos mais respeitados estudiosos, Abelardo transformou-se num cavaleiro errante, armado com a lógica e sempre pronto a duelar com seus mestres. Numa ocasião, ele audaciosamente se ofereceu para interpretar o Livro de Ezequiel após uma única noite de preparação, rejeitando as súplicas apavoradas de colegas estudantes para que se desse mais tempo para um texto tão difícil. Esse é um dos muitos episódios contados por Abelardo em sua *A história das minhas calamidades*, um conto moral clássico do machismo erudito. Repetidamente, tendo incitado o ciúme de mentes inferiores (assim as via), Abelardo foi forçado a fugir para outro lugar, embora o mero vigor de seu intelecto atraísse multidões de admiradores: "Totalmente tomado por meu amor ao saber, renunciei à glória de uma vida militar e me

A UNIVERSIDADE

retirei da corte de Marte a fim de ser educado no colo de Minerva. Eu preferia as armas da dialética a todos os outros ensinamentos de filosofia; armado com elas, escolhi os conflitos da controvérsia, em vez de os troféus da guerra."[2] Praticamente todos os que se juntavam ao seu redor eram homens, livres para ir de um lugar a outro, enfrentando ladrões de estrada e dificuldades. (Diferentemente de mosteiros que atendiam a ambos os sexos e ocasionalmente até os misturavam no mesmo local, as escolas catedrais onde eles se encontravam excluíam as mulheres.) Juntos, dedicavam-se a questionamentos, discussões, argumentações e debates. Tomados pelo frêmito dessa "dialética" verbal, Abelardo e seus estudantes foram pioneiros de um novo estilo de aprendizagem, muito masculino, e que mais tarde foi institucionalizado nas universidades.

No entanto, o melhor aluno de Abelardo era uma mulher. Bemnascida e extraordinariamente inteligente, uma adolescente vinte anos mais jovem que ele, Heloísa (1101-1162) tornou-se objeto do que Abelardo descreveu como uma sedução calculada. Tiveram um filho, a quem ela deu o nome de Astrolábio (o instrumento greco-árabe utilizado para medir a altura dos astros no céu). Por insistência de Abelardo, eles se casaram em segredo, embora Heloísa resistisse, argumentando que "alunas e babás, escrivaninhas e berços" não podem dividir o mesmo espaço. Seu tio acabou resolvendo a questão de uma vez por todas, emboscando Abelardo à noite e mandando castrá-lo. Abelardo despachou Heloísa para um mosteiro e a transformou, da noite para o dia, de estudante em freira, embora mais tarde ela tenha se tornado uma destacada abadessa conhecida por sua erudição. Abelardo enfrentou um segundo tipo de castração quando detratores obtusos condenaram seu livro sobre a Trindade e o obrigaram a queimá-lo. Ele se refugiou numa série de mosteiros, mas, buscado por multidões de visitantes, voltou a ensinar, escrever e filosofar.

"Dos tesouros de sua filosofia", escreveu Heloísa a Abelardo, "eu muitas vezes venho com a garganta ressecada e ansiando por ser refrescada pelo néctar de sua boca aprazível." Sua sorte simboliza a ampla exclusão

89

A REINVENÇÃO DO CONHECIMENTO

das mulheres do mundo do saber durante o período de transição do mosteiro para a universidade. Antes da castração, nas secretas cartas de amor que trocavam, ela implorava que ele visse o *amor* (paixão romântica, luxúria) como um caminho para a devoção abnegada (*dilectio*) e para o amor divino (*caritas*). Depois da castração, ele via as coisas em termos radicalmente diferentes: "Eu saciei meus condenados prazeres com você, e isso foi a soma total do meu amor."[3] Tratando-a então apenas como sua irmã em Cristo, tutorava-a a distância; ela pediu que ele a ajudasse a adaptar a Regra Beneditina para mulheres enclausuradas. Abelardo havia direcionado sua mente para a assexuada lógica da fé, afastando-se da apaixonada dissecção de sentimentos. Durante as duas décadas seguintes, lutou com o quebra-cabeça lógico de como Deus podia ser um e, ao mesmo tempo, três — Pai, Filho e Espírito Santo — e encontrou uma equivalência entre esse último e o *espírito do mundo* de Platão. Em *Sic et Non* [Sim e Não], ele esquadrinhou as palavras dos pais da Igreja em busca de excertos que pudessem lançar luz sobre mais de uma centena de questões difíceis que iam desde se Deus é uma substância, até se um homem pode dispensar uma esposa adúltera e casar-se novamente. Quanto mais contraditórias e divergentes essas "autoridades", mais rico o banquete intelectual. Abelardo chegou mesmo a cunhar uma nova palavra, "teologia", para descrever como uma discussão racional poderia ser usada para deslindar os pontos mais complexos da fé. Uma nova forma de conhecimento, dialética e dialógica, havia surgido paralelamente às cópias monásticas e à leitura devocional, e era agora um terreno exclusivamente masculino.

A mente exploradora de Abelardo, que fazia do questionamento e da discordância a via mais promissora para se chegar à verdade de Deus, apenas incitou mais conflito e humilhação. Entre seus diversos inimigos, Bernardo de Clairvaux (1090-1153), a grande estrela intelectual da cristandade monástica e um reformador, tornou-se o mais enfático oponente de Abelardo e o arquiteto de sua ruína. Bernardo liderava os cistercianos, uma nova ordem devotada a restaurar os aspectos devocionais, espirituais

90

A UNIVERSIDADE

e estéticos da vida monástica. Os cistercianos desprezavam as tentações da carne e do espírito que viam nas cidades — bem como na crescente riqueza e no materialismo dos mosteiros rurais da época — e, por isso, partiram para o ermo. Valorizavam o trabalho manual acima do intelectual: desmataram e cultivaram tamanhas extensões de novas terras na fronteira medieval pouco povoada, que acabaram enriquecendo a despeito de si mesmos. (Hoje, os vinhedos inicialmente cultivados por cistercianos na Borgonha estão entre as mais lucrativas propriedades territoriais do mundo.) Bernardo transformou numa crise explícita a incipiente discordância entre mosteiros rurais e escolas urbanas. "Fujam desta Babilônia e salvem suas almas", exortava. "Fujam para os mosteiros no ermo, onde pedras solitárias e florestas ensinam mais piedade que mestres mortais." A Abelardo ele acusava de "se esforçar para fazer de Platão um cristão", e ridicularizava a teologia como "estupidologia".[4]

Bernardo não era um homem intolerante, nem deseducado. Ele simplesmente sustentava que o conhecimento adquirido por meio da devoção mística e da contemplação era preferível à lógica argumentativa disparatadamente intrincada que havia conferido fama a Abelardo. Os sermões de Bernardo sobre o Cântico dos Cânticos, o mais erótico livro da Bíblia, são uma obra-prima de misticismo cristão. Uma passagem difícil — "Deixe-o beijar-me com o beijo de sua boca" — transformou-se na base para uma visão espiritual de Cristo como noivo, da alma humana como sua noiva e da salvação como um casamento apaixonado com a divindade. Se Heloísa via o amor erótico como espiritual, Bernardo via o amor espiritual como erótico (e Abelardo simplesmente os punha em diferentes categorias analíticas de amor). A partir de então, e durante séculos, muitos místicos — especialmente mulheres cultas, às quais era negada uma via de expressão nas escolas e universidades — escreveram em termos muito semelhantes. A abadessa beneditina Hildegard de Bingen (1098-1179), por exemplo, ainda é amada pelos adeptos da Nova Era por suas composições musicais etéreas, suas terapias medicinais holísticas e suas visões alucinatórias de uma "luz viva" divina.[5] Dado que

Deus falava a ela somente nos termos mais teologicamente ortodoxos, Bernardo relutantemente desculpou seus escritos proféticos. Mas ele não podia deixar à solta as seduções da filosofia lógica de Abelardo. Quando esse escreveu outro livro, *Teologia*, Bernardo providenciou para que fosse silenciado de uma vez por todas, fazendo com que ele — e não apenas o livro — fosse condenado por heresia. Abelardo refugiou-se junto aos poderosos beneditinos de Cluny e, pouco depois, quando morreu, seu corpo foi enviado a Heloísa para que o enterrasse.

UMA HISTÓRIA DE QUATRO CIDADES

Bernardo ganhou a batalha, mas não pôde ganhar a guerra. As virtudes do ermo acabaram superadas pelos fascínios das cidades, que logo passaram a atrair hordas de aspirantes a intelectuais. A maior rede urbana desse tipo estava precisamente na área de influência de Abelardo, nas escolas catedrais em Chartres, Laon, Reims e Paris — inclusive em Notre Dame, o emblema arquitetônico da revitalização gótica da Europa. Por volta de 1200, muito antes de se tornar a capital de um poderoso estado-nação, Paris era famosa como o centro internacional da teologia.

Outros locais de peregrinação acadêmica desenvolveram suas próprias escolas e áreas de especialização, ou "faculdades", que logo se tornaram os padrões seguidos em quase todas as universidades: Bolonha em direito, Salerno (entre outras) em medicina e (muito mais tarde, imitando Paris) Praga nas artes liberais. Cada um desses centros do saber exemplifica um aspecto da vida universitária que logo se tornou comum a todos os demais, fosse o alojamento de estudantes em faculdades, o desenvolvimento de proteções legais para os acadêmicos, o estilo de ensino *viva voce* (oral) ou a necessidade de treinamento nas artes liberais como pré-requisito para o estudo vocacional. O que havia de comum em seus esforços distintos era uma nova forma de pedagogia, mais tarde chamada de "escolástica", nome derivado justamente de escola. Em

A UNIVERSIDADE

suma, a escolástica formulava questões dos textos canônicos em seus respectivos campos e enumerava, detalhadamente, seus pontos de acordo e desacordo — o mesmo procedimento que havia sido seguido por Abelardo. Então, ampliando o método do *Sic et Non*, desenvolviam-se argumentos até que as questões fossem resolvidas. O método dialético era tanto uma ferramenta de ensino quanto um meio para se fazer avançar o conhecimento. Daí vem a pretensão das universidades de produzir pregadores, advogados e doutores racionalmente treinados para uma sociedade em expansão.

A teologia em Paris

Em 1200, os acadêmicos que vinham como enxames para a Île de la Cité e suas redondezas no coração de Paris deram uma demonstração dramática de seu poder econômico coletivo. Num incidente isolado que se transformou numa rixa envolvendo toda a cidade, um estudante alemão, sentindo-se ludibriado por um taverneiro numa questão que envolvia vinho, retornou com amigos para espancá-lo. O taverneiro convocou o *bailiff* real, cuja tentativa de fazer justiça resultou num violento tumulto na estalagem onde viviam os estudantes alemães. Os professores de Paris, pondo-se do lado de seus alunos (que chegavam a milhares), ameaçaram levantar acampamento e sair da cidade. Então o próprio rei intercedeu e, chocantemente, decretou a prisão perpétua do *bailiff*, oferecendo a seus partidários a escolha entre um julgamento por ordálio (e possivelmente a forca) e o exílio permanente. Aparentemente, ninguém pensou em punir os ingovernáveis estudantes alemães. Os estudantes já eram imunes à justiça civil, por serem clérigos. Tonsurados e vestindo túnicas, às vezes portando armas, eles iam e vinham pela cidade como cavaleiros de Jedi. E, em 1200, ganharam um édito real que lhes garantia o direito de ser julgados por seus próprios mestres. Embora, após 1215, as autoridades seculares tenham ganhado jurisdição sobre crimes como assassinato e estupro, em tudo o mais a *universitas* parisiense constituía um universo legal à parte.[6] Quando outra rebelião estourou, em 1229 (novamente por causa de vinho, desta vez durante o carnaval), o caso foi além dos limites até para a indulgência do rei, e uma "grande dispersão" levou à imigração de professores e à fundação de universidades totalmente novas em Angers, Orléans, Toulouse e outras partes. Alguns cruzaram o Canal da Mancha e foram ampliar aquelas já formadas em Oxford e Cambridge, e suas penetrantes mentes teológicas conferiram àquelas cidades um lugar permanente no mapa intelectual da Europa.

Enquanto isso, haviam sido criadas faculdades para oferecer mais estrutura, disciplina e apoio aos estudantes que viviam longe de casa, muitos dos quais tinham apenas 14 anos de idade quando começavam os estudos formais. Uma faculdade, diferentemente de uma universidade, era uma construção física onde residiam os estudantes e seus mestres. Muitas faculdades tiveram origem em instituições de caridade criadas para fornecer alojamento e alimentação a jovens pobres, mas promissores. A Sorbonne, hoje em dia quase sinônimo de Universidade de Paris, era, no início, apenas mais uma de suas faculdades, criada com uma doação de Robert de Sorbon em 1257. As faculdades contribuíram consideravelmente para melhorar as relações cidade-estudantes, já que eles ficavam alojados sob a vigilância atenta dos mestres. Embriaguez e violência foram canalizadas para divertimentos mais socialmente aceitáveis, culminando, muito mais tarde, nas *sherry hours* e nas atividades atléticas dos *colleges* de Oxbridge,* com seus pináculos góticos e gramados quadrangulares.

As primeiras e mais importantes faculdades parisienses foram as das recém-criadas ordens mendicantes, os dominicanos e franciscanos. Como acontecera com os cistercianos antes deles, os mendicantes representavam outra resposta religiosa aos desafios da mobilidade na Europa do século XII. Domingos de Gusmão, de Castilha, estabeleceu

---

*Termo usual, a partir de meados do século XX, designando o conjunto das Universidades de Oxford e Cambridge na Inglaterra. [*N. da T.*]

A UNIVERSIDADE

sua ordem para combater a heresia na Itália urbanizada e no sudeste da França, especificamente entre os cátaros, que praticavam um cristianismo radicalmente antimaterialista, possivelmente transmitido da Bulgária. O objetivo era atrair de volta os paroquianos que haviam ficado espiritualmente órfãos diante de uma cada vez mais rica, distante e arrogante hierarquia da igreja. Agindo basicamente a partir do mesmo impulso, Francisco de Assis pregava para as crescentemente densas fileiras dos pobres urbanos da Itália. Os dois tipos de frades (como eram chamados) viviam de acordo com uma regra e faziam votos de obediência, castidade e, especialmente, pobreza, o que os tornava semelhantes a monges. Mas recusavam-se a ficar amarrados a mosteiros e a propriedades; viviam vagando, pedindo esmolas (daí "mendicantes") e pregando, principalmente nas cidades em expansão. Quatro anos depois da criação da ordem em 1216, os dominicanos haviam aberto uma faculdade de teologia em Paris e logo fizeram o mesmo em Bolonha. Os franciscanos superaram a hostilidade de seu fundador à erudição e chegaram com força total em 1218. E embora as relações entre frades, mestres tradicionais e autoridades citadinas e reais nem sempre fossem harmoniosas, as ordens mendicantes amenizaram a divisão que havia se desenvolvido entre escolásticos e monásticos, lógicos enganadores e buscadores espirituais, na época do conflito entre Abelardo e Bernardo.

Essa reaproximação também lançou as bases para a elaboração sistemática e a aplicação prática da teologia iniciada por Abelardo. Os frades necessitavam, com urgência, de sermões temáticos: prédicas tópicas a serem ministradas a irrequietos paroquianos urbanos, frequentemente em espaços abertos, e temas que os pregadores itinerantes pudessem usar para tocar os corações e as almas dos leigos. O material dos sermões era colecionado em compêndios de "distinções" bíblicas, que destacavam os diversos usos de determinado termo extraído de textos bíblicos. Referências a cães que retornavam a seu próprio vômito (II Pedro 2:22) ou à glutonaria (Isaías 56:11), por exemplo, forneciam imagens concretas para ilustrar um ponto simbólico mais profundo sobre o pecado da gula.[7] No início dos anos 1200, a própria Bíblia havia sido transformada, passando de uma série de livros isolados a um gigantesco volume encadernado e portátil, com os livros convenientemente divididos em capítulos e versos. As "Concordâncias", que indexavam passagens difíceis e conduziam o leitor aos respectivos contextos, substituíram incômodas notas marginais e interlineares (preferidas pelos monges) e passaram a ser a principal forma usada pelos eruditos para interpretar os textos. Embora criados para servir a propósitos práticos, esses e outros instrumentos de pesquisa também representavam uma sutil inovação intelectual. A ordem alfabética não apenas facilitava referências rápidas e fáceis, mas, em termos mais fundamentais, permitia que cada leitor usasse sua própria razão para extrair uma lição moral das escrituras, algo que fosse convincente e também doutrinariamente sólido.[8]

Freelancers como Abelardo cortejavam desastres ao tomar essa liberdade. Mas, no rigoroso currículo de teologia que foi se consolidando em Paris, a busca explícita da investigação racional ficou institucionalmente ligada — e subordinada — à tarefa de instruir a sociedade sobre o que significava ser um cristão. As ferramentas convenientes que facilitavam os sermões ficavam num dos extremos de um contínuo cujo extremo oposto era uma teologia escolástica plenamente desenvolvida. Não havia nada de exibicionismo ou de sensacional no corpulento dominicano parisiense Tomás de Aquino (1225-1274), que se dedicava a questões como "Pode Deus fazer o que ele não faz, ou não fazer o que ele faz?" Meticulosamente pesando as objeções e contraobjeções a cada proposição e armando-se com a filosofia de Aristóteles (recentemente redescoberta graças a estudiosos muçulmanos), Tomás de Aquino produziu o maior resumo da teologia cristã até então concebido, a *Suma Teológica*. No pensamento de Tomás de Aquino, concepções de conhecimento puro (abelardiano, aristotélico) e aplicado (dominicano, franciscano) misturavam-se e reforçavam-se mutuamente. Afinal, ambos eram, de diferentes formas, produtos da mobilidade e da urbanização, duas respostas a uma nova fome de conhecimento numa sociedade em rápida transformação.

A UNIVERSIDADE

Pouco depois, os dominicanos tiveram que admoestar os graduados na universidade a não deixar que seus próprios sermões para audiências leigas soassem como disputas acadêmicas.[9] A educação universitária havia começado a criar uma mentalidade de torre de marfim. A concentração física, a proteção real e a segurança propiciada pelo tamanho do grupo permitiam que os acadêmicos se dedicassem unicamente à busca do conhecimento. Ainda assim, o que tornou possível essa liberdade acadêmica foi exatamente o rigor da doutrina cristã. A ortodoxia, que hoje tomamos como um sinal de estrangulamento intelectual, funcionava na Idade Média como forma de promover a coerência e a padronização intelectual. O próprio papa garantia o direito de alguém ensinar em qualquer lugar da cristandade (*ius ubique docendi*). Os bispos locais extraíam propinas de mestres qualificados (um indicador de uma economia crescentemente monetizada), e professores organizados em cliques uniam-se contra a concorrência de pessoas de fora.[10] O papa decidiu então abrir o sistema, tomando medidas sérias para acabar com os abusos. Ao mesmo tempo, a sanção papal estabeleceu um limite à tendência dos eruditos de se desviarem do caminho doutrinário, embora pudessem perambular fisicamente. Quando os acadêmicos começaram a levar seus conhecimentos para onde quisessem, as universidades de toda a cristandade passaram a partilhar os mesmos currículos, os mesmos livros, as mesmas metodologias. Ainda antes do advento de diplomas formais escritos em pergaminhos, essa prática fez do estudo universitário, cujo coroamento era a teologia, a primeira forma de conhecimento internacionalmente reconhecido e individualmente portátil da Europa.

O direito em Bolonha

Na opinião de alguns, Paris foi, de fato, a segunda universidade a se formar. A outra que reivindica a primazia é Bolonha, no norte da Itália, menos conhecida hoje, mas, originalmente, mais popular. No pico da fama no século XIII, tinha 10 mil estudantes, enquanto Paris tinha 7 mil — números imensos para a época.[11] Paris era conhecida na teologia e nas artes liberais, e Bolonha tinha a mais destacada escola de direito, tanto civil quanto canônico (as leis da igreja). Os homens a procuravam principalmente por razões práticas, utilitárias. O direito, especialmente nas cidades-Estado italianas, preparava o caminho para uma compensadora carreira nos tribunais, na diplomacia, na burocracia governamental ou no serviço a um bispo — e até para o papado. Chegando a Bolonha como estrangeiros, os intelectuais careciam de raízes, parentes e direitos — as vantagens intrínsecas à condição de cidadãos locais. Se um estudante inglês fugisse deixando uma dívida, por exemplo, os prejudicados poderiam procurar seus concidadãos inocentes e exigir o pagamento, uma prática conhecida como represália. Sem a proteção legal básica, os intelectuais tinham que se unir para a defesa de interesses comuns, tais como controle dos aluguéis e isenções fiscais. Ao fazer isso, eles simplesmente aderiram à grande mania legal e social da época: a auto-organização espontânea em corporações.

Tal como outras cidades do norte da Itália, Bolonha desfrutava de uma robusta economia comercial, mas sofria do vácuo de poder prevalecente na península. O sacro imperador romano Frederico Barba Roxa, que tinha a maior parte de seus territórios ao norte dos Alpes, na Alemanha, onde vivia com seu séquito, reivindicava grandes faixas da região, particularmente as ricas cidades da Lombardia. Mas, na realidade, ele dispunha de poucos meios para governar. Recorrendo a uma artimanha para ganhar a lealdade de "todos aqueles acadêmicos que perambulavam em nome da causa do estudo", Barba Roxa estendeu sua proteção "àqueles transformados em exilados por amor ao conhecimento". Um decreto de 1158, considerado por alguns como a Carta Magna da universidade europeia, garantia a eles uma viagem segura pelas estradas (não que o imperador tivesse meios e pessoal para fazer cumprir isso), liberdade de não sofrer represálias quando na cidade e o direito de ser julgados não por autoridades civis, mas por seus próprios mestres. Quatro dos mais famosos juristas de Bolonha participaram da

A UNIVERSIDADE

redação. Como não existia um arquivo no qual depositar o decreto — ainda não havia burocracias governamentais —, eles simplesmente o inseriram no Código Justiniano. Esse antigo livro de direito romano, há muito desaparecido, era tratado como um fantasma vivo pelos especialistas italianos (que nele encontravam respostas codificadas para muitos problemas legais) e pelo sagaz imperador da Germânia (cujo *imperium* parecia ficar assim legitimado).[12] Na ausência de uma infraestrutura legal, eles necessariamente confiavam na autoridade de uma ideia legal mantida viva num livro escrito e nas mentes dos eruditos que a estudavam e a transmitiam.

A restauração do direito romano marcou um dos grandes movimentos intelectuais do século XII, e em sua Itália natal ele se sobrepôs, especialmente, ao direito germânico que para ali havia sido levado por invasores lombardos séculos antes. Diferentemente do direito romano, que era racional, embora individualista, o costume germânico, por mais vago que fosse, dava grande valor ao espírito comunitário. Na síntese dos dois encontra-se a origem da *universitas* como um conceito legal e uma realidade social. Entre seus primeiros beneficiários estavam os verdadeiros poderes políticos da região, as cidades. Reagindo ao caos e ao tumulto decorrentes da inexistência de jurisdições acima deles, os clãs urbanos de famílias nobres se organizaram para erigir torres, cercar os territórios vizinhos e se proteger pela força das armas.[13] O resultado foram "comunas" autogovernadas. Os feudos dos Capuleto e Montecchio em *Romeu e Julieta* ilustram esse mundo na ficção, mas não mostram como, pela primeira vez na história, em meio a partidarismos, violência e vendetas, a cultura da cidadania ativa ganhou força nessas instituições urbanas. Em pouco tempo, comerciantes da classe média e proprietários, batizados de *popolo* (o povo), passaram a disputar com os nobres a liderança civil, criando suas próprias organizações e ocasionalmente dominando o governo das comunas. Não tardou muito para o impulso alcançar os artesãos, dando surgimento às guildas de ramos específicos de atividade.

A REINVENÇÃO DO CONHECIMENTO

Outro produto da mobilidade e fluidez da sociedade medieval foram as corporações em todas essas formas. As pessoas da Idade Média as criaram "como crianças fazendo bolhas de sabão", tratando não apenas as comunas e guildas urbanas, mas também os colegiados das catedrais, os reinos e até mesmo o próprio império como *universitates*.[14] Por mais paradoxal que soe a ouvidos modernos, elas expressavam sua individualidade organizando-se em grupos, pois somente desse modo poderiam os novos papéis sociais, cuja lista era cada vez mais longa — frades, acadêmicos, cidadãos, comerciantes —, proteger-se e se afirmar. A *universitas* dos acadêmicos era, claramente, apenas uma das expressões desse fenômeno muito mais amplo.

Na realidade, Bolonha tinha duas *universitates* rivais, uma para mestres e outra para estudantes, mas a economia e a política decididamente deram aos estudantes uma posição mais vantajosa. Naquela época, e em praticamente todas as partes, os professores viviam das taxas pagas pelos estudantes. Mas, em Paris, muitos teólogos desfrutavam sinecuras eclesiásticas, chamadas benefícios, que lhes garantiam independência econômica. Além disso, seus estudantes tendiam a ser mais pobres e mais jovens e, assim, mais inclinados a se curvar aos desejos de seus mestres. Em Bolonha, a situação era o oposto disso. Ali, a guilda de estudantes tinha maturidade, peso proporcional à sua capacidade coletiva de consumo e poder de barganha para contratar e demitir professores, chegando a fazer greve por melhores condições. Os professores pagavam multas caso se atrasassem, até mesmo um minuto, para começar as aulas; se deixassem cursos incompletos no final do período letivo, tinham que reembolsar os alunos proporcionalmente. Também eram obrigados a pagar uma caução se quisessem sair da cidade durante as férias. Um estatuto chegava a prescrever a pena de morte para os que tramassem a transferência da universidade para outra cidade.[15] Talvez o mais decisivo fosse a aliança natural entre os estudantes e o *popolo*: os dois grupos viviam no mercado urbano, comprando e vendendo bens e serviços. Suas vidas eram mais governadas por transações monetárias

A UNIVERSIDADE

que por suas hierarquias feudais, eclesiásticas ou geracionais.[16] Ao final do século XIII, os mestres em Bolonha haviam se tornado empregados assalariados da própria comunidade.

Apesar de, na esfera local, o poder dos estudantes haver reduzido seus mestres a uma posição subordinada, ainda assim a faculdade de direito de Bolonha desfrutava de um elevado conceito nos níveis regional e internacional. Isso era particularmente verdadeiro no que se referia ao direito canônico. O que os estudiosos chamam de uma revolução comercial nas cidades do norte da Itália — não tanto em Bolonha como em Gênova, Pisa, Florença e Veneza — criou uma grande demanda por uma nova categoria de serviços escolásticos exigidos por uma economia em expansão. Uma das questões prementes era a usura. Uma consagrada doutrina da igreja condenava qualquer transação financeira na qual um emprestador, ou rentista, cobrasse juros sobre um empréstimo. Penalidades substanciais, que iam desde multas até a excomunhão e a infâmia, cairiam sobre os que o fizessem. Dante relegou os usurários ao sétimo círculo do inferno. Na Europa medieval, os judeus ganharam notoriedade — mas também ressentimento e perseguição — como emprestadores porque sua religião não reconhecia tais restrições. Diante dessa situação, os juristas canônicos reagiram com um casuísmo tipicamente escolástico. Escavando casos pertinentes na lei romana, encontraram um princípio segundo o qual um emprestador podia perfeitamente cobrar uma *multa* pelo dinheiro não devolvido. A diferença entre a quantia original e o principal acrescido da multa era chamada de *quod inter est*, ou "o que fica no meio". O canonista Azo de Bolonha (c. 1150-1230) foi o primeiro a abreviar a expressão e transformá-la num substantivo, "interest",* agora reconceituado como compensação por uma inadimplência real *ou* imaginária no pagamento de um empréstimo.[17] Muitos aspectos da estrutura financeira e corporativa do mundo moderno foram inicialmente formulados de modo semelhante a esse.

---

*Em inglês "interest" pode significar, coloquialmente, tanto interesse como juros. [*N. da T.*]

O caso do *interest*, ou dos juros, é apenas um exemplo das complexidades com que se defrontavam as pessoas em toda parte na Europa do século XII e de sua criatividade prática para inventar soluções. O título de um dos maiores compêndios bolonheses de direito canônico, escrito por Graciano, *Concordia discordantium canonum* [Concordância de cânones discordantes] (c. 1120-1150), dá uma ideia dos problemas que os juristas tinham de enfrentar e do método que usavam para resolvê-los; como Abelardo e Tomás de Aquino, eles herdaram montanhas de textos contraditórios que precisavam de ordenação e resolução racionais. No entanto, e de forma talvez mais clara que no caso da teologia, o direito escolástico visava não apenas a resolver velhas contradições, mas a desenvolver novos conceitos legais para uma sociedade em constante mudança. A própria corporação (*universitas*) está fundada na noção, bizarra para não ocidentais, de que um grupo pode se formar como uma "pessoa fictícia", comprar e vender propriedades, governar seus próprios membros e até ser processado num tribunal. No entanto, essa noção situa-se entre as maiores contribuições medievais para a moderna vida econômica, social e política. O direito, baseando-se em precedentes do passado para regular novas formas de interação entre grupos, mostra como a razão pode servir não apenas para conciliar autoridades diversas, mas para se tornar uma autoridade em seus próprios termos. Não nos deve surpreender, então, que a autoridade da universidade tenha surgido quando os estudiosos treinavam suas mentes jurídicas para enfrentar e resolver suas próprias dificuldades. A autonomia da universidade, como uma corporação independente, é outro constituinte básico da liberdade acadêmica.

A medicina em Salerno e mais além

Por que razão a luz que fica avermelhada ao atravessar a urina indica, infalivelmente, uma doença no baço? Por que a ferida aberta acusa e mostra quem foi o criminoso quando o sangue escorre dela na presença

A UNIVERSIDADE

de um assassino? Por que os feijões, cuja natureza é fria, aumentam os poderes venéreos, e a *Vitex agnus castus* os diminui? Por que o queijo apodrece rapidamente quando feito por alguém que se entrega a uma paixão secreta?[18]

Os médicos escolásticos nunca produziram um Tomás de Aquino ou um Graciano, uma *summa* logicamente ordenada ou uma condensação sistemática da miríade de sofrimentos humanos, excentricidades naturais e fenômenos ocultos que formavam seu âmbito de estudo. Para isso, tinham de consultar o *Cânone* de Avicena (Ibn Sina em persa e árabe), a bíblia da medicina medieval, escrita por um muçulmano. Os diagnósticos e os tratamentos medievais nos impressionam hoje, no máximo, como estranhos e, no pior dos casos, como disparates. Mas a medicina escolástica de fato produziu uma grande quantidade de questões, rimadas em hexâmetros que podiam ser facilmente memorizados pelos estudantes, transpostas para adágios didáticos a fim de facilitar sua aplicação pelos leigos e debatidas e discutidas em fóruns de estudiosos durante meio milênio. No século XII, as quatro acima circulavam em Salerno, o primeiro centro médico escolástico europeu e um portal fundamental para a florescente ciência multicultural do mundo árabe.

Documentos da época atestam que, já no início dos anos 900, essa cidade do sudoeste italiano era um famoso spa medicinal no Mediterrâneo. Céus muito azuis, brisas oceânicas e palmeiras sem dúvida atraíam os enfermos e desalentados e estimulavam a comunidade de terapeutas que cuidava deles. Médicos eruditos trabalhavam lado a lado com práticos leigos que vendiam remédios populares e ervas, e também com mulheres curadoras. Trotula, a famosa "Dama de Salerno", pode de fato ter sido uma combinação de diversas mulheres (e homens) dedicadas à cura de doenças, mas a preciosa sabedoria ginecológica que utilizava, tal como um tratamento para a flatulência uterina, foi mais tarde transmitida a leitores homens, de Glasgow, na Escócia, a Breslau, na Polônia, através dos textos salernitanos conhecidos como *Trotula*.[19] Não existia nenhuma escola oficial nem uma organização corporativa

A REINVENÇÃO DO CONHECIMENTO

para credenciar ou proteger os vários curadores de Salerno, pelo menos nos primeiros séculos. Na realidade, todos competiam uns com os outros. A vitalidade dessa comunidade médica era outra evidência da abertura e do dinamismo urbanos que precederam a fusão institucional formal das universidades.

Muçulmanos, judeus e cristãos (ortodoxos e católicos romanos), todos eles se cruzavam ali por terra e, especialmente, no mar. "Os médicos de Salerno sonhavam com um tempo em que praticantes de todos os tipos de medicina, de todos os povos, pudessem trabalhar unidos", escreveu Benjamim de Tudela, um viajante judeu do século XII.[20] (Benjamim também observou que muitos cristãos ignoravam a ordem de Bernardo de Clairvaux para aceitarem a doença como uma punição enviada por Deus). Contatos com pessoas de fora da cristandade e com saberes não cristãos deram aos mestres salernitanos acesso a Hipócrates, Aristóteles e Galeno através de textos gregos que, por sua vez, haviam sido revividos por continuadores islâmicos. O primeiro grande tradutor desses textos, Constantino, o Africano (morreu c. 1087), trabalhou a pouca distância de Salerno, tendo emigrado de Qairawan, na Tunísia árabe, para o venerável mosteiro de Monte Cassino. Mas havia também outros pontos de entrada. A Sicília e o sul da Espanha, dominadas pelos muçulmanos, eram lugares tão fervilhantes de conhecimento médico e científico, que atraíam cristãos latinos vindos dos mais distantes pontos, inclusive da Inglaterra. Juntos, esses locais definiam um arco de cidades costeiras que começava em Salerno, subia pelo litoral italiano, passava por Montpellier (hoje França, mas, na época, alinhada à coroa espanhola de Aragão), Barcelona, e descia novamente até Valença. Quando Salerno perdeu sua glória, Montpellier a substituiu, tornando-se a primeira cidade da Europa a dispor de um corpo docente universitário na área de medicina. Em todas essas cidades, os praticantes da medicina se beneficiavam com a proximidade da tradição científica de alto nível existente no Mediterrâneo islâmico.

A UNIVERSIDADE

É fácil ironizar a medicina greco-árabe por seu rigor pseudocientífico: seus quatro humores (sangue, fleuma, bile negra e bile amarela), os quatro temperamentos deles decorrentes (quente, úmido, frio e seco) e coisas semelhantes. Mas, para a escolástica medieval, esses esquemas teóricos elevaram a medicina, tirando-a do estado de uma *ars*, uma habilidade, um amontoado de terapias empíricas e práticas comuns, e transformando-a numa verdadeira *scientia*, uma forma de conhecimento abstrato registrado em tratados escritos. O cirurgião Henri de Mondeville (1260-1320), que ensinava em Montpellier e Paris, argumentava que a medicina científica colocava seus praticantes bem acima dos "barbeiros analfabetos, adivinhos, alquimistas, mulheres velhas, judeus convertidos e sarracenos [árabes]" com os quais tinham de competir.[21] A concorrência era mais acirrada na Espanha, onde diferentes fés e tradições coexistiram por um longo tempo sob o domínio muçulmano. Os judeus, em particular, mesmo em reinos cristãos como o de Aragão, desfrutavam de grande prestígio como médicos da corte ou particulares. Herdeiros de uma sofisticada e bem desenvolvida tradição médica hebraica e frequentemente fluentes em árabe, os judeus também atuavam como transmissores dos conhecimentos islâmicos e da sofisticação mediterrânea. Mas, à altura do século XIV, médicos judeus estavam abandonando o árabe e, às vezes, o hebraico para aprender latim e mesmo estudar em Montpellier (até serem expulsos de lá, em 1394).[22] O redirecionamento de suas ambições fornece uma evidência indireta do triunfo competitivo da escolástica europeia, resultado não de melhores teorias e textos, mas de incontáveis atendimentos ao pé da cama de doentes.

Coube a leigos, e não a acadêmicos, a iniciativa de estabelecer a superioridade dos médicos de universidades cristãs sobre os curadores rivais. Os reis contratavam médicos para a corte e frequentemente os consultavam a respeito de questões políticas; as cidades contratavam seus próprios médicos; os tribunais se apoiavam neles para provas judiciais; integrantes da igreja precisavam deles para atestar a impotência

A REINVENÇÃO DO CONHECIMENTO

em petições para anulação de casamentos.[23] Assim como no caso de pregadores e advogados, mas em maior medida, os doutores médicos ganharam crescente influência num mundo dominado por pessoas que, apesar de analfabetas, eram poderosas e inteligentes: cortesãos, paroquianos, clientes e pacientes.[24] Em cada um de seus papéis, os médicos acadêmicos haviam sido treinados de acordo com um método escolástico de infindável questionamento verbal, podendo, assim, reagir prontamente e impressionar os leigos com seu conhecimento.

O aprendizado *viva voce*, ou pedagogia da "viva voz", era prática padrão na medicina, como em todos os campos. Após o ditado de textos introdutórios durante uma aula, a essência real do ensino eram as disputas, ou seja, os debates arranjados entre mestre e mestre, estudante e estudante, ou mestre e estudante. Nos chamados *quodlibet* ("o que quer que você queira"), uma questão era apresentada e o mestre encorajava a participação de todos. Um mestre podia até mesmo discutir com ele próprio, pessoalmente ou num tratado ou comentário escritos. Essas apresentações espetaculosas eram como torneios de cavaleiros para os acadêmicos. As disputas representavam a continuação e institucionalização dos embates dialéticos de Abelardo, não por causa de sua influência pessoal, mas, em vez disso, devido à cultura de agressiva masculinidade que partilhavam.

Debater questões pode parecer uma técnica bastante inadequada para se chegar a um diagnóstico médico, orientar uma terapia ou a prática concreta, embora fizesse perfeito sentido para os que praticavam a teologia e o direito, vivendo e respirando a palavra escrita. Mas a superioridade da *scientia* frente à *ars* foi marcada, precisamente, por seu uso da discussão de textos, e por isso o método escolástico triunfou até na medicina, o campo mais aplicado do saber universitário. De fato, foi por recorrer aos métodos dialéticos das faculdades vizinhas de teologia e direito que as novas escolas de medicina em Paris e Bolonha conseguiram rivalizar com as de Salerno e Montpellier e, finalmente,

A UNIVERSIDADE

ultrapassá-las. O médico bolonhês Tadeo Alderotti (1223-1295) e sua escola debateram centenas de questões a respeito de doenças que iam da epilepsia a pedras nos rins. Alderotti reconhecia que, muitas vezes, era melhor estar "armado com a foice da autoridade e não vacilar diante das aparências sofísticas". Clínicos experientes poderiam saber mais a respeito de como curar febres, por exemplo, do que sabiam os acadêmicos textuais, mas ele defendia o debate como o método preferido tanto para o treinamento prático quanto para a investigação teórica. Quando esse mesmo médico é encontrado discutindo se "a visão se dá pela emanação de raios do olho sobre o objeto percebido, ou vice-versa", estamos, de fato, muito distantes do reino da aplicação clínica direta.[25]

O envolvimento da medicina com questões mais amplas de ciência e filosofia era típico da contribuição greco-árabe ao estudo na universidade. Numa época em que a medicina tinha reduzido poder de tratamento e cura, a mera habilidade de diagnosticar e explicar a doença exercia um efeito paliativo, e é exatamente isso o que a *scientia* oferecia aos médicos e a seus pacientes. O prestígio dessa tradição apenas aumentava à medida que os tradutores — principalmente de Aristóteles, na época, e, durante a Renascença, de Platão e outros — continuavam injetando novos textos no mundo escolástico faminto de respostas melhores e mais filosóficas a suas perguntas. O fato de a medicina ter sido a única entre as ciências mediterrâneas a alcançar um status formal institucional mostra, novamente, que as universidades tiveram sucesso somente porque conseguiram estabelecer uma ponte, usualmente precária, entre a pura curiosidade científica e o uso clínico prático. Para a medicina, assim como para a teologia e o direito, a utilidade social constituía uma precondição para a exploração intelectual. Os que lecionavam nos diversos tipos de universidades desfrutavam de uma autonomia especial, como enclaves dentro da sociedade, apenas porque, em última instância, eles serviam ao mundo que os rodeava.

A REINVENÇÃO DO CONHECIMENTO

As artes liberais em Praga

Praga foi a primeira instituição dedicada ao saber a leste do Reno e ao norte dos Alpes, e a última das universidades verdadeiramente internacionais. Localizada na capital das terras checas (Boêmia e Morávia), ela servia, basicamente, a estudantes das áreas de fala alemã do Sacro Império Romano. O imperador Carlos IV a criou em 1348, o ano da Peste Negra, que não chegou a atingir a próspera Boêmia. Praga parecia preparada para fazer da Europa eslava um novo centro na paisagem intelectual do continente. Mas, décadas depois de sua fundação, a universidade de Praga foi destroçada por tensões étnicas checo-alemãs. Seu único deão das artes, o checo Jan Hus (c. 1369-1415), defendia uma teologia herege alinhada a aspirações protonacionalistas. Como resultado de uma tortuosa série de eventos, esse professor universitário europeu acabou sendo queimado na fogueira.

Não havia nada inovador a respeito do currículo de Praga: Carlos pretendia, expressamente, reproduzir o melhor que havia em Paris e Bolonha. Sua faculdade de artes liberais, em particular, funcionava como as de todos os outros lugares, como uma preparação rotineira para estudos profissionais avançados. A instrução era dada de acordo com os usuais *trivium* (gramática, retórica e lógica) e *quadrivium* (aritmética, geometria, astronomia e música). Juntas, essas sete artes liberais, herdadas da Roma antiga, ainda hoje são nominalmente reconhecidas nos títulos de "bacharel em artes" (B.A.) e "mestre em artes" (M.A.). E, tal como em outras universidades europeias, os professores de artes liberais em Praga floresciam naquele ambiente de verbalidade. *Quodlibets* eram o procedimento padrão, com os mestres adotando pseudônimos para participar dessas disputas acadêmicas. Personificando Sócrates e Platão, Cícero e Sêneca, e mesmo os filósofos muçulmanos Avicena e Averrois (Ibn Rushd), eles presidiam um centro intelectual realmente cosmopolita.[26] Com as faculdades "menores" alimentando-se das três "maiores" (teologia, direito e medicina), as faculdades de artes liberais eram um

108

A UNIVERSIDADE

lugar onde se podia desfrutar de um grau de liberdade intelectual pouco comum. Mas isso ocorria somente porque as artes liberais tinham tão pouca relevância como treinamento para as ocupações no mundo real, fato que os checos sabiam reconhecer muito bem.

Assim como ocorria em Paris e Bolonha, o corpo estudantil de Praga era agrupado em "nações" formais de acordo com os locais de origem. No entanto, poucas vezes isso correspondia a alguma divisão étnica significativa, e menos ainda às divisões nacionais modernas. Em Paris, a nação "francesa" incluía italianos, gregos e espanhóis; havia nações separadas para a Normandia e a Picardia (ambas parte da França hoje), e uma nação "inglesa-alemã" abrigava todos os demais. Bolonha simplesmente tinha duas nações, uma para cada lado dos Alpes. Em Praga, no entanto, os de fala alemã dominavam três das quatro nações (a bávara, a saxônica e, surpreendentemente, a polonesa). Assim, os estudantes alemães tinham mais votos que os próprios checos, e seu contingente crescia cada vez mais. Adicionalmente, em Praga a maior parte dos mestres em artes liberais — em sua maioria, checos — ao mesmo tempo estavam estudando para serem bacharéis em teologia: lecionavam nas faculdades de menor importância/status para financiar seus estudos religiosos avançados. Como promissoras estrelas ascendentes, ressentiam-se da arrogância dos sofisticados alemães que dominavam a faculdade de teologia.[27]

O ressentimento checo, sociologicamente fundamentado, foi logo agravado por questões teológicas. Em viagens à distante Inglaterra, os boêmios copiaram e trouxeram com eles os escritos de John Wyclif (c. 1324-1384), o teólogo herege oxfordiano que havia liderado um movimento demandando uma religião mais pura, mais descentralizada, mais leiga. Wyclif argumentava que nenhuma instituição humana, especialmente a hierarquia católica romana, poderia incorporar a perfeição espiritual exigida pela única verdadeira igreja de Deus (aqueles predestinados à salvação). Portanto, a complicada tarefa de administrar o cristianismo devia reverter aos poderes seculares. O que Wyclif chamava de "religião política" forneceu uma justificativa filosófica bem elaborada para o próximo passo lógico dos teólogos checos: a defesa de uma igreja nacional. A questão chegou a um impasse quando, em 1408-1409, a nação checa retirou o direito de voto dos alemães (anti-Wyclif), que então emigraram em massa: 1.200 deles deixaram Praga para fundar uma nova universidade em Leipzig. O filho e sucessor do rei Carlos, Venceslau IV (que não deve ser confundido com Venceslau, o Bom), ratificou os novos privilégios checos. Praga tornou-se uma universidade territorial, recrutando apenas numa região delimitada, sob o patrocínio de dirigentes seculares, e tornando-se o modelo padrão nos séculos vindouros.

John Hus, enquanto isso, vinha pregando em checo, para checos, a favor de uma igreja checa, na Capela de Belém em Praga. Os cidadãos de Praga haviam doado bolsas para estudantes universitários e chegaram a criar uma faculdade para eles também ligada à Capela de Belém. A época escolhida para essas iniciativas de vernaculizar a prática cristã e nacionalizar o ensino universitário não poderia ter sido mais inadequada. Durante esses mesmos anos, a própria Igreja Católica Romana estava envolta num cisma, com dois gigantescos blocos de poder europeus rivais apoiando separadamente papas eleitos que reinavam desde Avignon e Roma. O próprio Venceslau foi desafiado por um oponente do imperador. Nenhum potentado ou instituição, de cunho religioso ou secular, falava em nome da cristandade latina como um todo. Assim, a academia universitária apresentou-se como a única autoridade universal remanescente.[28] Foi convocado um concílio em Constança para reunificar a igreja. Sua pretensão legal e teológica de poder julgar papas rivais e escolher um deles (conciliarismo) era outro produto do pensamento corporativo, segundo o qual o líder de uma organização tinha obrigações para com seus integrantes. Em tal clima, era claro que Hus e seus seguidores representavam uma profunda ameaça ao restabelecimento da unidade cristã. Após uma série de transações duvidosas, Hus foi preso sem julgamento e (como Abelardo antes dele)

A UNIVERSIDADE

sem nenhuma oportunidade de defender a ortodoxia de suas opiniões. Foi executado no Concílio de Constança em 6 de julho de 1415.

A teologia poderia prover a base para uma padronização intelectual da Europa, mas, por estar tão entranhada na ingovernável geografia social e política do continente, também poderia fragmentá-la. Para compreender como o mundo acadêmico europeu pôde se unir novamente numa "República das Letras" interdenominacional, precisamos antes examinar como uma religião geopolítica rival, o islamismo, manteve sua consistência apesar de não dispor de nenhuma instituição de credenciamento.

A CRISTANDADE VS. A TERRA DO ISLÃ

Dar al-Islam, ou a Terra do Islã, não apenas sediava uma comunidade internacional de intelectuais naqueles mesmos séculos, mas era também uma delas. O que significava a religião, como a lei e a vida deveriam interagir, para o que servia o conhecimento, tudo isso, em última instância, era decidido não por um estado protetor, por uma hierarquia religiosa e nem mesmo por uma guilda de professores, mas pelos ulemás.* Eles formavam um grupo de eruditos que, sem uma definição institucional formal, mantém-se florescente até os dias de hoje. Quase desde suas origens, o Islã foi dividido — sem ficar desunido — em blocos religiosos antagônicos, basicamente sunitas e xiitas, com muitas subdivisões dentro desses. Califados sucessivos e às vezes rivais acabaram vendo derrotadas suas pretensões de exercer a jurisdição secular como impérios muçulmanos universais. No meio de tal fragmentação doutrinária e política, homens instruídos (raramente mulheres) passaram a ser os verdadeiros portadores da identidade religiosa. Tipicamente originários de importantes famílias locais conhecidas pelo saber e por sua piedade,

---

*As autoridades em teologia islâmica recebem os nomes equivalentes de *mulá* (usado pelos xiitas) ou *ulemá* (usado pelos sunitas). O autor usa somente *ulama*, traduzido, em todo o livro, como *ulemá*. [*N. da T.*]

os ulemás assemelhavam-se aos sábios aristocratas chineses e às castas brâmanes da Índia. Somente na Europa, onde os guerreiros, e não os eruditos, foram os primeiros a integrar a elite aristocrata, não existia nada que correspondesse ao ulemá. Mais que em qualquer outra dessas tradições do conhecimento, no entanto, o ulemá derivava seu poder e sua influência do fato de o Islã estar enraizado numa região do globo já intensamente urbanizada.

O núcleo territorial da Terra do Islã abrangia as partes mais cultas e mais densamente povoadas do mundo antigo nas quais viviam as civilizações de mais longa tradição. Durante séculos, o conhecimento erudito havia florescido ali mais ou menos ininterruptamente. Não houve necessidade de mosteiros para divulgar a religião nem para conservar textos em áreas remotas. A difusão das ideias e a movimentação dos eruditos, em vez disso, contavam com antigas e estáveis rotas de comércio e viagens. Essas se tornaram cada vez mais seguras em consequência da espetacular série de campanhas que tirou o Islã de seu isolamento no deserto árabe e, com notável velocidade, estendeu a paz e a estabilidade desde a Espanha até Samarkand. Diferentemente do ocorrido na Europa monástica, onde a vida civilizada sofreu ameaças que tornaram necessárias a preservação da escrita e a laboriosa reconstituição do conhecimento no Islã, o ensinamento e a transmissão de ideias por meio de contatos diretos pessoais simplesmente nunca sofreram rupturas.

Já vimos uma consequência disso na medicina greco-árabe: o Islã tornou-se o maior herdeiro e continuador da biblioteca helenística. O Museu de Alexandria talvez estivesse praticamente extinto quando os muçulmanos o encontraram — e a queima de livros ordenada pelo califa Omar apenas teria completado a tarefa —, mas outros centros islâmicos de ensino superior expandiram o precedente ptolomaico de patrocínio real. Abbasid Bagdá tornou-se a nova Alexandria. Sua Casa da Sabedoria, fundada por volta do ano 800 pela prodigalidade do califa, reunia uma comunidade erudita multicultural encarregada de traduzir para o árabe todos os exemplares conhecidos de sabedoria "estrangeira".[29]

A UNIVERSIDADE

Cristãos, judeus e até pagãos adoradores da Lua vindos de Harran (no que hoje é a Turquia) trabalhavam lado a lado com muçulmanos árabes. Textos e termos gregos, siríacos, persas e sânscritos foram absorvidos e integrados, e, como resultado disso, o idioma árabe tornou-se uma língua muito mais rica e flexível e, acima de tudo, internacional.[30] Como antes, o cotejo e a tradução de textos continuaram a ser portais para sínteses e descobertas. A alquimia (*al-kimiya*), uma precursora da química, mas também uma disciplina espiritual, usou fontes egípcias e mesopotâmicas, e a álgebra (*al-jabr*) desenvolveu-se a partir da matemática hindu. (O que chamamos de algarismos arábicos, inclusive o zero, de fato se originaram na Índia.) Nutrido por diversas fontes, o saber islâmico levou as ciências exatas gregas e indianas a um nível de refinamento técnico muito mais elevado do que o até então alcançado por cada uma delas independentemente.[31] Mais tarde, astrônomos muçulmanos chegaram a um passo de substituir o universo geocêntrico de Ptolomeu por um heliocêntrico, por exemplo.[32]

No entanto, é injusto medir o conhecimento árabe simplesmente pela forma como ele recebeu, transmitiu e refinou uma herança antiga. O Islã também possuía uma tradição erudita nativa independente da Grécia, e, em sua síntese de religião e lei, texto escrito e recitação oral, só encontrava paralelo no judaísmo. O árabe, a língua sagrada do Alcorão, era, assim como o hebreu (outra língua semita), originalmente escrito sem vogais ou, no máximo, com ambíguas marcas diacríticas como substitutos. Somente ao ser vogalizada e vocalizada a palavra de Deus se tornava real e seu significado inequívoco emergia. Recitação, repetição e, em algum momento, memorização do Alcorão estão no centro mesmo da prática religiosa muçulmana. A fagulha criativa para a interpretação erudita consiste, assim, em elaborar na fala o que deve permanecer latente e incompleto na escrita. O próprio Alcorão fornece a melhor ilustração disso. Embora, como um texto escrito (mas oralmente recitado), ele tenha rapidamente adquirido uma forma canônica fixa, não fornecia uma orientação infalível para todas as dificuldades

113

humanas. Em vez disso, o texto do Alcorão tinha que ser suplementado pelos ditos de Maomé e pelos relatos orais feitos por seus companheiros, os *hadith*. Nos primeiros séculos do Islã, novos *hadith* estavam sempre sendo descobertos, e cada um tinha de ser minuciosamente examinado até que se provasse sua autenticidade e fosse integrado ao corpo total do conhecimento.

Foi a necessidade de orientação entre novas (ou recentemente convertidas) comunidades muçulmanas que se encontravam muito distantes da Meca e da Medina do profeta, em termos de espaço, tempo e cultura, o que levou à busca de *hadith* mais bem embasados. No processo repetitivo de pergunta e resposta, novos crentes levavam aos ulemás novos problemas a serem resolvidos. Os pensadores islâmicos desenvolveram sua própria versão do método escolástico em resposta a isso, progressivamente amalgamando e aplainando diferenças de interpretação. Estima-se que quinhentas escolas informais que ensinavam o direito religioso floresceram nos primeiros séculos do Islã. Mas, por volta do século XIII, a busca do consenso entre os ulemás havia reduzido esse número a apenas quatro, as mesmas quatro escolas que ainda predominam no Islã sunita hoje, cada uma em diferentes partes do mundo, mas, de certa forma, coexistindo. (O Islã xiita tem sua própria tradição de jurisprudência.)

O saber muçulmano continua a se expandir por meio da aplicação do Alcorão e do Hadith (o conjunto dos ditos do Profeta Maomé) aos inúmeros conflitos e complexidades da vida diária, e os amplia ao recorrer a casos passados semelhantes e a procedimentos padrão da comunidade muçulmana. Assim, uma regra jurídica do século XX sobre a inseminação artificial baseou-se num precedente antigo: o caso de uma mulher que, logo após intercurso com o marido, inadvertidamente engravidou sua amante lésbica, uma jovem escrava, ao transferir a ela fluidos corporais.[33] (Citamos esse caso não para reforçar estereótipos de um Oriente hipersexualizado, mas para indicar a surpreendente secularidade do direito islâmico numa época muito remota.) Em todos esses

A UNIVERSIDADE

casos, é preciso demonstrar que as inovações interpretativas introduzidas pelos especialistas baseiam-se na indiscutível veracidade da sabedoria antiga, registrada, sem nenhuma alteração, nos textos recitados. No Islã, todo texto copiado só tem sua clareza e completude reconhecidas depois do comentário feito por um estudioso, muitas vezes interpolando, literalmente, novas palavras em tinta vermelha nas passagens originais escritas em preto.[34]

No entanto, a despeito da proliferação de textos, comentários e escolas de interpretação, os vínculos íntimos possibilitados pela transmissão interpessoal direta sempre foram e são o modo preferido de se transmitir o saber no Islã. No melhor dos casos, um estudioso muçulmano, tão livremente quanto qualquer peregrino que se dirigisse a Meca, podia viajar enormes distâncias, e de fato o fazia, para visitar diversos lugares e adquirir conhecimentos orais que estivessem o mais próximo possível das fontes originais. Alternativamente, poderia aprender ouvindo a recitação de um texto escrito, mas apenas de alguém formalmente certificado para transmiti-lo. Quando um manuscrito era ditado, o estudante o copiava, memorizava e recitava antes de receber uma licença, ou *ijaza*, para repassá-lo a outros. Com efeito, a *ijaza* constituía uma autorização emitida por um estudioso a outro para que ensinasse um texto específico. (Até mulheres, a despeito de serem barradas de posições oficiais de sabedoria, como as de juízes, podiam acumular *ijazas* desse modo.)[35] Todas as cópias manuscritas que circulavam no Islã incluíam, portanto, além do corpo de informação que continham, uma lista tão completa quanto possível dos copistas e comentaristas anteriores, chegando, idealmente, até seu autor original. A preocupação de construir uma "cadeia dourada" de transmissores orais autênticos, confiáveis e documentados explica, em grande parte, a duradoura resistência do mundo islâmico ao uso da imprensa, a despeito de, desde seus primórdios, haver adotado o uso do papel produzido na China.[36] Ao longo de toda uma vida devotada ao estudo, os buscadores do conhecimento acumulavam uma sacola cheia de licenças, em vez de um punhado de

A REINVENÇÃO DO CONHECIMENTO

títulos acadêmicos; a transmissão do conhecimento se dava de pessoa a pessoa e não em escolas organizadas em corporações formais, como na Europa medieval.

Obviamente, o Islã desenvolveu um equivalente à universidade, a *madrasa*, centro de estudo residencial mantido por doadores e que abrigava estudantes da lei religiosa. Essa instituição do saber originou-se no Irã, que antecedeu a Grécia como centro de civilização urbana. Depois que o Irã se converteu à fé muçulmana, entre os séculos VII e X, os ulemás persas forneceram grande parte da cultura erudita de que careciam originalmente as tribos árabes dos desertos. No entanto, as cidades do Irã acabaram se tornando vítimas de seu próprio sucesso, pois seu rápido crescimento ultrapassou os recursos de suas terras agrícolas. Esse declínio, que culminou com uma depredação por invasores mongóis no século XIII, resultou numa diáspora de ulemás persas cultos que fugiram das cidades e se espalharam pela Terra do Islã. Fundando madrassas para disseminar seus conhecimentos, eles ajudaram a homogeneizar ainda mais a compreensão do que significava ser um muçulmano. Essa dispersão acadêmica coincidiu, no tempo, com a renovação da cristandade latina, mas foi impelida por uma tendência econômica oposta: a desurbanização e a concentração econômica no Irã.[37]

Os críticos contemporâneos apontam que, no Islã, a madrassa subordinou o ensino superior à doutrina religiosa e acabou estagnada, enquanto as universidades europeias integraram a filosofia grega a seus currículos e, em última instância, ganharam em liberdade intelectual. Isso é bastante verdadeiro, mas a analogia é enganadora. Sendo núcleos residenciais mantidos por doações, elas eram semelhantes a faculdades, e não a universidades.[38] Além disso, como as madrassas desenvolveram o estudo da religião em parceria com o do direito (e não com o da filosofia, como no caso da teologia cristã), esse isolamento acabou beneficiando a filosofia (*falasifa*), que permaneceu à parte e era vista, de fato, como a rainha das "ciências estrangeiras". Florescendo durante séculos, basicamente sob o tradicional patrocínio das cortes mediterrâneas, ela

A UNIVERSIDADE

ampliou o legado de Aristóteles. O *Cânone* de Avicena (c. 980-1037), como vimos, forneceu um fundo de conhecimentos médicos e científicos para a Europa latina. E Averrois (1126-1198) foi, no Islã, um pensador muito mais radical que Abelardo. Sustentava que a filosofia pura era um caminho mais elevado para a salvação que a escritura revelada, vista por ele como uma versão grosseira da verdade, adequada apenas às massas.

A marginalidade institucional realmente condenou ao declínio os herdeiros islâmicos do conhecimento grego depois que seu rival, o iraniano Algazali (1058-1111), conseguiu denegrir a filosofia ao acusá-la de "incoerência". Ainda assim, o que parece ser a morte do saber grego nas mãos de Algazali assinalou, de uma perspectiva diferente, uma reconciliação entre o velho direito religioso e novas correntes de misticismo, algo nunca alcançado no Ocidente. Algazali, figura de grande destaque no pensamento islâmico, abandonou uma carreira na madrassa para se tornar um místico sufi. Quase contemporâneo de Abelardo e Bernardo, conseguiu o que eles não puderam fazer: uma reconciliação da erudição com a espiritualidade. O sufismo, o movimento espiritual que ele ajudou a legitimar perante os céticos ulemás, funcionava como a guarda avançada missionária do Islã. As irmandades sufis foram responsáveis, em grande medida, pela pacífica disseminação do Islã no Sul da Ásia e no oceano Índico. Como as próprias madrassas, essas instituições espirituais originaram-se no Irã, a terra natal de Algazali. Mas, muito semelhantes aos místicos de Bernardo, os sufis responderam à reconfiguração do espaço urbano na Terra do Islã cultivando uma compreensão direta do divino, e não levantando questões teológicas. À altura do século XV, uma nova síntese havia sido alcançada. Em muitos centros urbanos, o termo *"madrasa"* era usado para designar tanto uma mesquita como um convento sufi. Diferentemente do que ocorria com as universidades, as madrassas não eram torres de marfim para abrigar eruditos, mas centros de preces, cultos e recitação do Alcorão. Também eram usadas para outras funções públicas, e tudo isso fez delas entidades profundamente integradas à cidade à qual serviam.[39]

A REINVENÇÃO DO CONHECIMENTO

Quer fosse estrangeiro ou nativo, jurídico ou religioso, racional ou místico, o ensino na Terra do Islã estava voltado para o passado, para a época de Maomé, quando buscava as raízes de seus textos canônicos, mas mirava adiante em sua determinação de aplicar o conhecimento para o aperfeiçoamento da comunidade de Alá na Terra. A rearticulação com o passado provia a pedra de toque para o consenso, a unidade e o crescimento no futuro.[40] A liberdade interpretativa encontrava seus limites na necessidade de recitar e conservar os textos ao mesmo tempo que eram comentados e interpretados. Mudanças de paradigma poderiam ser impossíveis, mas havia espaço para uma ilimitada agregação de novas habilidades e percepções. Esses preceitos eram muito semelhantes aos mantidos pelos escolásticos medievais europeus. A conclusão relevante, portanto, não é que as universidades propagavam a filosofia grega enquanto as madrassas a sufocavam; o ponto a destacar é que os estudiosos islâmicos floresceram sem os benefícios daquela filosofia, e não tiveram que passar pelas dores de cabeça dos europeus que a institucionalizaram, de Abelardo a Hus. Os ulemás eram uma *intelligentsia* internacional que, desde os primeiros tempos, constituíam uma comunidade religiosa de aspirações globais, a Terra do Islã, e eram definidos por ela. A tolerância frente a diferentes religiões e diferentes direitos religiosos era incutida nos estudiosos como um imperativo geopolítico, pois a Terra do Islã já estava cheia de cristãos, judeus e, depois que os Mughals construíram um império no Sul da Ásia, também do que hoje chamamos hindus.

Em contraste, a teologia da Igreja Católica Romana tinha dificuldade em acomodar até mesmo um único rival, a Igreja Ortodoxa Oriental (encontrada em Bizâncio, na Rússia e em outras partes), e achou impossível conter uma outra, o luteranismo. Quando, em 1517, Martinho Lutero (1483-1546) usou martelo e pregos para afixar suas 95 teses sobre a reforma eclesiástica na porta de uma igreja em Wittenberg, ele não passava de um professor de teologia numa universidade alemã relativamente obscura. Como os mestres Wyclif e Hus que o antecederam, não tinha nenhuma intenção de espalhar heresias ou incitar a

A UNIVERSIDADE

um cisma. Mas a mescla europeia de filosofia, religião e política resultou num meio altamente combustível e acabou ampliando as divisões teológicas existentes no catolicismo romano, transformando-as numa cisão permanente durante a Reforma protestante. Ministros luteranos poderiam ter se tornado tão estranhos a padres católicos, e à cultura universitária, quanto era o clero da Igreja Ortodoxa. Se os intelectuais europeus pretendessem transformar a "Europa" em algo semelhante à Terra do Islã, em algo mais que um rótulo geográfico, teriam de criar novas instituições que transcendessem as diferenças ideológicas que tão amargamente os dividiam. Daí surge a história da República das Letras.

4

A República das Letras

1500–1800

EM MEIO ÀS CRISES DA CULTURA ACADÊMICA, UMA REDE DE CORRESPONDÊNCIA CRIOU UMA NOVA *INTELLIGENTSIA* OCIDENTAL INDEPENDENTE DE INSTITUIÇÕES PASSADAS E RECEPTIVA A NOVAS DESCOBERTAS.

Em meio a todos os governos que decidem o destino de homens; no seio de tantos Estados, a maioria deles despóticos e governados por soberanos cuja autoridade se estende sobre pessoas e propriedades, existe certo império cujo domínio é exercido apenas sobre a mente, um império ao qual honramos com o nome de República, pois preserva uma medida de independência e é livre quase em essência. É o império do talento e do pensamento. As academias são seus tribunais; pessoas distinguidas por seus talentos são seus dignitários.

— ANÔNIMO (1780)[1]

DAS INSTITUIÇÕES LISTADAS no índice deste livro, a República das Letras talvez seja a única que o leitor instruído médio não conheça. No entanto, ela produziu ou, pelo menos, nutriu alguns dos maiores pensadores do Ocidente — Erasmo e Copérnico, Galileu e Descartes, Newton e Bacon. Floresceu inicialmente durante a Renascença, mas também prosperou durante a Reforma protestante, a revolução científica, as viagens de descobrimento, a ascensão dos Estados absolutistas, o Iluminismo — todos aqueles temas usualmente encontrados nos livros sobre a Civilização Ocidental. A República das Letras de fato ajudou a definir o que significava pertencer ao "Ocidente", depois de Lutero haver mostrado que a religião comum já não poderia fazê-lo e Colombo ter garantido que o isolamento geográfico já não o faria. Ela suportou intolerância, guerra, doença, tempos difíceis e opressão em território europeu, e, para além de suas fronteiras, seguiu as linhas abertas pelo comércio global, pela colonização em outros continentes e pelo trabalho missionário.

A República das Letras pode ser definida como uma comunidade internacional do saber, inicialmente costurada, pedaço a pedaço, por cartas escritas à mão enviadas pelo correio e, mais tarde, por livros e jornais impressos. O nome tem origem antiga, remontando a Cícero (106-43 a.C.), o orador romano que concorria em sagacidade com Júlio César, defendia a república contra a tirania e teve uma morte violenta nas mãos dos capangas de Marco Antônio. Quando não estava falando no Senado, Cícero dedicava-se aos estudos em sua casa no campo e à correspondência com amigos cultos, não apenas para aprimorar a vida da mente, mas também para refinar suas habilidades oratórias e políticas. O ideal ciceriano de uma *republica literaria* foi imitado e reavivado quando a Europa o retomou no final do século XV. Despido das tonalidades políticas que haviam marcado sua última encarnação, esse ideal inspirou novas práticas de discurso humanista entre homens (e algumas mulheres) letrados.

Não apenas essa primeira versão moderna da República das Letras reinventou-se durante uma época de distúrbios e avanços semelhantes, mas prosperou talvez até mais durante os períodos em que o sistema estava sendo submetido a choques. Era uma instituição perfeitamente adaptada a mudanças perturbadoras e de proporções sem precedentes. Sua história levanta a questão de por que a diversidade europeia produziu avanços no conhecimento quando, pela lógica, a desunião deveria havê-los dificultado. A resposta é, ao mesmo tempo, simples e radical:

A REPÚBLICA DAS LETRAS

como as instituições do saber existentes estavam em crise ou em colapso, a República das Letras baseou sua legitimidade na produção de novos conhecimentos. Instituições reais, de tijolo e argamassa — imprensas, museus e academias eruditas —, lhe forneceram substância, como veremos. A República das Letras funcionava como uma instituição guarda-chuva para todas elas. Graças a seu legado, a cooperação internacional continua a ser, até os dias de hoje, uma característica da intelectualidade ocidental.

A CARTA

Uma combinação de protesto religioso e concorrência política quase levou a Europa à combustão entre 1500 e 1700. As várias Reformas e pré-Reformas — de Wyclif, Hus e, especialmente, de Lutero — estavam entre as causas principais. Diferentemente de heresias anteriores, esses movimentos foram iniciados dentro das universidades. Mas nunca teriam tido sucesso se príncipes e políticos não tivessem assumido a causa da religião, fosse cooptando ou esmagando os reformadores. Da mesma forma, quando o conhecimento tornou-se politizado, a cultura acadêmica internacional foi afetada.

O enorme número de novas universidades e faculdades registradas durante esse período quase invariavelmente aderiu a uma ou outra fé, fosse protestante (luterana ou calvinista) ou católica. Seus fundadores usualmente as viam como instituições regionais ou nacionais, não internacionais, e como fontes de receita e de profissionais competentes. Muitos príncipes explicitamente proibiam filhos (nativos) de estudar fora de seus estados natais e levar com eles o dinheiro das taxas escolares. Governos em expansão precisavam de homens letrados: advogados para ingressar nas burocracias florescentes e pastores para disciplinar rebanhos desgarrados.[2]

Infindáveis guerras religiosas restringiram drasticamente a mobilidade acadêmica, pelo menos a voluntária, motivada pela curiosidade intelectual que havia alimentado o crescimento das primeiras universidades. Em vez disso, a Europa moderna daqueles primeiros tempos estava cheia de diferentes tipos de acadêmicos em movimento: exilados, como os excepcionalmente letrados huguenotes protestantes expulsos da França católica, e missionários, como os jesuítas enviados a outros continentes ou para o interior com a missão de reivindicar o mundo para a Igreja romana. Juntos, esses acontecimentos ameaçavam a cultura acadêmica internacional europeia baseada no diploma universitário. Anteriormente uma credencial válida em qualquer lugar em virtude da ascendência da ortodoxia religiosa em toda a cristandade, o diploma agora funcionava menos como um passaporte que como um sinal de que aquele acadêmico havia sido doutrinado em uma ou outra das visões de mundo rivais.

Uma rede sem nodos

A República das Letras era um corpo político figurativo constituído num momento em que a religião politizada despedaçava a Europa. Em condições de crise, ela surgiu como uma instituição secular do saber, de cunho alternativo, que rivalizava parcialmente com as velhas universidades e parcialmente as complementava, ao possibilitar a recomposição do tecido do saber europeu.

A República das Letras não reconhecia distinções de nascimento, status social, gênero ou diploma acadêmico. Elevava-se acima de diferenças de idioma — o latim ainda reinava supremo como a língua do saber —, nacionalidade e, especialmente, de religião. Mantinha protestantes e católicos em comunicação, mesmo quando suas fés estavam em guerra, e, ao final do século XVII, acolheu judeus e deístas (que acreditavam em um Deus, mas não aderiam a nenhuma fé organizada). Todos os seus membros eram considerados iguais. A admissão era

A REPÚBLICA DAS LETRAS

puramente informal, embora houvesse uma clara expectativa de que a pessoa se comportasse como um cavalheiro ou uma dama.

E é verdade que umas poucas mulheres pertenciam à República das Letras. Margaret Cavendish, por exemplo, abandonou Aristóteles para adotar e atualizar a filosofia natural estoica. Seu *Blazing World* [Mundo resplandecente] (1666) está entre um dos primeiros trabalhos de ficção científica. Outro formidável intelecto do século XVII, a princesa palatina protestante Elisabeth, envolveu-se numa famosa correspondência com o matemático e filósofo René Descartes. Vivendo como exilada em Haia durante a Guerra dos Trinta Anos, Elisabeth escreveu a Descartes que sua famosa distinção entre mente e corpo era apenas um pequeno consolo para alguém cuja mente e espírito tinham dificuldade de se elevar acima do sofrimento físico e emocional de que ela padecia diariamente, como exilada. As cartas que trocaram exibem o espírito de um mundo permeado por protocolos de deferência e decoro. Ele prestava deferência à alta estirpe de Elisabeth, e ela, ao intelecto masculino: "A vida que sou forçada a viver não me deixa dispor de tempo suficiente para adquirir o hábito de meditar de acordo com suas regras. Tantos são os interesses de minha família dos quais preciso cuidar, tantas as entrevistas e os atos de civilidade que não posso evitar, que tudo isso demole meu frágil espírito e produz tamanha raiva e tédio que, por um longo tempo, o tornam imprestável para o que quer que seja. Tudo isso servirá para desculpar minha estupidez, espero, por não ter sido capaz de compreender [como a alma pode mover o corpo]."[3] Embora em números muito pequenos, mulheres como essas atestam, de fato, a abertura da República, em princípio. A comunicação a distância tornou possível uma vida mental para mulheres que não podiam viajar livremente nem se engajar nos embates verbais dominados pelos homens nas universidades.

A República das Letras, como qualquer república, era governada por seus cidadãos. Mas, diferentemente das outras, sua forma de cidadania não estava ancorada no espaço nem em leis formais ou instituições.

127

A REINVENÇÃO DO CONHECIMENTO

Diferentemente da cidadania urbana da Idade Média, que garantia direitos na localidade específica em que uma pessoa vivia, a cidadania na República das Letras era internacional. E, diferentemente da cidadania das guildas na *universitas* medieval, que também era internacional no sentido de ser transportável de um lugar a outro, não havia certificados, diplomas nem credenciais formais de nenhum tipo: qualquer pessoa que obedecesse às regras de conduta civil podia se associar. A República das Letras estava totalmente desancorada no espaço. Não havia nodos fixos, como Paris ou Bolonha — apenas a própria rede.

Não existem números exatos relativos a seu tamanho, mas, durante a Renascença, a República das Letras talvez tivesse seiscentos participantes ativos na Itália e na Alemanha; por volta de 1690, mais de 1.200 floresciam somente no norte da Europa.[4] A biblioteca pública de Hamburgo registra os nomes de 6.700 indivíduos que, no conjunto, contribuíram com 35 mil peças de correspondência erudita produzidas no período entre a Reforma e 1735.[5] Independentemente de seu tamanho, como escreveu um estudioso, "ela abrange o mundo inteiro e é composta de todas as nacionalidades, todas as classes sociais, todas as idades e ambos os sexos".[6] Seus integrantes incluíam cortesãos, aristocratas, burgueses, até mesmo artesãos — especialmente mestres tipógrafos, cujas oficinas eram pontos de encontro para acadêmicos e homens de negócios. Estudiosos acadêmicos tradicionais decididamente se associavam, assim como integrantes da hierarquia da Igreja, ordens monásticas e mendicantes, missionários e educadores jesuítas, pastores protestantes e abades católicos.

A República transcendia não apenas fronteiras, mas gerações. Era explicitamente vista como um empreendimento colaborativo que juntava estudiosos não somente de toda a Europa, mas também de várias épocas. Como disse Descartes: "Com os recém-chegados começando onde os primeiros pararam e, desse modo, ligando as vidas e o trabalho de muitas pessoas, podemos, todos juntos, ir muito além do que conseguiria cada pessoa individualmente."[7] A crença num progresso ilimitado tornou-se uma característica da República das Letras madura, parte fundamental de seu legado à modernidade. Isso introduzia uma distinção entre os membros da instituição e os escolásticos medievais, que foram os primeiros, na realidade, a se chamarem "modernos", mas, num clichê já popular àquela época, apenas como anões sobre os ombros de gigantes que os haviam precedido. Antes da República das Letras, os buscadores do conhecimento podiam, no máximo, recuperar o saber do passado e pacientemente ampliá-lo — uma perspectiva partilhada até mesmo por intelectuais do início da Renascença, que foram buscar na antiguidade a arte de escrever cartas. Mas, na medida em que os eruditos dessa época de renascimento fizeram da correspondência o principal modo de contato intelectual, uma consciência mais profunda do passado e do futuro tornou-se parte do próprio ato de escrever cartas.

Humanismo epistolar

A glória da Renascença frequentemente nos impede de perceber o lado mais escuro da Itália no final do período medieval. Havia guerras endêmicas entre as cidades-Estado da península, papados rivais abalavam os alicerces da Igreja Católica Romana, e o povo tinha de enfrentar ondas periódicas de pragas e as predações de mercenários e coletores de impostos. Tais dificuldades constituíam uma boa amostra das misérias que cairiam sobre os séculos seguintes. Elas também ajudam a explicar por que os acadêmicos italianos foram buscar orientação e inspiração no mundo pagão antigo.

Os humanistas da Renascença buscavam recuperar o conhecimento e os textos antigos porque os modelos do passado — Cícero, especialmente — mostravam o que significava ter um bom caráter, ser um bom líder e exibir versatilidade e força em tempos atribulados. Os escolásticos que se deixavam enredar nos jogos da lógica verbal (recorde-se Abelardo aqui) frequentemente negligenciavam o cultivo de sua própria humanidade. O conhecimento humanista ressuscitou o latim clássico e fez dele, novamente, uma língua elegante, menos entravada pelas circunlocuções escolásticas. Para conseguir isso, os humanistas retornaram à tarefa filológica, iniciada em Alexandria, de recuperar os melhores textos nas melhores versões e edições. E, enquanto os escolásticos focavam a Grécia, especialmente Aristóteles, os humanistas enfatizavam o neoplatonismo, o outro lado da tradição grega filtrada através de Bizâncio, e especialmente os escritores romanos: não apenas Cícero, mas Tito Lívio, Lucrécio, Sêneca e outros.

Se a lógica era a base do escolasticismo nas universidades e se a gramática fazia parte do *trivium* de maior utilidade nos mosteiros, a retórica ocupava o lugar mais elevado para os humanistas da República das Letras. Os modelos da retórica clássica resgatados dos textos antigos forneciam um conjunto atemporal de técnicas estilísticas e persuasivas que tinham o poder inigualável de pôr o conhecimento de uma pessoa dentro da cabeça da outra a quem ele ou ela estavam tentando convencer. No entanto, apesar de seu amor pelos antigos, os humanistas da Renascença afastaram-se radicalmente daqueles no que se referia à forma como utilizavam essas técnicas. Eles reviveram a retórica não como oratória — como discursos —, mas, principalmente, como a arte de escrever cartas. Esse tipo de escrita enfatizava um conjunto de virtudes muito diferentes daquelas utilizadas nas discussões orais da pólis grega e da república romana. Civilidade, amizade, polidez, generosidade, benevolência e, especialmente, tolerância: essas eram as qualidades de "humanidade" encontradas na forma da carta. Em outras palavras, a carta era um substituto da conversação cavalheiresca. Ela, e somente ela, permitia que o missivista produzisse intimidade e imediaticidade a distância, sem indispor o destinatário com argumentações.

Obviamente, justificar o uso do tempo ocioso para se retirar e escrever cartas poderia parecer problemático numa época de tumultos, especialmente quando os antigos se apresentavam como tamanhos modelos de engajamento cívico. Na Grécia e em Roma, homens de peso invaria-

A REPÚBLICA DAS LETRAS

velmente ditavam suas cartas a seus criados; Júlio César supostamente chegou a ditar sete ao mesmo tempo.[8] No ínterim, no entanto, e pela primeira vez, o mosteiro havia transformado o ato físico de escrever em um ato devocional, contemplativo, potencialmente capaz de distanciar o escritor das vicissitudes do presente. Petrarca (1304-1374), o humanista arquetípico, fez uma síntese dos valores clássicos da antiguidade e da consciência do tempo que caracterizava os monges cristãos.[9] Foi Petrarca quem redescobriu Cícero, encontrando cartas até então desconhecidas num esconderijo da biblioteca de uma catedral. E foi Petrarca quem descobriu um notável novo uso para o gênero, dirigindo cartas íntimas a grandes figuras do passado como Cícero, Homero e Tito Lívio. Os humanistas se envolviam em conversações intermediadas por séculos, como se com homens reais. Petrarca chegou a organizar suas próprias cartas numa coleção em benefício do futuro distante, encerrando-as com uma mensagem à posteridade: "Francesco Petrarca saúda a posteridade. Talvez vocês tenham ouvido algo a meu respeito, embora também seja duvidoso que um nome insignificante, obscuro, tenha conseguido ir muito longe no espaço ou no tempo. E talvez vocês desejem saber que tipo de homem fui eu, ou quais foram os resultados de meus esforços, especialmente daqueles cuja fama os tenha alcançado ou dos quais conheçam apenas os títulos."[10]

No entanto, embora possa ter sido tomada relutantemente, a decisão de manter o compromisso com a cidadania acadêmica como uma alternativa ao retiro monástico surgido após o declínio de Roma ajuda a explicar por que as repetidas crises da Europa no final do período medieval resultaram num desabrochar intelectual, não em derrotismo e estagnação. A escrita de cartas propiciava a possibilidade de "pensar localmente e agir globalmente", invertendo aqui uma máxima de nossos dias, especialmente quando a política oferecia tão pouco consolo.

A REINVENÇÃO DO CONHECIMENTO

A erudição superando distâncias

Como definiu Erasmo de Roterdã (1466-1536), "a carta é um tipo de troca mútua verbal entre amigos ausentes".[11] Na República das Letras, de fato, raramente ocorria a comunicação pessoal direta, e os participantes poderiam se corresponder durante décadas sem nunca se encontrar. A carta oferecia um duplo benefício a seus membros: além de reviver o humanismo secular dos pagãos antigos, numa época em que a oferta de caridade cristã parecia escassa, ela também constituía uma tecnologia de comunicação que compensava a limitação de mobilidade física sofrida pelos intelectuais.

Com o passar do tempo, a República das Letras desenvolveu toda uma cultura de práticas de escrita epistolar e protocolos de correspondência concebidos para lidar com a distância e mesmo transformá-la em virtude.[12] Cartas eram enviadas por correio regular, mala diplomática, correios papais ou imperiais, ou simplesmente pelas mãos de viajantes que iam na mesma direção. Fossem eles estudantes universitários em suas "peregrinações acadêmicas" ou outros tipos de viajantes, os intelectuais atuavam como intermediários, escrevendo cartas em nome de outros. As cartas, embora pessoais no estilo e endereçadas a indivíduos, eram quase sempre destinadas à circulação pública ou à publicação, ou poderiam, pelo menos, ser partilhadas com amigos, de forma a multiplicar seu efeito. As cartas de recomendação foram os primeiros passaportes dos intelectuais. Elas podiam facilitar a pesquisa a distância — para solicitar empréstimos de livros, examinar manuscritos ou conseguir que alguém consultasse bibliotecas ou arquivos locais. Os intelectuais podiam empreender grandes esforços em benefício uns dos outros simplesmente por terem recebido uma dessas cartas. Por exemplo, eles podiam coletar dados sobre fenômenos astronômicos, como cometas e eclipses. A tarefa de acompanhar o movimento de Vênus no céu mobilizou mais de quinhentos observadores europeus em todo o mundo em 1761 e 1769. O esforço conjunto de 1761, conduzido no auge da Guerra dos Sete

A REPÚBLICA DAS LETRAS

Anos basicamente à custa de esforços privados, foi um testemunho de compromisso intelectual num tempo de conflito político global.[13]

Diante da necessidade de criar confiança e fazer julgamentos sobre a credibilidade e o caráter dos correspondentes, a República das Letras nunca se tornou impessoal nem anônima. Assim, quando o cortador de lentes Antoine Von Leeuwenhoek inventou o microscópio, em 1673, em Amsterdã, a Sociedade Real de Londres pediu a um de seus contatos holandeses de confiança que confirmasse o novo feito. A maior parte dos missivistas, mesmo que não tivesse se encontrado pessoalmente, podia pelo menos recorrer a amigos comuns antes de iniciar uma correspondência. As cartas muitas vezes aproveitavam contatos casuais e conhecidos distantes para ampliar redes de conexões que cruzavam a Europa e, cada vez mais, o globo. Fragmentos de informação viajavam por terra e mar na República das Letras. Uma correspondência "multiplex" continha diversas linhas de notícias dentro de uma única missiva, como neste exemplo de 1668:

Ouvi dizer que existe um livrinho sobre o plano de reconstrução de Londres. Eu gostaria muito de recebê-lo.

Os florentinos não fizeram tantos experimentos quanto se pensava. Se eu conseguir uma cópia, não deixarei de enviá-la a você.

Há um médico que realizou [a experiência de] transfusão de sangue em Roma. O relato deverá ser impresso e, quando isso acontecer, eu o enviarei a você. Ele usa apenas uma ligadura.

O Sr. Pecquet, um integrante da Academia, dissecou um castor; o relato deverá ser impresso. Em Caen, dissecaram um porco-espinho.

O Sr. Borel, a quem você conhece, detém o segredo de coagular fluidos sem os danificar.

Os dois holandeses a respeito dos quais lhe escrevi dizendo que haviam encontrado as longitudes estarão aqui em breve. Veremos o que irão propor.

O Sr. De Beaufort, que está indo a Portugal, deverá levar dois relógios de pêndulo para ver que uso se pode fazer deles.[14]

A REINVENÇÃO DO CONHECIMENTO

E assim por diante. Cartas como essas dispensavam, cada vez mais, os floreados retóricos e a formalidade do humanismo, mas, ainda assim, honravam seus ideais e testemunhavam a densa rede de troca de informações que unia as amizades intelectuais.

O LIVRO

Como um gênero de escrita, a carta havia existido desde a antiguidade e também era preferida por figuras medievais — como o ilustram Cícero e César, Abelardo e Heloísa. O que diferenciou a República das Letras foi o fato de haver surgido na mesma época que o livro impresso e em simbiose com ele. Erasmo, por exemplo, tornou-se a primeira celebridade intelectual europeia porque construiu sua imagem pública de forma impressa, empenhando-se em cuidadosamente editar e publicar suas próprias cartas.[15] Dada a monumental importância de Johannes Gutenberg (c. 1398-1468) e sua prensa tipográfica, podemos perguntar: por que o livro não era a instituição central para a organização do conhecimento naquela época? Quase todos os grandes intelectuais do início da era moderna ganharam fama por causa de seus livros. Mas, embora a imprensa tenha surgido no século XV e a produção de livros tenha explodido logo em seguida, o livro permaneceu uma mera tecnologia de comunicação, ainda que revolucionária. A despeito de sua utilidade para transmitir conhecimentos através do espaço e do tempo, o livro nunca se tornou um meio confiável ou abrangente de reorganizá-los. O próximo capítulo dará uma explicação completa disso, quando falarmos das enciclopédias. Por enquanto, veremos três livros exemplares da "era das descobertas" que ilustram a duradoura importância das cartas e demonstram como as convenções do humanismo epistolar, mesmo na forma impressa, ajudaram a determinar se e como o novo conhecimento seria reconhecido como tal.

A REPÚBLICA DAS LETRAS

A retórica da descoberta

Em 1507, surgiu um livro cujas implicações literalmente sacudiram a terra, remodelando a maneira como os europeus viam o mundo: ele incluía um mapa com uma massa de terra bizarramente alongada chamada "América". Esse continente não se encontrava em nenhum mapa da *Geographica* de Ptolomeu, o antigo tratado alexandrino que, durante séculos, havia sido a palavra definitiva sobre o mundo conhecido (Europa, Ásia e África). Os cartógrafos alemães Martin Waldseemüller e Matthias Ringmann, que trabalhavam na minúscula Saint-Dié-des-Vosges, no leste da França, haviam batizado o novo continente em homenagem ao navegador florentino Américo Vespúcio. Trabalhando a partir das cartas publicadas de Vespúcio, equivocadamente acreditaram que ele havia alcançado o continente sul-americano (e não as ilhas caribenhas) antes de Colombo. De fato, Colombo pusera os pés no que é hoje a Venezuela durante sua terceira viagem, em 1498, um ano antes de Vespúcio.[16] O erro ilustra uma nova separação entre autor e editor criada pela prensa tipográfica. Aqueles que criavam novos conhecimentos não eram, em geral, os que os organizavam e os produziam em massa. Tanto os cartógrafos de Saint-Dié quanto os editores de Vespúcio trabalhavam muito longe do Novo Mundo. Na verdade, a maior parte das primeiras gráficas da Europa estava agrupada em enclaves protegidos no Sacro Império Romano, onde desfrutavam de uma liberdade incomum para publicar. Com frequência, as informações tinham que ser obtidas de segunda mão, e até de terceira.

Por que os editores em Saint-Dié não escolheram dar o crédito a Colombo? Alguns têm sugerido que patriotas florentinos, adulterando as cartas de Vespúcio, deliberadamente mudaram a data da chegada de seu patrício às terras americanas de modo a preceder a de Colombo, o rival genovês. Mas a razão fundamental estava no fato de Vespúcio ser um retórico de mais qualidade. Colombo havia deliberadamente minimizado a novidade de suas viagens. Ele morreu pensando que havia

135

A REINVENÇÃO DO CONHECIMENTO

alcançado as Índias, que o Orenoco levava ao Paraíso Terrestre e que sua descoberta do Extremo Oriente prepararia o caminho para uma grande missão de cristianização destinada a cercar o Islã pelos dois lados. Em contraste, as cartas de Vespúcio eram significativamente intituladas *Novus mundus* [Novo Mundo]. Ele não hesitou em divulgar a natureza revolucionária de sua descoberta: "os antigos não tinham nenhum conhecimento" das novas terras que havia mapeado, escreveu. Os relatos de viagem de Vespúcio evocavam maravilhamento e excitação, com a descrição de "grandes árvores verdejantes que nunca perdem suas folhas" e de "muitas ervas, flores e raízes doces e deliciosas" desconhecidas pelos europeus. Os que imprimiram suas cartas naturalmente as florearam, apresentando imagens dos ilhéus caribenhos como canibais (palavra etimologicamente derivada de "Carib"). Alegorias sobre os selvagens e o estado de natureza eram comuns nos escritos de viajantes antigos; aqui, elas simplesmente reforçavam a alegação de Vespúcio de que havia descoberto algo novo e exótico e, ao mesmo tempo, estranhamente familiar à imaginação humanista.[17]

Os europeus, em outras palavras, não perceberam a descoberta do Novo Mundo como uma revolução no conhecimento. Em vez disso, assimilaram os relatos sobre novas plantas, comidas, povos e terrenos a um gênero muito batido que remontava à etnografia de Heródoto e à paradoxografia de Calímaco. Os ávidos leitores da fabulosa *Crônica de Nuremberg* (1493), por exemplo, aprendiam em vívidas xilogravuras que, para lidar com o excesso de sol, os africanos levantavam seus pés grotescamente grandes e os usavam como sombrinhas feitas pela natureza.[18] O que havia mudado era simplesmente o tipo de publicação. Agora, os motivos dos editores — lucro, mercado, novidade, estilo literário atraente — ajudavam a ditar como as descobertas seriam disseminadas. A retórica humanista era a mais segura das técnicas de marketing disponíveis. Seguia-se daí que os livros impressos, frequentemente vistos como garantias da permanência e confiabilidade de um texto, podiam, com a mesma facilidade, propagar e ampliar erros. Em tais circunstâncias, so-

136

A REPÚBLICA DAS LETRAS

mente as cartas pessoais satisfaziam o critério estabelecido séculos antes por Sócrates: a confiabilidade de uma opinião deve ser cuidadosamente medida pela reputação do indivíduo responsável por ela.

Abrindo livros com cartas

Uma maneira de pôr um selo pessoal num meio de comunicação que, de outra forma, pareceria desencarnado e não familiar era imprimir cartas como prefácios de livros, como endossos. Essas cartas de abertura foram os antepassados das notas elogiosas que hoje vêm nas contracapas dos livros. Elas propiciavam aos livros uma entrada no mundo dos intelectuais, uma moldura conhecida na qual podiam ser encaixados e da qual derivavam conforto e orgulho para seus patronos e apoiadores. Tais cartas eram especialmente necessárias para livros escritos por pessoas que se achavam em lugares distantes ou que apresentavam novas e audaciosas proposições. O *Das revoluções das esferas celestes*, de Nicolau Copérnico, é um exemplo que ilustra os dois casos. O modelo heliocêntrico do universo desafiava outro tratado ptolomaico escrito no século II, o *Almagesto*, que explicava como o Sol girava em torno da Terra. E, embora o livro de Copérnico possa ter sido visto como uma obscura teoria de um remoto funcionário de uma igreja polonesa, viria a se tornar o mais famoso e mais influente livro científico de todos os tempos. Composto entre 1506 e 1530, o livro só foi publicado em 1543. De forma muito cautelosa, as cartas que o prefaciavam expunham suas detalhadas descobertas técnicas ao mundo erudito.[19] Numa delas, o editor de Copérnico, Andreas Osiander, suavizou o golpe representado pela proposição de um universo centrado no Sol, sugerindo que o livro era meramente um conjunto de "hipóteses originais". Desse modo, "as artes liberais, estabelecidas há muito tempo sobre bases sólidas, não devem ser lançadas em confusão". Em outra carta, Copérnico dirige-se ao papa Paulo III para explicar por que havia finalmente decidido publicar as descobertas que fizera décadas antes. Durante algum tempo, havia

A REINVENÇÃO DO CONHECIMENTO

seguido "o exemplo dos pitagóricos e de certos outros, que costumavam transmitir os segredos da filosofia não por escrito, mas verbalmente, e apenas a parentes e amigos". Mas seus amigos na República das Letras haviam finalmente prevalecido, instando-o a publicar o livro para benefício de todos.[20]

Juntos, esses elementos dos prefácios destacam o fato de que dificilmente os livros falavam por eles mesmos; sua receptividade na República das Letras era condicionada pelas convenções da correspondência, mesmo que impressa — e especialmente nesse caso. Astutamente fraseada como uma hipótese e prestando a devida deferência à Igreja, a teoria de Copérnico ganhou um inestimável "período de graça" enquanto os estudiosos a avaliavam. A carreira da teoria copernicana é, de fato, uma perfeita ilustração do internacionalismo da República. Desde a formulação original até sua culminação na prova matemática de que o sistema solar mantém-se estável sem a intervenção divina, seus principais elaboradores incluíam um polonês (o próprio Copérnico, 1473-1543), um dinamarquês (Tycho Brahe, 1546-1601), um alemão (Johannes Kepler, 1571-1630), um italiano (Galileu Galilei, 1564-1642), um inglês (Isaac Newton, 1643-1727) e um francês (Pierre-Simon Laplace, 1749-1827).

Censura

Entre essas figuras, foi Galileu quem forçou a conclusão implícita na teoria de Copérnico: se Ptolomeu podia estar errado a respeito do número de continentes e errado a respeito do movimento do planeta, então talvez fosse melhor descartar os antigos e começar do zero, usando observações empíricas para estudar o mundo natural. O telescópio e o termômetro, assim como desenhos e protótipos para a produção de barômetros, microscópios e relógios de precisão, estão entre as seminais contribuições de Galileu às ciências exatas. Mas seu *Diálogo sobre os dois máximos sistemas do mundo* (1632) foi o que constituiu um desafio aos adeptos dos textos antigos e, por extensão, à doutrina da Igreja Católica.

A REPÚBLICA DAS LETRAS

Ao apresentar o sistema copernicano como realidade, e não como hipótese, Galileu notoriamente entrou em conflito com os censores. A censura, é claro, representa o maior risco para os livros impressos. Ela explodiu após 1500, em parte porque, como vimos, as oficinas gráficas produziam livros maciçamente em busca de lucros, não por conveniência, mas também porque os livros podiam ser censurados na fonte. As gráficas podiam ser fechadas, os *ex libris* destruídos, os gráficos punidos; as cartas, no entanto, sempre podiam escapar de autoridades hostis ou ser repassadas por meio de intermediários de confiança.

Nicholas Claude Fabri de Peiresc (1580-1637), o primeiro cidadão não eleito da República das Letras, ajudou a salvar as descobertas de Galileu quando o renomado observador das estrelas estava sendo acusado de heresia e mantido sob prisão domiciliar pela Inquisição romana, o órgão da Igreja com poderes de combater crenças desviantes e outras ameaças ao catolicismo.[21] Um personagem quase esquecido nos dias de hoje, Peiresc trocou aproximadamente 10 mil cartas com mais de quinhentos intelectuais durante sua vida. Trabalhando basicamente em seu castelo em Aix-en-Provence, no sul da França, ele descobriu a primeira nebulosa, organizou estudiosos em vários pontos da Europa para observar eclipses (a fim de corrigir cartas de navegação) e fez contribuições notáveis para o estudo de tempos antigos. Mas Peiresc nunca publicou nenhum livro seu para não comprometer a liberdade intelectual que a correspondência oferecia; por isso, não ganhou uma fama duradoura. As cartas lhe permitiam atuar nos bastidores — no caso de Galileu, intervindo a seu favor junto a pessoas próximas ao papa. Numa carta a Peiresc, Galileu agradeceu a seu patrono e amigo, esbanjando lisonjas e modéstia diante dos "sentimentos de cortesia e boa vontade" que "continuam a fazer a sorte de minha má sorte parecer-me mais doce". Ao ver seus livros sendo retirados de todas as prateleiras, escreveu: "Todo esforço está sendo feito para remover do mundo toda lembrança de mim." Mas, continuava, "se meus adversários soubessem quão pouco me importam essas vaidades, talvez não se mostrassem tão

A REINVENÇÃO DO CONHECIMENTO

ansiosos para me oprimir".[22] Tais declarações de humildade podem nos soar como falsos. Mas Galileu sabia que somente as redes de correspondência poderiam sustentar suas ideias. Ao defender a competência de Galileu, Peiresc ilustra que a cidadania na República das Letras representava uma vantagem política real, não apenas simbólica.

Orientados para o futuro

Graças a redes de correspondência como a de Peiresc, autores como Galileu, padecendo em meio a adversidades, podiam encontrar consolo na crença de que suas ideias alcançariam e inspirariam as gerações seguintes, mesmo que seus livros não o fizessem fisicamente. E, ainda assim, a imprensa, em última instância, oferecia aos acadêmicos da República das Letras uma vantagem que nenhuma outra tecnologia poderia conferir: a oportunidade de ganhar fama ainda em vida. Pois a impressão reforçou radicalmente duas das orientações existentes na República, uma relativa ao espaço e outra relativa ao tempo. Espacialmente, os livros tornavam possível uma disseminação ampla e descoordenada do conhecimento, numa escala muito maior que antes e de uma forma teoricamente democrática. Espalhando-se pelo continente e cruzando oceanos, eles se dirigiam a uma audiência indeterminada — àquela que já sabiam como contextualizar o conhecimento e interpretar novas descobertas. Essas eram exatamente as habilidades que um indivíduo ganhava ao se tornar um cidadão da República das Letras. Temporariamente, os livros falavam à posteridade, que era, potencialmente, a mais ampla audiência genérica à qual um livro podia se dirigir. Como artefatos duráveis, encapados, tinham melhor chance de sobreviver e sofriam menos alterações e distorções que manuscritos copiados a mão, mesmo que em pequena escala. A Renascença surgira como um renascimento da antiguidade; sucessivas gerações, cônscias do tempo e de seus ciclos, viam nos livros uma oportunidade de se igualar aos antigos e excedê-los, adquirindo fama imortal para si mesmas.

Os contrastes entre a produção monástica, ou dos escribas, e a publicação de livros são particularmente instrutivos aqui. A primeira surgiu para preservar o passado, e a segunda, para moldar o futuro; a primeira literalmente isola o conhecimento, afastando-o do mundo profano, e a segunda acolhe e busca reformar aquele mesmo mundo. Os livros impressos, diferentemente dos manuscritos, eram reproduzidos mecanicamente e em quantidades sem precedentes. Sendo produtos de um empreendimento comercial intensivo em capital, algo muito diferente do ato devocional, em pequena escala, da escrita monástica, os livros precisavam encontrar leitores para que seus editores pelo menos não tivessem prejuízos. Convenientemente adaptados às práticas e aos protocolos da República, os livros tornaram mais fácil alcançar audiências desconhecidas e gerações ainda não nascidas. Os vínculos que assim se estabeleciam não apenas com o presente, mas também com o futuro, pela primeira vez viabilizavam, tecnológica e culturalmente, o sonho de Petrarca de endereçar-se à posteridade. Essa orientação para o futuro também se afastava, na mesma medida, da preocupação com a transmissão e a autoridade, tão presente nas tradições clássicas islâmicas, sânscritas e confucianas. Todas essas tradições sempre haviam buscado construir uma "cadeia dourada" ligando o passado ao presente. Os intelectuais da República das Letras estavam construindo uma ponte para o futuro. Pela mesma razão, sua receptividade aos novos conhecimentos que fluíam de outros continentes era muito maior que a dos intelectuais ocidentais de tempos anteriores.

O MUSEU

Nos séculos XVI e XVII, alguns excêntricos cheios de posses, a maior parte deles ricos diletantes aristocratas ou clérigos mundanos, começaram a fazer algo bastante inovador e típico dos inícios da modernidade: eles colecionavam coisas — apaixonadamente, indiscriminadamente e com um talento fora do comum. Na realidade, eram chamados de *virtuosi*, em honra à sua *virtù*, uma qualidade mais associada à aparência de habilidades artísticas, científicas ou políticas que a um caráter moral subjacente.[23] (É famoso, por exemplo, o argumento de Maquiavel de que a *virtù* era mais importante num príncipe que aquilo que Cícero chamara de virtude.) Se, por um lado, Colombo e Vespúcio, Copérnico e Galileu substituíram o modelo universal geocêntrico que Ptolomeu havia criado na Alexandria antiga, esses *virtuosi* redefiniram o propósito da própria instituição em que Ptolomeu trabalhara. O museu de Alexandria era um lugar para se colecionar textos indiscriminadamente, o local da primeira biblioteca. Os museus dos *virtuosi*, como os atuais, eram lugares para colecionar e exibir todos os tipos de objetos físicos, tanto naturais quanto manufaturados.

Enquanto ousados comerciantes imperialistas e missionários que trabalhavam além-mar traziam para a Europa navios e mais navios abarrotados de novos conhecimentos sobre novas coisas descobertas na natureza e na cultura, os professores continuavam lecionando a partir de cópias gastas de Plínio, Ptolomeu e Aristóteles. As pessoas da Renascença já eram apaixonadas por pinturas e esculturas, pelo artesanato fino e por antiguidades romanas. Depois das explorações marítimas de Colombo e outros, a Europa foi subitamente inundada por temperos, sedas e conchas vindos dos quatro cantos do mundo. As coleções dos *virtuosi* poderiam ter subvertido toda uma cultura acadêmica baseada, desde tempos antigos, no aprendizado a partir de textos. Em vez disso, a República das Letras reagiu acolhendo suas maravilhas, tornando públicos seus feitos e confrontando suas implicações para a organização do conhecimento.

O Wunderkammer

Atualmente, os frequentadores de museus tanto podem se cansar de caminhar por centenas de metros de pisos parquetados quanto experimentar uma sensação de maravilhamento diante de reverenciadas

A REPÚBLICA DAS LETRAS

obras de arte amontoadas em paredes. Mas inspirar maravilhamento, ao concentrar e abrigar o raro e o estranho, era o propósito original dessa instituição surgida no início dos tempos modernos. A forma típica de apresentação das coleções de museus (embora não a única) era o *Wunderkammer*, "gabinete de curiosidades", que misturava velho e novo, europeu e não europeu, objetos naturais e artificiais (incluindo as belas-artes). O *Wunderkammer* da fundação filantrópica protestante de A. H. Francke em Halle, na Alemanha, exibia conchas marinhas, um ídolo hindu, crocodilos (vários deles embalsamados, e um pendurado do teto) e dois modelos do sistema solar na escala humana. Os textos também eram considerados peças de coleção, tanto por sua proveniência exótica quanto por seu valor filológico: uma estante exibia um pergaminho chinês ao lado de um ábaco e logo acima de um manuscrito árabe no qual se destacava a assinatura oficial (*tughra*) de um sultão otomano. O *Wunderkammer* era apenas uma das grandes atrações do grandioso complexo da Fundação Francke (descrito no próximo capítulo), que incluía orfanato, escola, seminário, missão, farmácia e gráfica.[24]

O princípio orientador da coleção do *Wunderkammer* não era nem enciclopédico — cobrindo tudo, sistematicamente — nem microcósmico — dando uma amostra representativa de tudo o que existia no mundo da natureza, animal, vegetal e mineral.[25] Os coletores privilegiavam os itens mais excêntricos. Aqui temos uma lista típica: coral, dispositivos automáticos, chifres de unicórnio, trabalhos de penas da América do Sul, taças feitas com casca de coco, instrumentos científicos, fósseis, moedas antigas, marfim torneado, animais e humanos monstruosos, armas turcas, cristais poliédricos, ametistas, uma caveira humana com corais saindo pelos orifícios, pinturas de paisagens holandesas, ídolos mexicanos, medalhas romanas, um ciclope, filhotes de crocodilo embalsamados, uma mesa de operações, alguns cascos de tartaruga e algumas taças de ouro e prata.[26] O que poderiam ter em comum esses "incríveis" objetos? Coletivamente, eles representavam marcos fincados num mapa imaginário demarcando as mais distantes fronteiras da pro-

A REINVENÇÃO DO CONHECIMENTO

lífica criação da natureza e ampliando a imaginação do espectador para que pudesse abranger tudo de que o Criador era capaz. Na medida em que fosse possível identificar, subjacente às novas coleções dos museus, qualquer teoria ou prática de síntese, essa seria que a promiscuidade da natureza era mais adequada para revelar suas verdades que os esquemas de ordenação feitos pelo homem. Mais ao modo da inspirada anarquia da paradoxografia de Calímaco que das cuidadosas e sistemáticas taxonomias do conhecimento natural elaboradas por Aristóteles, o *Wunderkammer* convidava os expectadores a pensar por eles mesmos sobre como o mundo era feito e, com bastante frequência, a ignorar o que Aristóteles havia dito a respeito dele.

Museus como livros

Em 1655, os quatro volumes do *Museum Wormianum* ganharam fama póstuma para um colecionador um tanto remoto (vivia em Copenhague) chamado Ole Worm. Ele colecionava, entre outras coisas, espécimes embriológicos e inscrições rúnicas da era viking. Como demonstra o título de sua obra, a palavra "museu" podia se referir tanto a um lugar quanto a um livro. Os livros ilustrados funcionavam como o principal meio usado pelos *virtuosi* e seu *Wunderkammer* para entrar na República das Letras. Além dos impressionantes objetos recém-descobertos, eles tornaram públicos muitos locais onde os novos conhecimentos sobre a natureza eram colecionados e produzidos: jardins botânicos, anfiteatros de anatomia e observatórios astronômicos, para não mencionar as expedições marítimas, a mais destacada fonte dos mapas mundiais que dão ao início do período moderno uma merecida fama.[27] O uso da imprensa punha o *quadrivium*, pela primeira vez, no mesmo nível do *trivium*: notações musicais, cartas astronômicas, fórmulas matemáticas e diagramas geométricos podiam agora ser reproduzidos tão fácil e confiavelmente quanto palavras numa página. Aqui, mais uma vez, a tecnologia da impressão revolucionou o mundo intelectual europeu,

A REPUBLICA DAS LETRAS

não mais com a produção em massa de textos, mas, graças à xilogravura e, depois, à gravura em cobre, com a disseminação maciça de imagens. Dificilmente se poderia conceber maior estímulo à reimaginação da natureza que a confluência das explorações marítimas, das descobertas astronômicas e das reproduções em cobre ocorridas na Europa no início da era moderna.

Mas os "museus impressos" deram origem a um sério problema: depois de tomar conhecimento deles, os estudiosos não sabiam exatamente o que fazer com as pilhas de coisas deslumbrantes que iam se acumulando em coleções de museus por toda a Europa. A tentação era apinhá-las desajeitadamente segundo esquemas tradicionais, tais como os derivados da Bíblia, de Aristóteles e de sistemas de sabedoria oculta — hieróglifos, mistérios pitagóricos — envoltos numa antiguidade nebulosa. O polímata alemão Athanasius Kircher (1602-1680) tentou exatamente isso. Instalado em Roma, Kircher sentava-se, como uma aranha, no centro da maior rede mundial missionária e de correspondentes, ou seja, os jesuítas. Ali ele reuniu uma das melhores coleções da Europa, no Museu do Colégio Romano. Baseando-se na riqueza de textos e artefatos egípcios e chineses existentes no Museu, Kircher publicamente afirmou haver decifrado hieróglifos e estabelecido sua conexão com a igualmente desafiadora escrita chinesa. Num livro com o revelador título de *China Illustrata*, ele traçou a origem dos primeiros colonizadores da China, passando por colonos egípcios e remontando até Cam, filho de Noé — e forneceu imagens para prová-lo.*[28] Certamente, a mistura de novas descobertas, passagens bíblicas e folclore egípcio fez com que Kircher fosse recebido com ceticismo até em seu próprio tempo, mas ele não era, de forma alguma, um caso excepcional. Conclusões apressadas, credulidade diante de assombros e maravilhas

---

*Kircher também conseguiu *snakestones* da Índia (pedras às quais se atribuía poderes curativos contra picadas de serpentes), realizou experimentos com cães para provar que eles podiam sugar veneno de feridas produzidas por picada de cobra, e atribuiu esses poderes fantásticos à sua teoria de que atrações magnéticas estavam no centro de todos os fenômenos naturais.

A REINVENÇÃO DO CONHECIMENTO

e uma inclinação à criação prematura de sistemas eram vícios que acometiam os colecionadores; eles agregaram à República das Letras não apenas novos objetos, mas também novas pretensões interpretativas.

Lidando com o novo

O entusiasmo dos colecionadores criou um conflito entre o novo conhecimento de objetos e a velha autoridade baseada em textos.[29] Uma coisa era dissolver a autoridade de antigos sintetizadores como Ptolomeu, Plínio e Aristóteles; outra, bastante diferente, era começar a oferecer novas explicações sobre o mundo natural com base em novas descobertas. Os estudiosos textuais sempre haviam fundamentado suas conclusões em passagens que podiam ser comprovadas recorrendo-se aos próprios manuscritos depositados em bibliotecas. As observações da natureza, ao contrário, estavam sujeitas a erros, dependiam de dados sensoriais subjetivos e eram propensas aos voos de fantasia endêmicos no estudo das coisas fantásticas.

As muitas maravilhas que ocorriam fora dos museus — relatos de uma gravidez que durara 18 anos, ou o surgimento de múltiplos sóis no céu do sul da França — apenas aumentavam essas dificuldades.[30] E o que dizer das maravilhas construídas pela habilidade e invenção humana, isso a que hoje chamamos "experimento"? Os primeiros povos modernos tanto poderiam rotulá-las de "mágica" quanto de "ciência". Quem poderia dizer que a afirmação de Giambattista della Porta, em *Natural Magick*, de que podia produzir gemas falsas ou transmutar chumbo em mercúrio seria menos crível que o famoso experimento de Robert Boyle, que desafiou o velho dito "a natureza detesta o vácuo" ao sufocar um pássaro dentro de uma redoma de vidro do qual retirara todo o ar? Em situações de incerteza, o cortesão inglês Francis Bacon oferecia as únicas prescrições sensatas: ponha o foco nos fatos, reserve o julgamento, discipline sua imaginação e resista ao impulso de teorizar.

A REPÚBLICA DAS LETRAS

O método indutivo ou "científico" que ele desenvolveu levantava questões cruciais: como o novo conhecimento poderia ser legitimado, como alegações falsas poderiam ser distinguidas das verificáveis e como os fatos brutos poderiam ser harmonizados com os entendimentos teóricos gerais pelos quais anseia qualquer mente organizada.

Esse tipo de perguntas fazia-se cada vez mais presente nos centros acadêmicos europeus. Em meio à enxurrada de maravilhas, curiosidades e rematadas charlatanices que povoavam o confuso mundo da imaginação no início dos tempos modernos, os observadores da natureza tinham que selecionar os avanços genuínos e explorar suas implicações.[31] Grupos de *virtuosi*, primeiro na Itália e depois na França, Inglaterra e Alemanha, começaram a se juntar em academias, sociedades, conferências e outros tipos de agrupamentos regulares sem nomes específicos. A publicação de seus relatórios e "procedimentos", ancestrais das revistas acadêmicas de hoje, levavam suas descobertas ao público internacional. As academias também incluíam "membros correspondentes" para suplementar os locais, ampliando, com isso, a República das Letras. Os estudiosos buscavam essas instituições para peneirar fatos e verdades, removendo erros e fraudes, uma tarefa que a República das Letras não poderia desempenhar a distância. Ao testemunhar a realização de experimentos científicos como o da produção do vácuo, os acadêmicos confrontavam e testavam, pessoalmente, as alegações de um novo conhecimento. O moderno ideal científico de objetividade foi desenvolvido na academia europeia, não tanto como uma doutrina filosófica, mas como um método de investigação. Ainda hoje, as academias funcionam menos para promover o pensamento criativo que para dar a novos feitos seu imprimátur: veja-se a Real Academia Sueca de Ciências, fundada em 1739, que confere o Prêmio Nobel.

A REINVENÇÃO DO CONHECIMENTO

A ACADEMIA

Como vimos, a carta, o livro e o museu, juntos, alteraram muitas práticas da universidade, do mosteiro e da biblioteca e abriram novos horizontes para os estudiosos. A República das Letras baseava sua legitimidade nessas novas instituições que complementavam as antigas, embora, com frequência, radicalmente as ampliassem. Mas correspondentes escrevendo em horas tardias, autores de livros que viviam isolados e perseguidos, e colecionadores excêntricos empilhando coisas em gabinetes de curiosidades possivelmente constituíam um universo intelectual muito solitário. Outra instituição da Renascença, a academia, surgiu para reunir as pessoas numa mesma sala, fosse para testemunhar demonstrações científicas, ouvir uma palestra sobre Petrarca, participar de uma obra musical experimental ou debater planos para reformar a agricultura. Com o recuo das autoridades intelectuais tradicionais, os leigos tomaram iniciativas sem precedentes ao fundar essas novas comunidades do saber.

Literati e virtuosi

Na Europa do início dos tempos modernos, o termo "academia" tinha muitos usos; por conveniência, distinguiremos dois deles. Um modelo remontava à antiga Atenas: foi concebido para educar jovens cavalheiros e continha um currículo humanista. A academia, nesse sentido, equivalia ao *ginasium* (outra instituição ateniense) e era uma alternativa às faculdades de artes liberais como instituição para a construção do caráter; era a ancestral das escolas preparatórias frequentadas pelas elites atuais, ainda usualmente chamadas de academias. O outro modelo, mais relevante, e que acabou sendo absorvido pela República das Letras, era para homens *adultos* aristocratas. Inspirava-se não tanto na academia de Platão, mas na *Academia* fundada por Cícero como um retiro intelectual para ele e seus amigos bem-nascidos, e funcionava

A REPÚBLICA DAS LETRAS

em sua luxuosa *villa*.[32] Essa forma de academia funcionava como um ponto de encontro para o que os italianos renascentistas chamavam de *literati*, homens de letras.

Assim como Cícero esforçou-se para pôr seu tosco latim nativo no mesmo nível do saber grego que tanto respeitava, os primeiros acadêmicos da Itália, um milênio e meio depois, também buscaram elevar seus idiomas vernaculares à estatura do latim de Cícero. Em Florença, a Accademia della Crusca (atuante ainda hoje) produziu o primeiro dicionário vernacular da Europa, catalogando sistematicamente as palavras que seus membros encontravam nos grandes trabalhos florentinos de Dante, Petrarca e Boccaccio. As academias modernas foram, de fato, as primeiras instituições europeias a tomar a sério as línguas nativas e as literaturas em vernáculo e a pôr os feitos criativos modernos no mesmo nível dos antigos. Quando possível, os acadêmicos traduziam a filosofia e o conhecimento greco-latinos para línguas que não intelectuais sofisticados podiam entender, como italiano, francês e inglês. Assim como Cícero, os *literati* eram nacionalistas linguísticos e modernizadores.

E, da mesma forma que Cícero via sua academia menos como um centro educacional, e mais como um lugar onde se refugiar de sua beligerante convivência no Senado e nos tribunais, assim também os primeiros acadêmicos modernos buscaram uma alternativa às faustosas cortes renascentistas, locais de pompa e ostentação, hierarquia e intriga. As academias italianas do século XVI adotaram nomes espalhafatosos que chamavam a atenção somente por sua falta de lógica — tais como dos Ofuscados, Inflamados, Úmidos, Confusos, Apaixonados, Elevados, Sonolentos — a fim de destacar seu desprezo pela vida mundana e seu desapego do mundo. Nomes autodepreciativos também evitavam que governantes atentos, como os Médicis ou os Habsburgos, suspeitassem de que esses encontros privados envolvessem conspiração ou sedição. Além de, pela primeira vez, poderem socializar-se com seus iguais fora dos ambientes da corte, os nobres educados também podiam colaborar com professores universitários insatisfeitos com o escolasticismo (ou

149

A REINVENÇÃO DO CONHECIMENTO

talvez apenas com a inexperiência dos jovens) e com os graduados das universidades que não se interessavam por carreiras de escrivães ou advogados. Algumas academias chegavam a incluir artesãos e comerciantes cultos entre seus membros.[33]

Por volta dos anos 1600, as academias haviam evoluído para um meio-termo entre a corte aristocrática e a República das Letras. Nelas, o *virtuoso* desfazia-se da reputação de alguém que competia por favores na corte e assumia a imagem de um *literatus* sério. Os cortesãos eram viciados em coisas maravilhosas e assombrosas, em truques de mágica e danças em grupo, dramas históricos e fogos de artifício, poesia improvisada e desfiles de anões. Os acadêmicos levaram a esses espetáculos e divertimentos tradicionais o conhecimento baseado nos livros, as habilidades de diferentes ofícios e certa medida de sobriedade intelectual. Assim, a ópera italiana teve origem quando cortesãos, músicos, cenógrafos, fabricantes de instrumentos e matemáticos com um conhecimento de harmonia juntaram-se em vários contextos acadêmicos e quase acadêmicos para reviver o que eles pensavam ser o drama cantado dos gregos antigos, exaltado por Platão e Pitágoras por seus miraculosos efeitos sobre a alma. O balé francês buscou inspiração numa academia neoplatônica semelhante, criada no auge das guerras de religião e destinada, literalmente, a orquestrar a reconciliação dos hostis protestantes e católicos, encorajando-os a participar de graciosos movimentos que imitavam as harmonias das esferas cósmicas. (Depois de os católicos massacrarem protestantes em Paris na Noite de São Bartolomeu, em 1571, podia-se dizer que, em grande medida, o esforço havia falhado.)[34]

As próprias academias que ganharam fama por seu rigor científico — o *Lincei* ("Olho de lince"), em Roma, o *Cimento* ("Experimento"), em Florença, e a Academia Parisiense de Ciências — descendiam de grupos organizados para testar receitas de magia natural e outros fenômenos esotéricos. Nelas, o mago renascentista avançava da especulação solitária para a investigação disciplinada, coletiva, de fenômenos naturais. A famosa Sociedade Real de Londres tinha entre seus integrantes muitos

150

A REPÚBLICA DAS LETRAS

ocultistas, alquimistas — Isaac Newton, por exemplo — e maçons. Numa era em que a ciência ainda não havia produzido os resultados fantásticos que mais tarde a tornariam autossustentada, aqueles que sondavam os mistérios da natureza precisavam de alguma outra razão para crer que seus experimentos produziriam resultados esclarecedores. As primeiras academias lhes deram isso, prometendo que a "filosofia natural" organizada acabaria revelando as verdades de Deus, talvez mesmo uma "teologia primordial" subjacente que pudesse reconciliar as religiões em conflito na Europa e no mundo. Por razões óbvias, essa era uma proposta atraente para os homens de negócios associados à República das Letras.[35]

Hoje em dia, dizemos que uma questão é "acadêmica" quando não tem nenhuma relação com o mundo real. Mas esses exemplos provam que os primeiros acadêmicos modernos, mesmo quando o melhor que neles havia era consumido pelo pedantismo, sempre visavam a cativar pessoas de estatura e influência, educá-las e entretê-las ao mesmo tempo. As academias fizeram com que a República das Letras se instalasse solidamente na vida social das elites europeias. Seu crescimento destaca o crescente papel dos cavalheiros aristocratas — e, pelo menos originalmente, das damas — na produção do conhecimento.

Damas e cavalheiros

Por terem suas origens na cultura cortesã europeia, que sempre incluía a convivência entre homens e mulheres, muitas das primeiras academias na França e na Itália estavam abertas às mulheres. Catarina de Médici teve papel relevante no estabelecimento da academia parisiense que lançou o balé, e sua parenta Eleonora di Toledo constava como a única mulher da Academia Florentina chamada "dos Alterados". (Seria adequado dizer que os Médicis eram os Ptolomeus dos primeiros tempos da Europa moderna.) No entanto, quanto mais se aproximavam das áreas da ciência moderna, no entanto, mais as mulheres se sentiram

A REINVENÇÃO DO CONHECIMENTO

postas de lado. Margaret Cavendish foi excluída dos encontros da Sociedade Real de Londres a despeito de seus avanços na ciência natural e de suas relações de proximidade com muitos de seus membros; de forma reveladora, sua ficção científica incluía uma Academia Feminina como alternativa imaginada aos locais só para homens com os quais se defrontava na vida real. Maria Winkelmann, uma astrônoma amadora que acumulou suficiente conhecimento científico para descobrir um cometa em 1702, também foi mantida a distância pela Academia de Ciências de Berlim.[36]

Começava a se abrir na República das Letras uma fissura entre as ocupações literárias e as acadêmicas e, em particular, entre as artes clássicas de expressão elevada e os empreendimentos sérios da ciência empírica, e homens e mulheres ficaram em lados opostos. Já no início do século XVIII, as únicas academias que acolhiam mulheres eram os ramos do movimento arcádico na Itália, centrados na improvisação poética. As mulheres na França também haviam começado a reunir intelectos brilhantes em salões de conversação em suas próprias casas, locais não oficiais que se consolidaram como alternativas às cada vez mais enfadonhas e conservadoras academias reais.[37] Mas os intelectuais da República das Letras desejavam um lugar justamente naquelas instituições com as quais se impacientavam — a Academia de Ciências, a Academia Francesa e outras academias estatais ativas até hoje. Era justamente seu caráter pesadão, oficial, fosse como apêndices reais na França ou como redutos independentes de sobriedade masculina na Inglaterra, o que fazia com que as academias científicas fossem as garantidoras da credibilidade. As academias atuavam como os tribunais da República das Letras, na terminologia da epígrafe deste capítulo. Somente nelas os acadêmicos podiam lidar, face a face, com os rancorosos debates — sobre a interpretação do experimento com a extração do ar, por exemplo — que, de outra forma, poderiam fazer em pedaços a República das Letras.[38] E somente os aristocratas desfrutavam do status social adequado para garantir um imprimátur acadêmico às

A REPÚBLICA DAS LETRAS

novas descobertas. Tirando proveito da honra e da imparcialidade dos bem-nascidos, as academias funcionavam, cada vez mais, para validar novos conhecimentos perante a comunidade internacional de estudiosos. Dizia-se que ninguém poderia refutar a palavra de um cavalheiro; seu testemunho ocular era visto como teoricamente acima de qualquer crítica.[39] O mesmo simplesmente não poderia ser dito a respeito de artesãos ávidos por dinheiro ou arrivistas sociais de classe média — nem de crédulas mulheres.

Academias versus shuyuan

Assim como fizera Cícero, e até Platão, os acadêmicos se retiravam do mundo e se devotavam à busca do conhecimento sem nunca perder de vista o propósito de retornar à sociedade e reformá-la. Mas havia uma diferença fundamental entre o movimento acadêmico europeu do início da modernidade e suas fontes de inspiração antigas. Leia novamente a epígrafe deste capítulo: ela estabelece uma clara distância entre o mundo do poder e o mundo do conhecimento. Os estudiosos na República das Letras compravam sua liberdade intelectual ao preço de submeter-se a qualquer forma de regime político sob o qual estivessem vivendo. Sócrates preferiu beber cicuta a comprometer sua integridade intelectual diante da perseguição política. Platão imaginou uma república governada por reis-filósofos, e sua Academia garantia aos alunos posições de influência por todo o mundo de fala grega.[40] Cícero heroicamente sustentou que a fala correta e o aprendizado do latim eram de importância fundamental para a virtude política, embora sua amada república estivesse morrendo nas mãos de César. Mas os primeiros acadêmicos modernos dos primeiros tempos desfrutavam de uma alternativa que Cícero e os outros não tiveram: eles podiam afiliar-se a uma República das Letras virtual, avançando com discussões sobre os novos conhecimentos, em vez de dar combate, na política real, às intrusões de ditaduras e absolutismos. De que outra maneira poderiam

A REINVENÇÃO DO CONHECIMENTO

os acadêmicos se proclamar cidadãos de uma "república" internacional" sem que essa fosse tomada como uma conspiração política organizada?

A noção de que as academias poderiam ter produzido reis-filósofos platônicos ou republicanos cicerianos, em vez de *virtuosi* apolíticos, não é assim tão exagerada. O missionário jesuíta italiano Matteo Ricci (1552-1610) fundou instituições na mesma China da dinastia Ming que fizeram exatamente isso. As academias chinesas, chamadas de *shuyuan*, destinavam-se, principalmente, a preparar estudantes para os hiper-competitivos exames de admissão ao serviço público do império. Ricci poderia logicamente ter chamado esses agrupamentos de universidades, mas, em vez disso, apelidou um deles de *accademia di litterati*, à maneira de agrupamentos literários semelhantes que existiam em sua terra natal.[41] E ele estava certo ao fazer isso: as academias chinesas atuavam como nodos fundamentais numa República das Letras tão ampla quanto o império, atraindo nobres locais para palestras, patrocinando viagens de estudo para outros pontos do império e usando livros publicados, cartas manuscritas e contatos pessoais para fazer circular críticas moralistas às políticas estatais ancoradas nas releituras dos clássicos confucianos.[42]

A mais famosa academia chinesa, a Academia Donglin, fundada em 1604 no altamente urbanizado delta do rio Yang-tsé, usava o sistema de exames para abarrotar a burocracia imperial com seus melhores graduados. Ex-alunos dessa academia, líderes do movimento Donglin, enfrentaram o poder absoluto do eunuco Wei Zhongxian (1568-1627), famoso por sua corrupção. Mas nas mãos dele muitos desse líderes acaba-ram sofrendo o martírio.[43] Mas nem mesmo um absolutismo arbitrário podia impedir que os *literati* chineses reformassem o Estado. Imitadores subsequentes da Academia Donglin significativamente se designaram Sociedade da Restauração (fundada em 1629), refletindo o desejo de aplicar antigos ensinamentos confucianos a problemas contemporâneos de políticas. Constituindo-se como um grupo de pressão que se estendia por todo o império, eles forçaram os examinadores oficiais a aceitar as publicações da Sociedade da Restauração como o padrão dominante de

A REPÚBLICA DAS LETRAS

classificação dos candidatos, decidindo, assim, quem entraria no serviço público. Em meados dos anos 1600, uma esfera pública literária de tamanho e poder comparáveis aos da Europa estava disputando com o governo o direito de controlar os padrões intelectuais.[44] Depois que as invasões manchus derrubaram a dinastia Ming, muitos desses eruditos da nobreza mobilizaram comunidades locais para montar uma heroica (e, em última instância, inútil) resistência contra os estrangeiros.[45] Nem os mártires do movimento Donglin nem os legalistas durante a dinastia Ming tiveram paralelo na Europa do início da era moderna: é inconcebível que um grupo de nobres eruditos europeus tivesse montado uma resistência aberta e organizada, a ponto de serem martirizados, usando instituições acadêmicas como sua base de operação e de crítica intelectual.*

A China antiga, a Grécia antiga e a Roma antiga haviam todas estabelecido uma equivalência entre a instrução da juventude e a necessidade de preparar estudantes para responsabilidades cívicas, enfatizando a importância da educação moral sobre as habilidades práticas. No início do período moderno, humanistas tanto na Europa quanto na China (onde são chamados neoconfucianos) se empenharam para que o aprendizado e a conduta, e não apenas o nascimento e linhagens de sangue, fossem a medida de um homem e a base de uma vida ativa na política e na sociedade. (Os chineses, por mais hierárquicos que fossem, chegavam a celebrar os poucos camponeses que, por meio de um miraculoso esforço pessoal, conseguiram ascender e se tornaram mandarins devido ao sucesso alcançado no sistema de exames.) Todos buscavam orientação em seus respectivos ancestrais como modelos do saber e da virtude.

Academias de diversos matizes serviam a essa função nas duas sociedades, mas, em cada uma delas, os *literati* desenvolveram relações

---

*Uma influente corrente de interpretação na historiografia da Revolução Francesa oferece um limitado contraexemplo, sustentando que o mais famoso levante revolucionário da Europa moderna foi preparado por instituições quase acadêmicas, como as lojas maçônicas e as *sociétés de pensée* francesas.

A REINVENÇÃO DO CONHECIMENTO

radicalmente diferentes com o poder político. Na China da dinastia Ming, os eruditos reafirmavam a autoridade de textos antigos e os usavam para criticar um governo imperial investido de poderes teoricamente absolutos. Nos primeiros tempos da Europa moderna, ao contrário, os intelectuais buscaram a autoridade de nobres, príncipes, cortes e reis a fim de validar novos conhecimentos não sancionados por textos antigos. Em nenhum dos casos poderiam os estudiosos haver ficado com o melhor de dois mundos. Os aristocratas chineses eram tão mundanos, cultos e curiosos quanto suas contrapartes europeias, e, com a colaboração dos jesuítas, que levavam até eles e à corte imperial as descobertas europeias, tinham ampla oportunidade de se entregar à busca da nova ciência.[46] Mas escolheram manter-se fiéis aos clássicos confucianos e, desse modo, reter a influência política que isso lhes conferia. Em contraste, os europeus alcançaram avanços sem precedentes na astronomia, física, anatomia e história natural, mas ao preço de abandonar a política e construir uma imaginária República das Letras que prosperava em meio a uma violência e um caos nunca vistos. Os *literati* europeus se fundiram com os *virtuosi*, mas ambos deixaram para trás a virtude especificamente ciceroniana que resultava do estudo das letras. Desde então, a erudição, tanto humanística quanto científica, tem buscado a descoberta de verdades "absolutas" e a produção de novos conhecimentos, e não o cultivo do caráter.

5

As Disciplinas

1700–1900

PROTESTANTES EVANGÉLICOS E HUMANISTAS SECULARES SE COMBINARAM PARA CRIAR O PRIMEIRO SISTEMA NACIONAL PÚBLICO DE EDUCAÇÃO DE MASSA E, COM ELE, UM NOVO MERCADO PARA AS ESPECIALIDADES ACADÊMICAS.

O ILUMINISMO PRODUZIU o primeiro mercado de massa do Ocidente para o conhecimento e, com ele, a especialização do trabalho intelectual que conhecemos como disciplinas. Quem explicou essa conexão foi ninguém menos que Adam Smith, o defensor do livre mercado. Em seu livro *A riqueza das nações* (1776), ele argumenta que a "subdivisão do emprego [no campo da] filosofia, bem como em todas as demais atividades humanas, melhora a destreza e economiza tempo". Ele via o conhecimento como uma mercadoria, sua produção como uma forma de trabalho industrial, seu progresso como aditivo e cumulativo. À medida que "cada indivíduo se torna um maior conhecedor em seu ramo específico, mais trabalho é feito no total, e a quantidade de ciência, assim, aumenta".[1] Para Adam Smith, as disciplinas eram um recurso adotado por intelectuais que buscavam um nicho no mercado de ideias. Essa jovial visão capitalista ajustava-se bem à arena moderna, secular e competitiva em que se tornara a República das Letras no século XVIII.

Na época de Smith, alguns dos intelectuais europeus mais entendidos de mercado haviam assumido o encargo de coletar, organizar e disseminar o conhecimento contido na República das Letras. A despeito da censura generalizada, no século XVIII os editores catalisaram uma "revolução da leitura" ao ampliar a alfabetização, estendendo-a a todas as classes sociais. Os pensadores iluministas, portanto, depositavam sua fé na palavra escrita para levar conhecimentos úteis à massa

A REINVENÇÃO DO CONHECIMENTO

de leitores. Significativamente, eles escreviam em vernáculos, que logo superaram o latim como línguas eruditas. Ephraim Chambers, escrevendo na Inglaterra, e Pierre Bayle, escrevendo na França, compilaram enciclopédias, dicionários e boletins informativos para popularizar as descobertas em vários ramos do saber. Os criadores do grande sucesso editorial francês, a *Encyclopédie*, agregaram todas as artes, ciências e até ofícios em 71.818 artigos. Entre suas 2.885 gravuras, havia diagramas mostrando como construir uma mina e fazer um relógio. As entradas eram organizadas não por temas, mas alfabeticamente, de A a Z, com um elaborado sistema de referências cruzadas que convidava os leitores a agregar as informações usando o bom-senso. De todos os livros produzidos entre 1500 e 2000, nenhum pretendeu mais sinceramente "reunir todos os conhecimentos espalhados sobre a superfície da Terra", nas palavras de seu coeditor, Denis Diderot.[2] As enciclopédias eram somente o mais destacado entre diversos novos gêneros destinados a comercializar o Iluminismo para o povo, incluindo jornais, revistas, boletins especializados, almanaques, diários de viagem e até romances. Pensem em Benjamin Franklin, o humilde tipógrafo, um leitor voraz autodidata, que fez uma carreira famosamente lucrativa publicando sua sabedoria prática e suas invenções.

Ainda assim, os que propagandeavam o "capitalismo tipográfico" (caracterizado pelo surgimento da prensa tipográfica) nunca tiveram sucesso em substituir a hierarquia que acompanha o aprendizado face a face. Atualmente, os buscadores do conhecimento não podem simplesmente se armar com um conjunto de boas enciclopédias e lançar-se ao mundo. Em vez disso, precisam se submeter a anos e anos de educação. Seguidores importantes consagram suas carreiras a campos específicos de pesquisa, como história, química e psicologia. Numa surpreendente censura aos defensores do *laissez-faire* na Europa Ocidental, foi a subdesenvolvida e empobrecida Alemanha, na época de sua derrota por Napoleão, que pôs as disciplinas no topo dos primeiros sistemas abrangentes de educação compulsória, pública e universal do mundo. A uni-

160

AS DISCIPLINAS

versidade dedicada à pesquisa, invenção alemã hoje imitada de Boston a Pequim, transformou os professores em sumos sacerdotes seculares. Seus auditórios aproveitavam-se da simplicidade e economia do aprendizado em sala de aula para competir pelos melhores acadêmicos e estudantes. Suas salas para seminários propiciavam as intensas relações entre mestre e discípulo a partir das quais cresceram as disciplinas especializadas. Os estados alemães, que financiavam escolas cujos professores eram graduados das universidades, lideraram o mundo ocidental ao assumir a responsabilidade (que antes se encontrava nas mãos de organizações religiosas) pela reprodução cultural em cada geração.

Os nacionalistas do século XIX congratulavam-se por usar a educação pública para forjar culturas unificadas a partir de sociedades fragmentadas ao longo de linhas religiosas, étnicas e de classe. Mas, inicialmente, as condições que tornaram isso possível tiveram uma origem muito diferente, na piedosa contracultura do protestantismo evangélico do século XVIII. Os protestantes na Alemanha fizeram do intenso escrutínio das escrituras, não apenas de um folhear casual de enciclopédias, a pedra angular do que veio a ser um programa universal de disciplina metódica. Os humanistas seculares então adotaram seus métodos para construir sistemas de educação superior e básica para os Estados-nação emergentes. Desse modo, um verdadeiro mercado de massa para o conhecimento pôde finalmente surgir — e logo foi povoado, exatamente como Adam Smith predissera, por especialistas em todos os campos imagináveis do saber. Mesmo assim, ainda hoje, cada uma das disciplinas retém uma casta de sectários, muito tempo depois de superada qualquer orientação religiosa. Grupos isolados, movidos por suas próprias questões e métodos, fazem da produção de novas pesquisas um fim em si, frequentemente sem grande preocupação em encaixá-las no mundo mais amplo do saber.

A REINVENÇÃO DO CONHECIMENTO

DISCIPLINA COMO MÉTODO: O SEMINÁRIO

Fausto, a quintessência do buscador de conhecimentos, aparece pela primeira vez no drama poético de Goethe lamentando a inutilidade e o pedantismo da "Filosofia, do Direito, da Medicina e — o que é pior — da Teologia", as quatro faculdades da universidade medieval. Aprisionado em um "buraco de pedra maldito e mofado" turvado por vitrais, "limitado por essa grande massa de livros que os insetos consomem", ele se volta para a magia, faz um pacto com o diabo e seduz e trai uma jovem piedosa. Fausto termina sua vida como um construtor especializado em recuperar terras antes cobertas pelo mar, no que é frequentemente visto como uma alegoria da modernidade tecnológica em seu triunfo sobre o saber tradicional.[3]

De fato, as universidades europeias estavam entre os últimos lugares buscados pela maior parte das figuras do Iluminismo para renovar seus conhecimentos. Oxford e Cambridge eram mais conhecidas por polir as maneiras de jovens aristocratas e despachá-los para ocupações mais sérias. A Sorbonne em Paris foi amplamente ultrapassada pelas academias mantidas pela realeza e por salões aristocráticos privados. No Sacro Império Romano, dominado pela Alemanha, com seus mais de trezentos estados independentes e estados-satélites, institutos vocacionais especializados disputavam carreiristas promissores, enquanto escolas de aperfeiçoamento privadas absorviam muitos de seus descendentes aristocratas. Indisciplina e imoralidade abundavam em suas universidades tradicionais. Jena (que Goethe ajudou a supervisionar) atraía os tipos desordeiros, alcoólatras, e viam-se estudantes "brandindo garrafas, se embriagando, vomitando, beijando as empregadas, gritando, fugindo para as vilas e duelando". Um grupo, que se batizou de Faculdade da Cerveja, fazia imitações de debates e conferia aos vencedores o título de *Doctor cerevisiae et vini* [Doutor em cerveja e vinho]. Professores impopulares poderiam ter suas janelas quebradas por bandos de estudantes

162

AS DISCIPLINAS

irados. Num desses casos, um professor foi agredido fisicamente porque
suas aulas foram consideradas tediosas.[4]

A história de como a Alemanha liderou o mundo em direção à idade
da erudição moderna está, assim, entre as mais espantosas mudanças
de rumo na história do conhecimento. Começou com duas novas
fundações universitárias, em Halle, em 1694, e em Göttingen, em 1737.
Para nossos propósitos, o que as distinguia era uma nova instituição, o
seminário: uma ilha de disciplina em meio ao caos e à confusão da vida
universitária. Tendo se originado em Halle em face da necessidade de
produzir professores religiosos para um programa estrito de educação
universal, o seminário ampliou-se em Göttingen, treinando pesquisadores profissionais especialistas em clássicos pagãos. Quando migrou
de volta a Halle, o seminário havia se tornado um modelo para outros
campos do conhecimento, um solo propício para o desenvolvimento
das disciplinas.

Piedade e lucro em Halle

A Prússia, o mais expansionista dos estados alemães, abriu sua universidade pioneira em Halle para atrair estudantes de instituições protestantes rivais na vizinha Saxônia, berço de Lutero. O Seminarium
Praeceptorum de Halle foi fundado apenas dois anos depois. Mais bem
visto como um seminário religioso, não como um curso acadêmico,
o Seminarium oferecia acomodação e alimentação — e uma chance
de mobilidade ascendente — a até 130 estudantes pobres de teologia.
Em troca, eles deveriam ensinar às crianças locais a leitura da Bíblia
e outras noções básicas. O seminário de Halle não se distinguia por
sua produção acadêmica. Ainda assim, forjou um novo e fundamental
elo entre a educação superior e a básica, vinculando a universidade de
Halle ao maciço complexo missionário criado pelo reformador social
pietista August Hermann Francke (1663-1727). Francke transformou
em uma Nova Jerusalém o que havia sido uma decadente cidadezinha

mineradora de sal, com um centro nervoso representado por um conjunto murado de mais de quarenta edificações dominadas por imponentes edifícios barrocos.

Os pietistas abandonaram a doutrina estéril e o insípido estilo de devoção existente na igreja luterana tradicional e juntaram-se em círculos privados para meditar sobre a Bíblia e experienciar as escrituras direta e emocionalmente. Eles partilhavam com outros protestantes evangélicos, como os puritanos e os primeiros metodistas, um severo código moral, um desejo de edificar os pobres e um impulso missionário. A motivação para a disciplina estava presente em todos os aspectos do projeto educacional pietista. Depois de se tornar pastor em Glaucha, uma vila perto de Halle, Francke descobriu que ali havia não menos que 37 tavernas para seus duzentos residentes. Começou então a tomar medidas drásticas contra vícios como a bebida e as danças aos domingos. Depois, fundou uma instituição beneficente onde órfãos aprendiam leitura, escrita, aritmética e religião.[5] Entre as inovações pedagógicas de Francke, todas muito familiares hoje, estavam a chamada de classe, para obrigar ao comparecimento diário, e o recesso, que deixava o restante do dia escolar livre para o trabalho. Outros pietistas inventaram a prática de levantar as mãos para fazer perguntas e introduziram a arrumação das carteiras em filas na sala de aula. Sua abordagem ficou tão famosa que, em pouco tempo, prósperos e respeitáveis burgueses, e até nobres de outras partes da Europa Central, estavam clamando por suas próprias (e separadas) escolas, tanto para meninas quanto para meninos. Em pouco tempo, escolas em latim para a elite, e mais escolas primárias para os pobres e órfãos, floresceram em Halle e em outras partes. O Seminarium fornecia estudantes de teologia, com boa moral cristã, para o corpo docente de todas elas.

"Vejam todos! Uma *Semente de Piedade*, & de Puro Cristianismo, que é o *Reino de Deus* em sua verdadeira Essência e Glória, Germinada e em Expansão nas Entranhas da *Alemanha*!"[6] Assim escreveu o puritano arquetípico de Harvard, Cotton Mather, corroído de inveja na

164

AS DISCIPLINAS

então provinciana Boston, diante da rápida expansão das fundações de Francke. Na década de 1720, o complexo em Halle incluía, além de escolas para diversos milhares de estudantes, uma biblioteca, um *Wunderkammer*, um hospital, um restaurante gratuito para os pobres e dormitórios para mulheres indigentes (fossem viúvas ou decaídas). Em pouco tempo, missionários de Halle podiam ser encontrados desde a hibernal Sibéria até a tropical Malabar, na Índia. O motor de todo esse crescimento era o lucro. Beneficiando-se de generosas doações dos fiéis e de isenções fiscais do governo prussiano, Francke construiu uma fábrica de medicamentos e uma gráfica a fim de conseguir mais fundos para seus empreendimentos filantrópicos. Seus agentes compravam açúcar, chá e café em Veneza e nos leilões da Companhia das Índias em Amsterdã para revender; despachavam navios pelo rio Elba carregados com implementos de ferro e objetos de louça com destino ao porto de Hamburgo, no mar do Norte; transacionavam no atacado com rebanhos pomeranianos e grãos russos, e tiravam proveito da força de trabalho dos órfãos para fabricar roupas de cama, meias finas e, especialmente, medicamentos, tais como a *essentia dulcis*, uma tintura dourada vendida como cura para vários males do sistema nervoso. Se alguma vez houve um lugar onde a ética de trabalho protestante uniu a devoção piedosa à diligência capitalista — um fator negligenciado por Adam Smith —, foi nas Fundações Francke.[7]

O principal testemunho desse elo era o processo de impressão de bíblias em Halle. Ao longo dos anos 1700, as livrarias em Halle venderam quase 3 milhões de bíblias em vários formatos e traduções, particularmente nas línguas eslavas. Grandes tiragens de edições baratas produziam lucros imediatos. A despeito de não gostarem da sufocante ortodoxia luterana, os pietistas de Halle recorriam à Bíblia de Lutero para disseminar a palavra de Deus. Poder-se-ia esperar que Francke, detentor de uma cadeira de teologia na Universidade de Halle, além de ter que atender às suas obrigações pastorais e empresariais, recuasse diante disso. Deve-se recordar que as escrituras cristãs nunca haviam sido um cânone irrefutável, mas, em vez disso, um perene espaço de contestação teológica. A tradução alemã de Lutero tinha suas falhas, e o mesmo acontecia com a versão latina baseada no Novo Testamento grego, apressadamente preparada por Erasmo. No final dos anos 1600, um estudioso inglês voltou aos manuscritos gregos originais e catalogou mais de 30 mil discrepâncias entre as várias versões do Novo Testamento. Na França católica, os teólogos argumentavam que isso simplesmente validava suas afirmações de que a verdadeira e única Igreja de Cristo, não as falíveis transcrições de livros da Bíblia, oferecia a única orientação segura para os fiéis.[8] Mas — inicialmente, pelo menos — nada disso intimidava os pietistas de Halle, cuja preocupação maior era com o impacto emocional das escrituras, e não com a correção e exatidão de seu fraseado.

Um motivo de grande preocupação era a ameaça de filósofos aparentemente ateus que ensinavam na universidade local. O mais famoso alvo do ataque dos pietistas era Christian Wolff, um professor com íntima ligação com G. W. Leibniz, o polímata que coinventou o cálculo diferencial e discerniu nos relatos jesuítas sobre o *I Ching* chinês um antigo precursor da aritmética binária que ele havia concebido. Em 12 de julho de 1721, Wolff fez uma palestra intitulada *Sobre a filosofia prática chinesa* exaltando o espírito ético e os preceitos racionais dos clássicos confucianos. Francke interessou-se pelo assunto porque viu aí sua oportunidade de fazer incursões na China contra os missionários jesuítas, mas ele e os demais professores de teologia fizeram uma veemente objeção à sugestão indireta de Wolff de que os ateus chineses poderiam ter alcançado a perfeição moral sem o benefício de Cristo.[9] Após mais de dois anos de maquinações, os inimigos de Wolff conseguiram um édito real exilando-o de território prussiano — e dando-lhe apenas 48 horas para partir.

Wolff encontrou seu lugar numa outra universidade e chegou mesmo a retornar a Halle em 1740, depois de ter sido inocentado por Frederico, o Grande, o novo déspota esclarecido da Prússia. Mas sua expulsão em

AS DISCIPLINAS

1723 expôs o compromisso anterior dos pietistas de Halle com uma contracultura religiosa internacional que se opunha à República das Letras. Sua universidade havia rompido, notoriamente, com o mais famoso filósofo do Iluminismo alemão. O desafio intelectual de conciliar a autoridade bíblica com o racionalismo secular do Iluminismo ficou sem resposta. Coube aos acadêmicos em Halle e em outras partes, todos eles piedosos, mas, em alguns casos, afastados do pietismo, ocupar-se desse problema. Somente em Göttingen tornaram-se realidade os minuciosos métodos de leitura detalhada que eles desenvolveram para solucionar o problema.

Göttingen: uma enciclopédia viva

Johann David Michaelis (1717-1791) encarnava a conexão entre Halle e Göttingen e a mistura de novos métodos intelectuais que uniam as duas. Lecionando em Göttingen desde 1745 até sua morte, Michaelis dirigiu seu seminário somente durante o período 1762-1763, no intervalo entre dois famosos classicistas. Mas sua carreira estabeleceu as bases para uma reconciliação entre o pietismo e a República das Letras. Essa potente fusão institucional num novo seminário fez com que a doutrinação de professores que lecionavam em escolas primárias e secundárias contri-buísse para o progresso do conhecimento secular.

Michaelis vinha de uma eminente família de pietistas de Halle. O pai se formara no Seminarium Praeceptorum. Seu tio dirigia outra das criações de Francke, o Collegium Orientale Theologicum, cujo forte era o treinamento em línguas orientais. Tanto os modernos idiomas falados por povos a serem missionados no Leste, como polonês, persa e chinês, quanto os do antigo Oriente Próximo, como caldeu, siríaco e etíope, de interesse basicamente acadêmico, encontravam um lugar em seu programa. Assim, o Collegium significava um compromisso subjacente com o puro conhecimento acadêmico que florescia à sombra das mundanas, práticas e lucrativas Fundações Francke. Johann David,

A REINVENÇÃO DO CONHECIMENTO

por sua vez, escreveu sua dissertação para a Universidade de Halle sobre o eminentemente pedante tema das vogais no idioma hebraico. (Tal como ocorria com o árabe, o hebraico era originalmente escrito sem vogais separadas, o que conduzia a muitos problemas na interpretação das escrituras.)

Michaelis também absorveu a nova teologia pietista que havia começado, tardiamente, a revisitar a bíblia com um decidido olhar crítico. Os pietistas opuseram-se à tendência de uma leitura "extensiva" inaugurada pela revolução da mídia produzida pelo Iluminismo. Enquanto os juristas se compraziam com enciclopédias e as empregadas domésticas devoravam novelas baratas — lendo muito, mas de modo superficial —, os devotos acadêmicos dedicavam-se a um precioso conjunto de textos de maneira cada vez mais "intensiva". O Novo Testamento naturalmente se tornou o primeiro objeto de escrutínio. Atormentados pelas 30 mil discrepâncias encontradas nos manuscritos, os estudiosos iniciaram a minuciosa tarefa de reconstruir o texto grego original, imitando, mas também superando, o que os alexandrinos haviam feito para ressuscitar Homero. Trabalhando longe de Halle, na pietista Württemberg, J. A. Bengel lançou uma técnica, ainda obrigatória entre os acadêmicos até os dias de hoje, de organizar os manuscritos por famílias, agrupando aqueles com erros comuns para descobrir quem havia copiado errado o quê e de quem. Para estabelecer qual das duas leituras alternativas era a mais antiga e mais autêntica, Bengel elaborou o princípio contraintuitivo de que o texto de leitura mais difícil era, provavelmente, o correto: o mais provável era que os escribas antigos e medievais tivessem errado deliberadamente, simplificando o estilo e melhorando a fluidez de um texto, do que interpolado mudanças que o tornassem mais complicado.[10]

Michaelis vivia imerso nesses métodos, mas ansiava por escapar do texto: queria aplicar em seus estudos os conhecimentos de história e arqueologia, bem como a exploração da natureza. Quando tinha por volta de 25 anos, fez uma viagem à Inglaterra e à Holanda, centros protestantes cosmopolitas da Europa, e isso lhe ampliou os horizontes.

168

AS DISCIPLINAS

Poucos anos após seu retorno, estava ávido por sair de Halle, conseguir uma posição em Göttingen e respirar novos ares intelectuais, afastando-se do ambiente melancólico e compenetrado de sua cidade natal. Situada no centro-norte da Alemanha, num cruzamento de vias de comércio regionais, Göttingen tinha amplos espaços e amenidades e, afora isso, era convenientemente desprovida de outros atrativos — uma das principais razões para ter sido transformada em posto avançado de abertura e liberdade acadêmicas.[11]

Göttingen foi fundada como a universidade pública de Hanôver para competir com a Halle prussiana e atrair aristocratas — e seu dinheiro — de toda a Europa. Os governantes hanoverianos, mais conhecidos como os reis da Grã-Bretanha na época, criaram uma atmosfera cosmopolita, liberal, para atrair jovens aristocratas cultos. Cursos de montaria e esgrima eram parte dessa estratégia de marketing, mas também o eram, mais substantivamente, as liberdades de expressão e publicação no estilo inglês, que não encontravam rivais em outras universidades nos demais estados alemães. O senso de negócios inglês também figurava com destaque em seus cálculos. Em toda parte, os monarcas viam as universidades como investimentos que propiciariam retornos monetários e prestígio internacional, mas Göttingen verdadeiramente funcionava como um "grande empreendimento intelectual", nas palavras de um contemporâneo. Pagava altos salários para cortejar acadêmicos de outras universidades, que frequentemente tinham que quebrar juramentos de fidelidade a seus governantes originais e escapar durante a noite. (Um certo professor Schmauss enganou os policiais em Halle, fazendo-os pensar que estava se mudando para o outro lado da cidade, e então fugiu para a fronteira na direção de Göttingen, levando todas as suas posses materiais.)[12] Uma política de "mercantilismo acadêmico" exigia que os professores escrevessem seus próprios livros-texto para que o Estado não tivesse que gastar grandes somas em moeda forte com editores em outros países. O catálogo de aulas expositivas da universidade era publicado num jornal erudito de Göttingen. Os bens intelectuais

A REINVENÇÃO DO CONHECIMENTO

listados eram agrupados não conforme as tradicionais faculdades, mas por temas cujos títulos sugeriam modernidade, como "matemática aplicada", "teoria do processo civil" e "osteologia", tudo com o propósito de motivar os leitores. Leituras "psicológicas morais" do Novo Testamento alternavam-se com preleções sobre "teologia antideísta"; estatísticas turcas e mineralogia, com direito canônico e heráldica.[13] As aulas introdutórias eram chamadas de "enciclopédias", sínteses de vários campos do saber embalados para a conveniência e a edificação dos estudantes, que vinham e iam como bem lhes aprouvesse.[14] Göttingen era, em termos bastante literais, uma enciclopédia viva.

Entrincheirado na mais dinâmica universidade da Europa, em si mesma um microcosmo da República das Letras, Michaelis tornou o estudo da Bíblia igualmente enciclopédico. O que hoje chamamos crítica "inferior", o escrutínio e a reconstrução de textos antigos, levou, em suas mãos, à crítica "superior", à exploração sistemática dos *contextos* nos quais tais escritos haviam sido produzidos.[15] Em particular, o Antigo Testamento, mais longo, mais rico, mais complicado e mais antigo que o Novo, ganhou pleno reconhecimento, abrindo uma janela para toda uma cultura que, da perspectiva cada vez mais secular de Michaelis, era mais fascinante que os relatos enlouquecedoramente discrepantes dos quatro evangelhos. Ao abordar o Antigo Testamento, Michaelis recorreu, novamente, a seu passado pietista. Os professores de Halle haviam começado a articular uma nova visão da Bíblia como um produto cultural humano, e não como uma infalível transcrição da palavra eterna de Deus. Deus "acomodava" suas afirmações, argumentavam, às habilidades expressivas e intelectuais, historicamente limitadas, do primeiro povo a quem escolheu se revelar. Desse modo, os estudiosos modernos, levando em conta todas as diferenças que separavam os hebreus antigos dos europeus modernos, podiam extrair, cirurgicamente, o cerne de sua mensagem — as chaves da salvação que transcendiam espaço e tempo — das peculiaridades de sua expressão linguística e cultural nas escrituras registradas.[16]

AS DISCIPLINAS

A melhor maneira de fazer isso, concluiu Michaelis, era enviar uma expedição à Terra Santa para confrontar, em primeira mão, a estranheza e a não familiaridade do mundo representado na Bíblia. Obtendo apoio do rei da Dinamarca, enviou uma equipe multinacional de pesquisadores para o sul da Arábia, hoje Iêmen, onde ele acreditava que estivessem mais bem preservadas a natureza e a cultura antigas do Oriente Próximo. O grupo incluía um filólogo dinamarquês, um botânico sueco, um engenheiro alemão, um médico dinamarquês e um ilustrador alemão. Nenhum detalhe, por menor que fosse, escapou à atenção. Assim, para testar as desconcertantes recomendações culinárias de João Batista em Mateus 3:4, de que gafanhotos deveriam ser comidos com mel silvestre, eles confirmaram que os árabes modernos de fato os assavam e secavam, ou ferviam e salgavam — acrescentando que, por sua vez, os árabes também sentiam repulsa diante do hábito dos cristãos de comer moluscos. Foram coletadas informações sobre questões botânicas (flora árabe), antropológicas (implementos agrícolas e culinários dos nativos), linguísticas (dialeto iemenita) e até herpetológicas (uma serpente do deserto).[17] Apesar de seu sucesso intelectual, a missão foi uma tragédia pessoal: dos cinco estudiosos enviados, somente o engenheiro Carsten Niebuhr conseguiu voltar com vida. Mas a expedição estava totalmente em harmonia com o espírito da República das Letras e no mesmo nível das mais famosas viagens naturalistas oceânicas que enviaram homens como o capitão Cook ao Pacífico Sul.

Filologia: a primeira disciplina

Finalmente, chegamos ao Seminarium Philologicum de Göttingen, a mais importante contribuição da universidade à história das disciplinas. Seu tema não foi extraído do Novo Testamento nem do Antigo, mas dos clássicos romanos e, especialmente, gregos. Esses últimos forneceram também o currículo tradicional para os aristocratas na República das Letras.

A REINVENÇÃO DO CONHECIMENTO

Fundado em 1738 (pouco depois da universidade que o abrigava), o seminário de Göttingen tomou como modelo o precedente de Halle. A despeito da mudança de ênfase, passando de temas bíblicos a clássicos, ela partilhava com Halle o propósito de treinar professores que lecionariam em escolas primárias e secundárias. A doutrinação — como modelagem do caráter e da consciência, a dádiva essencialmente pietista à vida da mente — permaneceu como sua meta pedagógica central. A pedagogia do seminário de Göttingen visava a reformar a pessoa interior, e não a produzir aristocratas recortados em série, todos treinados, como era costume, para macaquear Cícero ou Péricles em suas maneiras e falas. Em vez disso, os classicistas de Göttingen instilavam em seus estudantes um sentimento profundamente internalizado do que significava pensar como um pagão antigo.

Em consonância com sua orientação secular, o Seminarium Philologicum estava instalado na faculdade de artes liberais, não na de teologia. A palavra grega latinizada, *filologia*, substituiu a função de treinar "preceptores" no seminário de Halle. Filologia denota o amor pelas palavras, algo que em Göttingen tornou-se um amor disciplinado pela atenção da comunidade a textos venerados — a versão secular do estudo pietista da Bíblia. Anteriormente, estudantes de línguas clássicas tinham simplesmente memorizado um "caos de palavras e frases, regras e exceções, elegâncias e barbarismos" para salpicar em seus discursos, enquanto os "outros poderes intelectuais dormiam confortavelmente". Esse tipo de conhecimento podia ser transmitido por meio de preleções. Agora, todavia, a instrução em grego e latim visava a simular a aquisição de uma língua nativa.[18] Isso só poderia ocorrer no contexto de um seminário, onde os participantes se juntassem para trabalhar o texto de um escritor clássico difícil. Diversas mudanças de formatos avivavam essas lições e elevavam seu caráter erudito. A hierarquia que acompanhava a disputa medieval, em que os mestres frequentemente ficavam sobre plataformas elevadas, acima de seus estudantes, deu lugar à "discussão circular", na qual os discussantes sentavam-se em torno de uma mesa, como iguais.

172

AS DISCIPLINAS

Os estudantes alternavam-se como "diretores por um dia", ganhando experiência de classe ao imitar o professor. Esperava-se que fizessem apresentações originais baseadas em pesquisa própria, em vez de papagaiar os desgastados argumentos de seus predecessores. Com frequência, eles escolhiam seus próprios temas, em vez de recebê-los do professor. A pressão dos colegas e a competição pela aprovação dos professores os induziam a selecionar os temas de pesquisa mais difíceis e trabalhar com eles com persistência. Tudo isso compelia os estudantes a preparar seus ensaios com antecedência: no ambiente de contatos pessoais e diretos do seminário, os trabalhos acadêmicos escritos tornaram-se um novo padrão ouro para a atividade intelectual disciplinada.[19]

Tal rigor era especialmente atraente para estudantes de classe média que queriam se tornar professores primários ou secundários e talvez chegar a algo melhor. O seminário filológico atendia a essa esforçada clientela ascendente, tipicamente recrutada entre os filhos estudiosos dos pastores. Numa universidade em que plebeus ambiciosos estavam cercados por aristocratas, o seminário filológico lhes oferecia a oportunidade de superar a graça e a conduta dos que lhes eram socialmente superiores. A ostentação intelectual que fazia os seminaristas se sentirem inadequados quando na companhia de nobres podia agora ser exibida como forma de dominar seus próprios modelos clássicos. Tampouco tinham eles que comprometer as perspectivas de suas carreiras nesse processo. O seminário filológico satisfazia, ao mesmo tempo, suas necessidades materiais e psicológicas, *identificando* a erudição clássica com as habilidades práticas necessárias para a profissão do ensino. Uma crença na ascensão por meio do talento tornou-se sua ideologia, enraizada numa (re)leitura neo-humanista dos feitos gregos antigos. Assim, o seminário de Göttingen distribuía bolsas de estudo com base no mérito, não na necessidade, como havia sido o caso em Halle. Foram criadas provisões estatutárias para expulsar estudantes preguiçosos ou desmotivados. Foi no Seminarium Philologicum que os dois sentidos de

A REINVENÇÃO DO CONHECIMENTO

disciplina, como foco escolástico e condicionamento comportamental, juntaram-se pela primeira vez.

O nascimento da filologia clássica como a primeira disciplina pode ser datado com exatidão: foi em 1776, quando Friedrich August Wolf (1759-1824) insistiu em deixar de se matricular em Göttingen em artes liberais ou teologia para ingressar como um "estudante de filologia". (Foi também naquele ano que Adam Smith publicou seu *A riqueza das nações*.) O diretor do seminário de Göttingen, o famoso classicista Christian Gottlob Heyne, percebeu isso como um ato de exagerado orgulho, e Wolf nunca foi admitido como um membro formal. Mas ele se saiu muito melhor com Michaelis, cujo uso do Antigo Testamento para tirar proveito da cultura hebraica Wolf adaptou ao estudo da antiguidade clássica. Mas, diferentemente de Michaelis, Wolf decidiu que, em vez de suplementar texto com contexto — enviando arqueólogos para o Partenon, por exemplo —, mergulharia completamente nos mínimos detalhes dos próprios documentos.[20] Isso se harmonizava perfeitamente com a abordagem então ensinada no seminário de Göttingen: exigia poucos recursos monetários, nenhuma conexão com patronos reais, nenhuma inclinação para sair percorrendo o mundo. O método de Wolf podia ser praticado em qualquer lugar. Assim, quando a Prússia o atraiu para Halle em 1783, ele, de forma memorável, reintroduziu o seminário em seu local de origem. Funcionando entre 1787 e 1806, o seminário de Wolf treinou toda uma geração de classicistas. Sua mudança para a cidadela do pietismo sinalizou um triunfo para o renascimento neo-humanista grego que então tomara conta da literatura, da cultura e da arquitetura em toda a Alemanha.

Em Halle, Wolf levou o estudo ao ponto mais distante no passado e ao qual nunca se havia chegado: anterior ao latim de Cícero, anterior ao grego de Sócrates e mais para trás ainda, até chegar a Homero, que reconhecidamente representava a cultura helênica em seu espírito mais primitivo e em sua forma mais original e verdadeira. O livro de Wolf publicado em 1795, *Prolegômenos a Homero*, escandalizou os intelectuais

AS DISCIPLINAS

importantes ao argumentar que nunca poderemos possuir as versões originais dos épicos do bardo cego a quem chamamos Homero. Os textos que conhecemos como a *Ilíada* e a *Odisseia* eram, em vez disso, produtos de séculos de agregação de manuscritos. No melhor dos casos, podemos restaurar a edição compósita produzida pelos filologistas da Alexandria helenista. Mas, ao removerem as camadas de corrupções manuscritas acumuladas, argumentava Wolf, os estudiosos também podiam fazer algo melhor: reconstruir a cultura histórica da Grécia arcaica da qual descendem os poemas épicos.

Em seus objetivos, esse projeto claramente era devedor de Michaelis, mas, em seus métodos, Wolf substituiu o estudo etnográfico e naturalista do presente pela determinação de enfrentar a estranheza do passado. A imersão na história dependia, por sua vez, de outra percepção contraintuitiva, ou seja, de que centrar o foco da análise de textos nos erros, inconsistências e anacronismos produz algo mais precioso que o manuscrito "original". Esse método levou a novas descobertas — algo ainda melhor que restaurar um velho clássico. Assim, por exemplo, numa troca de correspondência em 1793, Wolf e seu colega Wilhelm von Humboldt, o futuro reformador educacional, discutiam se no Livro XII da *Ilíada*, na linha 257, a palavra κατεάξαμεν poderia ter sido erroneamente transcrita como κατεαξάμην nos documentos que chegaram até nós.[21] Duas simples mudanças de acentuação e vogal teriam alterado o significado de singular para plural e, desse modo, resultado em que um herói menor chamado Meriones teria lutado com uma escolta pessoal, e não sozinho. Seria necessário fazer uma comparação estonteantemente detalhada de palavras com a mesma desinência em outras partes do poema a fim de determinar com precisão quão individualista se presumia ter sido o herói homérico. Por que essa preocupação com um trabalho detetivesco tão pedante de investigação linguística? Porque ele revela detalhes de um mundo perdido, venerado como o padrão para todos os valores humanos. Se tal tarefa fosse realizada com cada palavra da *Ilíada*, poder-se-ia fazer a reconstituição daquele mundo, como num mosaico.

175

A REINVENÇÃO DO CONHECIMENTO

Ao pulverizar os textos dessa maneira, Wolf empenhou-se numa viagem mental muito mais profunda que qualquer viagem oceânica, e isso permitiu a ele e a seus discípulos o acesso intuitivo à língua falada que se ocultava por trás do texto escrito. Afinal de contas, Homero e seus contemporâneos eram rapsodistas que não podiam ler nem escrever. Mas foi justamente da linguagem usada por eles que brotou, mais tarde, o gênio grego. Como disse Humboldt: "Uma linguagem tão harmoniosa como a homérica tem que ter viajado durante muito tempo no ir e vir das ondas da canção, ao longo de eras das quais nenhum registro chegou até nós." A genialidade do grego, em outras palavras, predatava até mesmo Homero. "A linguagem é uma emanação involuntária da mente; não um trabalho de nações, mas uma dádiva que lhes é concedida por seu destino interior."[22] Disso se segue que o treino metódico, até mesmo mecânico, numa língua transmite ao estudante o espírito inerente a ela. Com suficiente empenho, disciplina e prática, qualquer noviço do seminário podia se converter num pensador crítico. Em vez de meramente imitar o gênio dos antigos, o estudioso podia agora beber diretamente da mesma fonte da qual ele brotara, a fonte primordial do que mais tarde veio a ser chamado de civilização ocidental.

Ao conceber um programa para a mente, os filólogos puderam finalmente afirmar que haviam aperfeiçoado o amplo, mas, em última instância, superficial autodidatismo divulgado pelos enciclopedistas. Era cada vez menor o número de consumidores de publicações — talvez somente Benjamin Franklin — que dispunham da autodisciplina necessária para fazer suas próprias contribuições à República das Letras. A pedagogia pietista transformou em coisa rotineira as frequentes leituras nas salas de aula, mas à custa de adotar uma disposição mental provinciana e sectária. O seminário de filologia clássico combinava o melhor dos dois mundos. Os estudantes de Wolf absorviam a mesma missão da República das Letras, moderna, secular e voltada para a pesquisa, exatamente por meio de um estudo meticuloso do grego antigo. Os métodos críticos de Wolf permitiam que eles se agregassem à cultura do povo que

AS DISCIPLINAS

havia inventado a filosofia. Indo além do que Cícero falou, além do que Jesus disse, além do que Homero cantou, a filologia revelava como as culturas pensam, coletiva e criativamente. Tendo adquirido habilidades para pensar criticamente por meio do estudo da linguagem, os adeptos da filologia podiam então atacar outros problemas — de fato, qualquer problema, conforme pensavam os neo-humanistas. O saber acadêmico havia finalmente substituído as escrituras como a fonte primordial do conhecimento humano.

ESPECIALIZAÇÃO: PANDITAS *VS.* PROFESSORES UNIVERSITÁRIOS

O seminário filológico havia sido gerado pela concorrência interestatal que levara Halle e Göttingen a disputar a primazia. No final do século XIX, as atividades da política acadêmica fariam da Alemanha a inquestionável líder mundial em toda uma série de especialidades aglutinadas ou moldadas por elas. Mas, antes que isso pudesse acontecer, a política real intrometeu-se de forma muito desagradável. Em 14 de julho de 1789, dois anos depois de Wolf fundar seu seminário, uma turba parisiense atacou a Bastilha, dando início à Revolução Francesa. Em 1792, a França se tornou a primeira nação a exportar a liberdade recorrendo às armas: marchou para leste e sudeste para libertar os alemães e os italianos de mesquinhas ditaduras. O herói das guerras italianas, Napoleão Bonaparte, coroou-se imperador dos franceses 12 anos mais tarde. À altura de 1806, ele havia derrotado a Alemanha na Batalha de Jena. A máquina militar prussiana, embora testada em batalha por Frederico, o Grande, foi estilhaçada, assim como o moral em todos os outros estados alemães. Receios de que estudantes desordeiros pudessem irromper numa rebelião política declarada levaram Napoleão a fechar a Universidade de Halle naquele mesmo ano. Wolf encontrou abrigo em Berlim, onde desfrutava de grande prestígio, mas nunca se recuperou inteiramente do trauma.

A REINVENÇÃO DO CONHECIMENTO

E o que aconteceu ao seminário? Tendo abandonado suas raízes religiosas, os discípulos de Wolf agora ocupavam um obscuro e solitário nicho na República das Letras. Os filólogos gregos bem poderiam ter sido varridos por modernos conquistadores e pelo "conhecimento útil" que esses valorizavam. De fato, a meio mundo de distância dali, essa era exatamente a ameaça que enfrentavam os panditas na Índia britânica. Devotos de outra língua antiga, o sânscrito, os panditas sofreram seu próprio encontro perturbador com os imperialistas vindos do Ocidente. Ainda assim, aproveitaram sua competência especializada e a transformaram em status, riqueza e influência como líderes de um renascimento nacional indiano. A compreensão de como isso aconteceu nos ajuda a explicar um evento milagroso na Europa: a proliferação de pesquisas acadêmicas especializadas que surgiram depois da conquista napoleônica e deram início à transformação da Alemanha em alvo da inveja do mundo.

Os sastras *depois de Serampore*

Na Índia, desde épocas clássicas, os panditas atuavam como guardiães do conhecimento sânscrito. Decidiam disputas legais, forneciam conselhos sábios a líderes políticos, compunham árvores genealógicas, aconselhavam patronos ricos sobre os procedimentos adequados em celebrações rituais e produziam conclusões eruditas sobre as várias regras e restrições associadas às castas hindus. Muitos panditas tinham suas próprias escolas, essencialmente seminários, onde eram reverenciados como gurus. Como brâmanes (a casta mais elevada), eram avessos a aceitar pagamento por seus serviços, fosse de estudantes ou de marajás reais. Aceitando, em vez disso, apenas doações "voluntárias" de dinheiro ou terra, os panditas tiraram proveito de seu saber fazendo política como conselheiros políticos, legais e espirituais. No entanto, ao final dos anos 1700, muitos haviam perdido seus escrúpulos, tornando-se o que, em inglês, ainda chamamos *pundits* (especialistas formadores de opinião na mídia), muito felizes por receber pagamento por suas opiniões especializadas.[23] Os agentes dessa transformação foram os ingleses, que, enquanto lutavam contra Napoleão, simultaneamente construíam um império no sul da Ásia.

Tradicionalmente, os panditas derivavam sua expertise de um ou mais *sastras*, que, em conjunto, constituíam o mais antigo sistema de disciplinas acadêmicas especializadas existentes no mundo. Esses tratados sânscritos abrangiam todos os domínios imagináveis da atividade ou da percepção humana. Campos familiares do saber, como gramática, lógica, astronomia, matemática e literatura, tinham seus equivalentes. Outros *sastras* ampliavam conceitos filosóficos nativos, como as ciências da obrigação (*dharma*, semelhante a lei), riqueza (*artha*, algo como economia política) e prazer (*kama*). Havia também trabalhos canônicos sobre muitos temas que não existiam na tradição europeia. Havia *sastras* que estabeleciam regras para criar elefantes, praticar ioga, cozinhar, ou, o mais famoso, fazer amor, cujas técnicas polimórficas são dissecadas pelo *Kamasutra* nos mais mínimos detalhes acadêmicos. Acreditava-se que os *sastras* davam uma orientação teórica abrangente para todas as contingências, dificuldades ou questões que pudessem surgir na prática humana. Como diz o *Kamasutra* a respeito dos sexualmente incompetentes, "o fato de que alguns que conhecem o *kamasastra* não sejam habilidosos na prática deve-se exclusivamente às suas falhas, não à falha do *sastra*".[24]

Originalmente, os *sastras* eram comentários e condensações selecionados dos Vedas, dos Upanishads e de outros conjuntos das escrituras sagradas antigas. Mas, durante séculos, a maior parte dessas "escrituras" não tinha forma escrita e, mesmo depois de ganhar essa forma (em perecíveis folhas de palmeira, usualmente), elas eram transmitidas, ensinadas, discutidas e debatidas oralmente. Os acólitos tinham que registrar perfeitamente longas passagens na memória. Abundantes aforismos (*sutras*) e vários truques mnemônicos e exercícios de recitação ajudavam, e para o mesmo serviam as espantosamente sistemáticas regras

A REINVENÇÃO DO CONHECIMENTO

métricas e gramaticais do sânscrito. Os panditas também endossavam — e se beneficiavam com — a disseminada crença cultural de que a emissão de sons (como mantras e fórmulas mágicas) continha o poder de relevar o mundo à compreensão e mesmo controlá-lo. Assim, eles exibiam uma agilidade verbal desconhecida em qualquer outra tradição intelectual do mundo, engajando-se em debates (*sastrarthas*) que frequentemente atraíam centenas de espectadores. Essa ênfase extremada na oralidade engendrou especializações desde tempos muito remotos. Sem nenhum repositório de escrituras canônicas em forma escrita fixa, como o Alcorão, a Bíblia ou os clássicos confucianos nos quais se apoiar e aos quais recorrer, cada pandita necessariamente se especializava em conjuntos específicos dessa tradição textual, como parte de um esforço coletivo para transmitir oralmente o ensinamento sânscrito.[25]

O épico *Mahabarata* descreve os *sastras* como compostos por Brahma, o Criador, há muitos milênios, progressivamente resumidos e fragmentados à medida que as vidas dos homens encurtaram e suas capacidades se deterioraram.[26] Teoricamente, os *sastras* continuaram a participar da divindade. Um escritor inglês observou como "os hindus deificaram seus *sastras*", adorando livros como ídolos, perfumando-os e adornando-os com guirlandas.[27] Mas, mesmo então, eles não eram textos estagnados, passivamente recebidos, reverentemente não modificados. Os panditas sempre podiam "revisá-los", alegando que, movidos pela inspiração divina, deviam revelar as verdades eternas *faladas* que estavam sendo inadequadamente preservadas nos manuscritos distribuídos. A fim de dissimular tais inovações, panditas sagazes recorriam à autoridade conferida pela antiguidade e usavam sua expertise nos textos para cobrir a distância entre o passado e o presente, e não acentuá-la, como fizeram os filólogos europeus.[28] Em áreas críticas como o direito, o considerável espaço de manobra de que dispunham os panditas permitiu que variações regionais e costumes locais coexistissem dentro de um vasto universo mental governado, em todas as partes, pela primazia do idioma sânscrito.[29] O arsenal de *sastras* era um aspecto essencial da diversidade indiana.

AS DISCIPLINAS

Dois acontecimentos conspiraram para alterar a posição dos panditas no final dos anos 1700. Primeiro, os ingleses criaram um enorme mercado novo para seus serviços de consultores, tirando os panditas das áreas rurais, levando-os para Calcutá, Benares e outros centros e liberando-os daquela tradicional aversão ao recebimento de salários. Em 1772, quando o governador de Bengala, Warren Hastings, decidiu governar os súditos britânicos hindus de acordo com a lei local, o *dharmasastra*, os juízes ingleses receberam instruções para contratar panditas nativos, os únicos que possuíam o conhecimento necessário para desenredar complexas ações judiciais relativas a questões mundanas como disputas de herança e propriedades. Mais tarde, o governador Richard Wellesley (cujo irmão Arthur derrotaria Napoleão na Batalha de Waterloo) achou que os administradores britânicos deveriam aprender os idiomas da Índia para que pudessem amar — e governar — o país. Em 1800, ele fundou a Faculdade Fort William para atrair os jovens escriturários que desembarcavam da Inglaterra: queria tirá-los dos bordeis e covis de narguilé de Calcutá e levá-los para as salas de aula. Os panditas nativos equiparavam-se aos filólogos europeus, que utilizavam nos textos indianos os mesmos métodos crítico-históricos que Wolf havia aplicado aos de Homero na Alemanha.* Muitos panditas, por sua vez, responderam com "restaurações" criativas de textos "antigos". Num tratado de espiritualidade tântrica possivelmente forjado, os argumentos contra a autoimolação de viúvas (*sati*) e a favor de casamentos entre castas, bem como uma imagem "amenizada" da deusa-guerreira Kali e um tratamento eufemístico do sexo tântrico denunciam a sutil infiltração de costumes europeus.[30]

Segundo, missionários batistas desencadearam uma revolução na mídia com a abertura da primeira gráfica indiana em 1800. Inicialmente,

---

*Foi um juiz da Suprema Corte de Calcutá, sir William Jones, que fez a fantástica descoberta de que o sânscrito tinha raízes comuns com o grego e o latim e suplantava aqueles dois idiomas em perfeição e refinamento. A família de idiomas indo-europeus, a maior do mundo, estende-se do Irã, passando por grande parte do sul da Ásia e da Europa até suas colônias nas Américas e mais além.

A REINVENÇÃO DO CONHECIMENTO

as autoridades britânicas haviam banido os missionários, temendo uma reação adversa de hindus e muçulmanos contra seu proselitismo. Assim, eles instalaram a gráfica na colônia dinamarquesa de Serampore, a 80 quilômetros de Calcutá rio acima. Ecoando os pietistas de Francke, os batistas estabeleceram um império editorial ali. Durante as três décadas seguintes, a gráfica da Missão Serampore imprimiu 212 mil livros em quarenta idiomas diferentes. Trinta traduções da Bíblia, preparadas de modo um tanto apressado, disseminaram o evangelho em línguas indianas. Num espírito clarividente, cosmopolita, os missionários também traduziram nos dialetos locais muitos trabalhos hindus eruditos e literários, notadamente o *Ramayana* e o *Bhagavad Gita*. Finalmente, os batistas abriram escolas primárias, 103 delas somente nos anos 1816-1817, que atendiam a quase 7 mil alunos. Junto com os materiais impressos, pensaram eles, a escolarização em massa derrubaria o monopólio dos panditas sobre as cópias manuscritas dos *sastras* e destruiria a sagrada relação guru-discípulo que mantinha a educação exclusivamente nas mãos dos brâmanes cultos. Em seu julgamento autocongratulatório, os missionários acreditavam que "as pessoas comuns estão quase imperceptivelmente adquirindo posições e importância na *república das letras*, algo que lhes havia sido negado pelos fundadores de sua religião e de suas instituições".[31]

Muitos panditas reagiram, retirando-se para uma amarga obsolescência. Mas aqueles mais empreendedores entregaram-se inteiramente à nova mídia impressa. Publicaram poesias e textos devocionais e fundaram jornais de orientação reformista destinados ao público leitor bengali. Chegou a 26 o número desses periódicos criados entre 1820 e 1835. Raja Rammohan Ray (1772-1883), um pandita de Calcutá mais tarde apelidado de "o fundador da Índia moderna", reexaminou os Upanishads e outras escrituras antigas para condenar o *sati*. Seu livro *Sociedade de um só Deus* (*Brahmo Samaj*) buscava restaurar o hinduísmo antigo, unitário, não politeísta que, a seu ver, as escrituras revelavam. Tempos depois, Isvarcandra Vidyasagar (1820-1891), um professor da

182

AS DISCIPLINAS

Sanskrit College (fundada em 1824), fez uma campanha bem-sucedida para garantir às viúvas o direito de um novo casamento. Seus populares livros escolares misturavam preceitos extraídos da *nitisastra* (a ciência da conduta sábia) e moralidade vitoriana. Com isso, tornou-se alvo da zombaria das pantomimas nas ruas de Calcutá, que o reprovavam por haver introduzido a palavra "obscenidade" no idioma bengali.[32]

Panditas indianos ocidentalizados como esses acabaram vendo a cultura inglesa como uma fonte de "conhecimentos úteis". Ganhando uma mobilidade ascendente pelo acesso a uma prestigiosa língua não nativa — bem parecido com o caso dos classicistas alemães —, eles deflagraram uma Renascença bengali que virou de cabeça para baixo a percepção indiana de seu passado histórico e de sua herança textual. No processo, o que foi sacrificado foram as formas multisseculares de partilhar e transmitir conhecimentos. Panditas ambiciosos haviam mudado suas áreas de atuação, passando da especialização em práticas humanas específicas (direito, sexo, alimentação) direcionadas a determinadas clientelas para atividades abrangentes de caráter moral, espiritual ou social e (à época de Gandhi) voltadas para a reforma política, direcionadas ao público letrado em geral.

Patrocínio estatal, atividade missionária e cultura impressa: em Bengala, isso significou o declínio e a dissolução dos *sastras* e induziu os panditas a criar uma esfera pública que forneceu a base do nacionalismo indiano. Essas mesmas forças fizeram surgir o seminário de filologia na Alemanha. Por que, então, a Europa teria experimentado uma nova fragmentação do conhecimento durante aqueles anos? A explicação é simples: o sânscrito era uma língua viva, e o grego, uma língua morta. Os que seguiam a primeira tradição puderam simplesmente transpor seu ativismo para um novo meio de influência; os que seguiam a outra foram forçados a buscar novas fronteiras para continuar seus estudos puramente acadêmicos. Diferentemente dos *sastras*, a filologia e as disciplinas dela derivadas careciam de qualquer componente prático, aplicado. Seus objetivos e métodos de pesquisa não pretendiam ter

A REINVENÇÃO DO CONHECIMENTO

nenhuma autoridade sobre questões humanas que estivessem além do agitado púlpito da universidade; não havia nenhuma ambição de guiar ou governar a alimentação ou o sexo, a política ou a salvação. Os professores universitários ainda evitam o engajamento mundano buscado pelos panditas (e, hoje, pelos *pundits*). Eles transacionam exclusivamente no mercado de ideias. Nenhum vínculo com o mundo maior impede que se especializem em questões cada vez mais intrigantes, esotéricas, de acordo com suas inclinações e preferências. Dessa forma, os fundadores de novas disciplinas acabaram concretizando a previsão de Adam Smith de que as forças de mercado gerariam uma divisão do trabalho intelectual. Tudo o que estava faltando no início dos anos 1800 era uma fonte de demanda para seus serviços puramente educacionais — algo que em breve seria propiciado pela escolarização em massa.

Publique ou pereça: o mercado nacional de ideias

O primeiro sistema de educação pública universal patrocinado pelo Estado, sequenciado e integrado foi criado na Prússia de acordo com a concepção de um de seus mais importantes neo-humanistas, o aristocrata Wilhelm von Humboldt (1767-1835). Educado em Göttingen e tendo Wolf como mentor, Humboldt foi um diplomata experiente, fundador da linguística e especialista em sânscrito; ele estava entre os pouquíssimos aristocratas intelectuais da Alemanha (ao lado de seu irmão Alexander, que conheceremos no próximo capítulo). No entanto, Wilhelm também era um revolucionário acidental. Lotado em Roma como embaixador perante o papa, Humboldt relutou em deixar a Cidade Eterna quando convocado a Berlim em 1808. As amenas obrigações que o posto exigia lhe haviam deixado bastante tempo livre para estudar o mundo antigo que o cercava de ruínas. Além disso, sua esposa, Caroline, estava grávida, e ela e suas filhas teriam que ser deixadas na Itália durante o que viria a ser uma separação de dois anos. Mas, depois da humilhante derrota da Prússia em Jena, Humboldt sentiu o chamado do patriotismo e foi

184

AS DISCIPLINAS

arrebatado pela ambição. Enquanto Caroline permanecia em Roma para presidir um ativo círculo de artistas e antiquários, Wilhelm cruzou os Alpes em direção à Alemanha, onde era ansiosamente aguardado.[33]

Um favorito pessoal da família real, relata-se que o próprio rei incumbiu Humboldt da tarefa de "substituir com poderes espirituais o que perdemos em poderes materiais" em consequência da tomada de territórios prussianos por Napoleão. Recebendo um mandato aberto como ministro da cultura e da educação, Humboldt decidiu tornar amplamente disponíveis para outros os benefícios de seus próprios conhecimentos e de sua todo-abrangente bagagem intelectual. Perplexo, escreveu a Caroline que "as pessoas agem como se, sem mim, ninguém na Prússia fosse conseguir ler nem escrever".[34] Embarcando numa extensa renovação do sistema escolar prussiano, ele atualizou o projeto educacional de Francke, adaptando-o a uma era mais secular. As 30 mil escolas primárias criadas ou reformadas na primeira metade do século XIX garantiram a educação obrigatória universal como uma responsabilidade pública do Estado. E, para substituir Halle, Humboldt fundou em Berlim a que hoje é reconhecida como a primeira universidade de pesquisas do mundo. Mas as escolas secundárias de elite, os ginásios, constituíam o sustentáculo de seu sistema; somente com essa instituição intermediária funcionando seria possível desenvolver um mercado de educação superior.

A filologia de Wolf poderia ter se tornado uma nota de rodapé na história do conhecimento acadêmico, não fosse o reconhecimento de Humboldt de que ela era útil para manter a coesão de um Estado derrotado. O famoso regime de instrutores concebido por Frederico, o Grande havia se revelado vulnerável e frágil diante dos invasores franceses. Os ginásios neo-humanistas forneceram o remédio, conferindo a uma nova elite prussiana uma educação clássica abrangente centrada no latim e no grego e que incluía, além de línguas modernas e matemática, algo de religião e, notadamente, pouca ciência. Em nenhuma outra parte um currículo como esse era mais útil que na Alemanha,

A REINVENÇÃO DO CONHECIMENTO

o berço da Reforma, dividida entre protestantes e católicos. A Prússia luterana, em particular, governada por calvinistas, havia absorvido milhões de novos súditos católicos na Silésia e na Renânia no período entre a ascensão de Frederico, o Grande, e a queda de Napoleão. O neo-humanismo fornecia as matérias-primas ideológicas para construir uma cultura nacional integrada. Servindo para curar a mesma divisão religiosa que havia dado origem à República das Letras, a veneração à cultura ocidental se tornaria a nova religião da modernidade. Houve uma súbita demanda por professores ginasiais, vistos como as tropas de choque do conhecimento secular, agora transmitido na sala de aula, e não do púlpito. As reformas empreendidas por Humboldt transformaram cada uma dessas escolas num seminário júnior de filologia — um viveiro de pensadores flexíveis, adaptáveis, críticos e capacitados para servir ao Estado como funcionários públicos ou profissionais privados.

O ginásio também prescrevia uma senda ascendente para qualquer um que quisesse avançar. O domínio de seu currículo tornou-se a principal exigência para admissão na Universidade de Berlim e, cada vez mais, nas suas concorrentes. Com uma base de filologia clássica, os estudantes podiam conseguir uma especialização universitária no âmbito do todo-abrangente campo da "filosofia'. A filosofia fazia sua entrada em cena no ponto em que a filologia havia saído. A antiga faculdade de artes liberais foi formalmente rebatizada como faculdade de filosofia, e um novo grau, o Ph.D., disseminou-se pelas universidades alemãs nos anos 1800 — e continua sendo, ainda hoje, a mais alta credencial profissional em todas as disciplinas: professores universitários de física, antropologia e literatura russa são todos *Philosophiae Doctor*.

Uma geração de pensadores alemães transformou a filosofia numa metodologia superior usada para arbitrar descobertas empíricas em todos os campos do conhecimento. Não apenas isso — eles transformaram a filosofia numa coisa chique. Immanuel Kant, o elegante solteirão, calmamente demoliu o direito, a medicina e a teologia como meras ocupações práticas, enaltecendo justamente a inutilidade da filosofia

AS DISCIPLINAS

por suas ilimitadas liberdades intelectuais.[35] Quando dava aulas, G.W.F. Hegel tossia, gaguejava, cheirava rapé, fazia uma pausa para folhear suas anotações, às vezes fechava os olhos durante minutos e agitava as mãos espasmodicamente. No entanto, tornou-se tão popular, por ser "profundo", que logo as anotações dos alunos feitas durante suas aulas começaram a circular no mercado negro de Berlim.[36] Mas, entre os filósofos, foi Johann Gottlieb Fichte, o primeiro reitor da Universidade de Berlim, quem explicitamente ligou a oferta de educação de massa ao arrebatamento das ambições nacionais alemãs.

Fichte havia chegado à proeminência em Jena na década de 1790, mesmerizando seus estudantes alcoólatras, sempre prontos para uma baderna, com ruminações abstratas sobre a diferença entre o "eu" e o "não-eu". Os ouvintes faziam filas nas portas, subiam em mesas e bancos e "nas cabeças uns dos outros" para assistir a suas aulas das noites de sexta-feira sobre "Moralidade para intelectuais". Um observador o chamou de "Bonaparte da filosofia", pois era baixo, forte e combativo; outro contava como ele havia entrado no salão de conferências vindo diretamente de uma vigorosa corrida a cavalo, exibindo chicote, botas, esporas e tudo o mais.[37] Fichte não era um homem humilde. Ele havia iniciado a vida escrevendo livros como *Uma tentativa de crítica a toda revelação, Sobre a dignidade humana* e o modestamente intitulado *Bases de toda a teoria do conhecimento*. Mas, numa repetição da controvérsia de Christian Wolff, foi acusado de ateísmo e forçado a abandonar Jena e ir para Berlim em 1800. Ali ele encontrou seu destino em 1807 e 1808, depois da derrota da Prússia, quando começou a pronunciar diversas "Mensagens à nação alemã" perante uma ampla audiência. Nelas, ele argumentava que a Alemanha, acima de outras nações, tinha a missão especial de redimir a humanidade. Mas, havendo se provado excessivamente pusilânimes para resistir aos conquistadores franceses, os alemães precisavam primeiro se reeducar para desenvolver seu próprio espírito nacional, tal como haviam feito os gregos. Fichte esboçou um programa de educação nacional que começava na infância. Culminava com uma

A REINVENÇÃO DO CONHECIMENTO

academia de elite que ele vislumbrava como um acampamento militar no estilo platônico, completado com uniformes e consagrado à tarefa de preparar meninos pobres, agraciados com bolsas de estudo, para se tornar reis-filósofos.[38]

Seria demais esperar que a Prússia realmente pudesse substituir sua elite aristocrata pelos discípulos de Fichte. Em vez disso, os que se formavam na universidade eram deixados à mercê do livre mercado. Muitos Ph.Ds. alemães simplesmente se tornaram professores ginasiais. Aqueles que queriam ser professores universitários tornaram-se *Privatdozenten*, ou seja, docentes "privados". Isso significava que um Ph.D. recém-formado podia pedir uma licença para ensinar na universidade de sua escolha, e então seus cursos seriam listados no catálogo de cursos oferecidos. Começando com Berlim, muitas universidades ofereciam auditórios aquecidos para esses acadêmicos ambulantes que, até então, davam aulas em seus próprios apartamentos ou em salas alugadas.[39] No entanto, os *Privatdozenten* tinham que viver dos pagamentos de aulas feitos diretamente pelos estudantes, sem praticamente nenhum salário do Estado. Isso funcionou como um incentivo, tornando-os responsivos à demanda dos estudantes e encorajando uma concorrência saudável para o preenchimento das vagas. Um jovem acadêmico podia até mesmo aparecer numa universidade e marcar suas aulas para coincidirem com as de um professor sênior rival, como o desafortunado filósofo Arthur Schopenhauer tentou fazer com Hegel, mas falhou.[40] Apenas uns poucos felizardos, com os talentos certos, a política certa e muita atividade política, poderiam adquirir uma cadeira universitária "extraordinária" e, depois, uma "ordinária". Essas posições, muito raras, lhes conferiam o direito a salários pagos pelo Estado e o status social divinizado do qual os professores universitários alemães viriam a desfrutar.

Os inúmeros que eram refugados pelo sistema juntavam-se a um crescente "proletariado acadêmico" que os contemporâneos comparavam a artistas esfomeados ou trupes de comediantes ambulantes.[41] A única maneira de avançar na carreira era publicando. Diferentemente

AS DISCIPLINAS

de preletores que tinham a reputação de bons professores e cuja fama se espalhava além dos limites do campus somente nos casos mais excepcionais, a produção erudita impressa atuava como um cartão de visitas para o intelectual profissional. Hegel garantiu sua cadeira em Berlim escrevendo livros com títulos enigmáticos como *A fenomenologia do espírito*, que ele terminou em Jena em 1806, escapando da cidade quando os exércitos de Napoleão estavam literalmente à sua porta. Monografias e publicações especializadas, como a *Revista Crítica de Filosofia* de Hegel, criavam uma indústria de publicações mantida por acadêmicos e dirigida a especialistas acadêmicos. Desse modo, um mercado fundamentalmente artificial para matérias impressas tornou-se o meio preferido para um acadêmico ganhar visibilidade no âmbito nacional, fora da instituição onde trabalhava, e receber um convite de uma universidade rival.

Empreendedores que tivessem uma inclinação para o risco poderiam, é claro, arriscar a sorte com atividades editoriais que visassem ao lucro. Essa foi a carreira escolhida, bastante ironicamente, pelo dr. Karl Marx, o cofundador do comunismo. Marx começou como um acadêmico típico, escrevendo uma dissertação sobre a filosofia natural grega para a Universidade de Berlim. Mas sua atividade política o empurrou para fora da elite conservadora de Berlim — ele era um hegeliano "de esquerda", em vez de um hegeliano "de direita" —, de modo que candidatou sua dissertação ao doutorado na Universidade de Jena. Depois disso, passou diversos anos em Paris, Bruxelas e na Renânia, ganhando notoriedade como editor e colaborador de uma série de jornais radicais. Conflitos com censores e acionistas impediram que seus escritos produzissem dinheiro, mas Marx logo encontrou um novo investidor em Friedrich Engels, o filho de um industrial rico, que se tornou seu colaborador intelectual. Engels subsidiou a vida de Marx no exílio em Londres, onde os dois desenvolveram sua análise do capitalismo e foram testemunhas oculares de seus custos humanos. Marx sempre havia mostrado uma profunda percepção da inferioridade da Alemanha como nação, quando

A REINVENÇÃO DO CONHECIMENTO

comparada às usinas industriais que eram a Inglaterra e a França. Ele uma vez escreveu que "os alemães têm *pensado* na área política o que outras nações têm *feito*".[42] Ele estava certo a respeito do intelectualismo alemão, mas num sentido diferente: enquanto os Oliver Twists e os David Copperfields reais* perambulavam pelas ruas da Londres vista por Marx, as crianças em sua terra natal já estavam intensamente envolvidas nos primeiros jardins de infância existentes — uma instituição criada na década de 1840 pelo pedagogo alemão Friedrich Fröbel.

Abarcando todos os níveis, do jardim de infância até Kant, a educação pública espalhou-se por toda a Alemanha na primeira metade do século XIX, gerando uma concorrência saudável entre os vários estados daquela nação ainda desunida. A rivalidade entre eles levou diretamente ao surgimento das disciplinas especializadas. Após 1816, Berlim passou a exigir que os novos Ph.Ds. indicassem quais eram, exatamente, entre os vários ramos da "filosofia", aqueles que pretendiam lecionar.[43] Essa data é adequada para indicar o ponto no qual os acadêmicos profissionais foram obrigados a deixar de lado suas inclinações generalistas, mas o ímpeto real veio da concorrência entre universidades rivais ansiosas por imitar e superar Berlim. Operando num mercado de trabalho nacional limitado somente pela cobertura geográfica da língua alemã, os ministros da Cultura de cada Estado entraram numa disputa para ver quem conseguiria atrair os melhores professores para suas respectivas instituições. Cada universidade tinha apenas uma cadeira por disciplina. Mas, como já existiam tantas universidades funcionando na Alemanha, os acadêmicos podiam jogar umas contra as outras em proveito próprio. Uma estrela acadêmica que desejasse se transformar num produto disputado podia até mesmo conseguir que fosse criada uma nova cadeira em seu campo predileto. O polímata Hermann Helmholtz seguiu esse trajeto, saindo do estudo da filosofia em Berlim para ocupar uma cadeira de fisiologia em Königsberg. O mentor de

---

*Personagens jovens e pobres de dois romances de Charles Dickens com esses mesmos nomes, respectivamente de 1839 e 1850. [*N. da T.*]

AS DISCIPLINAS

Helmholtz havia migrado da teologia em Berlim para a filosofia em Göttingen. E seu próprio aluno, Wilhelm Wundt, saltou da fisiologia para a psicologia experimental, uma nova disciplina que ele conseguiu encaixar na faculdade de filosofia de Leipzig.[44]

Adquirindo uma cadeira desse modo, um professor podia garantir seu sucesso pessoal, mas garantir a disseminação de novas disciplinas exigia um local no qual os acólitos pudessem ser treinados. Na década de 1820, o seminário havia se tornado o meio favorito à disposição dos catedráticos que queriam instruir os Ph.Ds. em seus próprios métodos de estudo e saber. Assim, a agenda pessoal de pesquisa de um homem podia fornecer as bases para o estabelecimento de um novo campo de estudo. Havia, seguramente, alguns falsos começos. Os primeiros seminários de ciência natural fundados em Bonn e Königsberg desapareceram de todo ou produziram melhores professores que pesquisadores originais. O sucesso duradouro nas ciências naturais requeria, além do seminário, a instituição do laboratório (discutida no próximo capítulo). E as artes liberais — que, como as ciências, envolvem desempenhos concretos, por natureza — floresciam em academias e museus, não em universidades. Como disciplinas, elas se desenvolveram em volta de interpretações textuais baseadas em seminários: em vez de arte, história da arte; em vez de música, musicologia; em vez de poesia ou ficção, crítica literária. O sucesso mais rápido acontecia em campos cujos métodos brotavam diretamente da cultura filológica baseada na leitura minuciosa, transmitida nos ginásios: filologia propriamente dita, história, filosofia, direito, teologia e até matemática.[45] Os irmãos Grimm, por exemplo, como filólogos de Göttingen, encontraram nos contos populares alemães um equivalente nativo do espírito de Homero, inaugurando assim o folclore.

Um novo tipo de sociabilidade masculina cristalizou-se no seminário, onde o impulso de conquista foi deslocado: ao invés de se voltar contra outros homens, passou a concentrar-se no objeto de investigação. Leopold von Ranke (1795-1886), considerado o fundador da disciplina de história, é uma excelente ilustração disso. Ranke adquiriu fama

A REINVENÇÃO DO CONHECIMENTO

pública e profissiona. em Berlim ao transformar a detalhada análise documental num fetiche. Suas fontes prediletas eram as *relazioni* produzidas pelos primeiros embaixadores venezianos modernos, relatos de eventos diplomáticos ou de guerra produzidos por testemunhas oculares em linguagem muito mais rica que a dos insípidos relatórios oficiais.[46] Como escreveu Ranke a respeito de algo que descobrira num arquivo, "Ontem, tive um doce encontro apaixonado, magnífico, com o objeto de meu amor, uma bela italiana" — não se tratava de uma *signorina*, mas de uma caixa repleta de papéis mofados —, "e espero que produzamos um belo prodígio romano-alemão" (uma obra intelectual!). Depois de um surto de trabalho que o manteve até altas horas na escrivaninha, Ranke escreveu: "Acordei ao meio-dia, completamente exausto."[47]

Da mesma forma, o combate ritualizado das disputas verbais abelardianas deu lugar, no seminário de Ranke, a uma atmosfera de cooperação, camaradagem, fraternidade e vínculos masculinos. A prática de basear-se na espontaneidade verbal para produzir novos *insights*, em tempo real, remeteu as disciplinas modernas aos simpósios dos filósofos atenienses. O seminário de Ranke não tinha estatutos formais e não recebia nenhum financiamento do Estado; as aulas eram dadas em seu apartamento em Berlim. O importante era a intimidade da relação mestre-discípulo, a reverência dos acadêmicos pelo *Doktorvater*, ou "doutor-pai". Essa relação ajudou a criar a personalidade acadêmica "disciplinada", cada discípulo se apropriando de sua parte na herança familiar. Tais constelações de acólitos marcam uma mudança decisiva no que seria o propósito final da vocação acadêmica: da todo-abrangência humboldtiana à especialização moderna. A primeira valoriza o cultivo moral-intelectual, enquanto a outra enfatiza o rigor sistemático. Os acadêmicos produzidos pelas disciplinas ganhavam distinção como resultado da profundidade, e não da amplitude. Diferentemente dos intelectos enciclopédicos da República das Letras, estavam dispostos a investir suas energias em campos de conhecimento cada vez mais

AS DISCIPLINAS

estreitos — e eram generosamente premiados por isso, com salários mais altos e os aplausos de seus companheiros.

Quase 10 mil norte-americanos estudaram na Alemanha durante os anos 1800, prova de que outra nação em desenvolvimento também ouvia o mesmo apelo neo-humanista. Ao retornar, eles semearam a renovação e a disseminação da educação nos Estados Unidos. Entre eles estavam os fundadores da Johns Hopkins, a primeira faculdade dos Estados Unidos, e os reformadores que transformaram Harvard, de uma faculdade regional, no que é hoje a mais rica universidade do mundo. Com o apoio do governo federal, inúmeras universidades *land-grant** foram abertas no Centro-Oeste americano e em outras partes. Walter Prescott Webb, um devoto seguidor de Leopold von Ranke, levou para o Texas sua paixão pelos arquivos, investigando "a significância histórica da pistola de seis balas". Para ele, o líder de um seminário era como o líder de uma expedição; seus integrantes eram "mateiros, observadores, caçadores e batedores"; a biblioteca era uma "alta montanha", e a mesa do seminário era "a fogueira em torno da qual o grupo se junta e cada um dos integrantes faz seu relato".[48]

Por mais tênue que seja seu eco na árida escrita acadêmica de nossos dias, o espírito de fronteira continua vivo na instituição da disciplina acadêmica. Para se acrescentar algo à enciclopédia do conhecimento, requer-se mais que a dedicação e os cálculos dos sérios homens de negócio de Adam Smith. Requer-se a paixão nascida de um impulso missionário e transferida para o chamado da pesquisa especializada. Os humanistas seculares foram os primeiros a roubar o fogo do evangelismo protestante dessa maneira, e foram eles os primeiros a fazer da produção de pesquisas uma tarefa essencial da universidade moderna. Mas eles não teriam prosperado se não fosse sua utilidade para outro movimento quase-religioso: o nacionalismo do século XIX. A cultura nacional ainda define a missão das universidades de pesquisa, e, em todos os países, os

---

Land-grant universities: instituições beneficiárias de uma lei de 1862 (Morrill Act) que concedia terras federais aos estados para o estabelecimento de faculdades e universidades. [*N. da T.*]

193

professores atuam como seus agentes.[49] Eles falam o idioma nacional — alemão, inglês ou francês, por exemplo, e não o latim internacional da República das Letras — e dão a ele uma substância intelectual. Movidos pela busca de trabalho em nichos de mercado onde possam encaixar suas várias especialidades, transferem-se de um lugar a outro e traçam, coletivamente, as fronteiras de regiões culturais nacionais. Os professores universitários levam às províncias a cultura superior, dando àquelas com um horizonte meramente local um sentimento mais amplo de pertencimento e de participação em redes nacionais maiores, redes essas que os acadêmicos conhecem de primeira mão em suas viagens. Ao trazer o arsenal de conhecimento a públicos ávidos de educação, as disciplinas realizaram o que havia sido o sonho do Iluminismo desde o início: alcançar as massas.

6

O Laboratório

1770–1970

O LABORATÓRIO DELIMITAVA, FISICAMENTE, UM DOMÍNIO DE FATOS
OBJETIVOS, E A EXPANSÃO DE SEUS MÉTODOS PARA ESPAÇOS PÚBLICOS
E PRIVADOS CADA VEZ MAIS AMPLOS ESTENDEU O CAMPO DOS
ESPECIALISTAS CIENTÍFICOS.

UM FASCINANTE ENTRELAÇAMENTO de amor e ciência adorna a
história do laboratório nos primórdios da física nuclear, por volta de 1900.
Em 1894, Marie Sklodowska (1867-1934) conheceu Pierre Curie num chá
em Paris. Nove anos depois, já casados, Pierre e Marie Curie partilharam
um Prêmio Nobel de física com Henri Becquerel. (Depois da trágica morte
de Pierre, atropelado por uma carruagem em 1906, Marie ganhou um
segundo Nobel, em 1911.) Marie passou sua vida de casada dividindo-se
entre o trabalho científico e as obrigações domésticas, bombardeando
núcleos num momento, trocando fraldas em outro. Ela se referia ao
rádio como seu terceiro filho, depois das filhas Irène e Eve. Somente
por fundirem a vida doméstica com a do trabalho, sacrificando a arrumação da casa às demandas de suas carreiras duplas, puderam Marie
e Pierre encontrar tempo para sondar os mistérios da radioatividade.[1]
Mas o que faltava à família Curie em termos de confortos burgueses
era compensado pelo fato de o laboratório funcionar também como um
"caldo de cultura" para cientistas de ponta: Irène Curie conheceu seu
marido, Frederick Joliot, quando ele se filiou ao Instituto do Rádio, de
Marie, em 1925, e o casal recebeu seu próprio Prêmio Nobel uma década
mais tarde. Do mesmo modo, a filha dos dois, Hélène, conheceu seu
futuro marido, Michel Langevin, no laboratório de física Curie-Joliot.
(Michel era neto de Paul Langevin, antigo amor de Marie e, mais tarde,
mentor profissional de Juliot.)

A REINVENÇÃO DO CONHECIMENTO

Dinastias científicas e casamentos entre acadêmicos não são coisas desconhecidas na história europeia. O que fez dos Curies uma novidade foi que agora as mulheres estavam quase no mesmo patamar que seus maridos. Muitas vezes, pensamos nas ciências exatas como um terreno essencialmente masculino, mas, depois que as mulheres passaram a ser admitidas nas universidades no final do século XIX, elas alcançaram seus primeiros sucessos acadêmicos notáveis em campos como física e química, não literatura, história ou filosofia. Os Curies não eram uma anomalia; outras figuras femininas, como Lise Meitner (uma pioneira na fissão nuclear) e Mileva Maric (a esposa de Einstein), ganharam acesso às cidadelas da academia masculina através dos portais do laboratório de ciência. No ambiente dos laboratórios, uma mulher podia passar de companheira a limpadora de tubos de ensaio e a pesquisadora principal usando uma combinação de ambição e talento, trabalho e dedicação. Irène Curie-Joliot fez exatamente isso (ainda que ajudada por uma considerável complacência da chefe) como jovem assistente no laboratório de sua mãe.[2]

Cientistas famosas, por poucas que sejam, ilustram o profundo desafio que a técnica científica representa para as humanidades tradicionais. O sucesso do laboratório científico é um fato objetivo. Mesmo mulheres "pouco qualificadas" podiam, depois que dominavam o aparato experimental, produzir resultados tangíveis com a manipulação do mundo natural. Pesquisadores instalados na cultura exclusivamente masculina do seminário filológico poderiam opor-se à incursão de "meras técnicas", mas, em determinado momento, tiveram que reconhecer o espantoso sucesso dos métodos de laboratório. De certo modo, a possibilidade de ascensão para as mulheres foi programada numa instituição que teve sua origem no início do período moderno, nos recintos privados de famílias ricas e nas oficinas de artesãos de classe média.[3] Casa, trabalho e escola se superpunham nas residências pré-modernas, tal como puderam fazê-lo no laboratório moderno.

O LABORATÓRIO

Assim, como um espaço físico, o laboratório contrabandeou técnicas artesanais, ou uma espécie de conhecimento informal, para o âmbito das disciplinas acadêmicas formais. Cientistas de laboratório, depois de aprender a controlar a natureza entre as quatro paredes de seus domínios experimentais, utilizaram seus métodos para mudar a maneira como as pessoas viviam nas casas, nos bairros e mesmo em países inteiros. Os cientistas sociais estavam igualmente ávidos para tratar o mundo como um laboratório. Enquanto o laboratório científico perpetuava aspectos da vida familiar pré-industrial, as ciências sociais se uniam para estudar os novos espaços da modernidade industrial. A era do vapor e do aço transformou o panorama físico e humano, jogando as pessoas em imensas aglomerações urbanas e industriais que se tornaram locais de experimentação deliberada. Dado que as ciências sociais envolviam pessoas, essas disciplinas tinham que enfrentar obstáculos especiais em sua busca pelo "fato" científico. Ainda assim, sua generalizada influência nos locais de trabalho, nas escolas e nas casas do mundo moderno ilustra, visivelmente, como os protocolos de objetividade gerados no confinamento do laboratório se expandiram para conquistar o mundo externo.

OS ESPAÇOS DA CIÊNCIA DE LABORATÓRIO

Diversas características familiares da ciência de laboratório a distinguem como um tipo de especialidade intelectual fundamentalmente novo. Em primeiro lugar, a ciência de laboratório produz resultados que podem ser reproduzidos à vontade, num ambiente controlado, contido e previsível; eles não são maravilhas, nem milagres, nem mágica. Em segundo, as leis dela derivadas são universalmente aplicáveis no tempo e no espaço. A lei universal dos gases, $PV=nRT$, é verdadeira onde quer que você esteja e tão válida hoje quanto daqui a um milênio.* Em ter-

---

*Grosso modo, essa lei prediz que, aumentando a temperatura (T) de uma dada quantidade (n) de gás, seu volume (V) se expandirá ou, se estiver confinado num espaço rígido, sua pressão (P) aumentará. R denota a constante universal dos gases.

A REINVENÇÃO DO CONHECIMENTO

ceiro lugar, enquanto as humanidades florescem através das disputas e da dialética, a ciência privilegia o consenso acadêmico. Resultados considerados "verdadeiros" são rapidamente aceitos como "fatos" por toda a comunidade de cientistas. Isso ajuda a explicar a quarta característica: por que a ciência de laboratório continuava recebendo o aplauso público e tendo ampla aceitação mesmo depois de deixar de funcionar na relativa abertura da academia cavalheiresca e se retirou para trás de portas fechadas. "Objetividade" é um rótulo que podemos dar a esse conjunto de características, e o laboratório a instituiu em espaços sacralizados onde cientistas hábeis enganavam a natureza para que ela se comportasse de maneira não usual — não apenas uma vez, mas de modo reprodutível e confiável.

O laboratório como o mundo: Humboldt

Na aurora dos anos 1800, a ciência natural e as humanidades coexistiam em notável harmonia, como exemplificado pelas carreiras dos dois irmãos Humboldt: Wilhelm, o arquiteto da universidade de pesquisa, e seu irmão mais novo, Alexander (1769-1859), que se tornou um dos mais famosos cientistas do século. Wilhelm passou a vida atrás de uma escrivaninha, redigindo os planos para o sistema educacional prussiano, escrevendo tratados sobre linguística comparada e mantendo uma correspondência diplomática como embaixador da Prússia em Roma, Viena e Londres, sucessivamente. Alexander tornou-se um eterno viajante. Sua viagem épica às Américas do Sul e Central de 1799 a 1804 tornou-o famoso em todo o mundo e gerou trinta volumes de descobertas de pesquisas nas décadas após seu regresso. Anos depois, no auge de sua influência, Alexander retornou à vida de naturalista itinerante com uma expedição que atravessou a Ásia Central russa. Hoje, a Corrente de Humboldt, os pinguins de Humboldt, três condados chamados Humboldt nos Estados Unidos e a cratera lunar Mare Humboldtianum atestam a amplitude física de seu impacto sobre o estudo da natureza.

O LABORATÓRIO

(Alexander chegou mesmo a se envolver com a pesquisa filológica para estabelecer, pela primeira vez, como Martin Waldseemüller havia nomeado as Américas por referência a Américo Vespúcio.)

Wilhelm e sua esposa Caroline nunca poderiam imaginar para eles mesmos o estilo de vida nômade de Alexander — embora o casal periodicamente se separasse para seguir seus respectivos interesses intelectuais. Um solteirão convicto, para usar uma expressão convencional, Alexander estabelecia vínculos íntimos com companheiros de viagem; sua sexualidade permanece um enigma. De qualquer modo, o tipo de ciência que ele fazia era incompatível com uma vida familiar estável. Sua vocação, afinal, era o trabalho de campo. Alexander trabalhava tão afastado quanto possível dos espaços fechados do laboratório ou da sala de seminários. O mundo como um todo era seu laboratório; a totalidade da natureza, o objeto único de uma busca celibatária. Lord Byron, em *Don Juan*, satirizou "Humboldt, 'o maior dos viajantes'", por ficar fazendo anotações sobre a cor do céu quando poderia se permitir prazeres mais básicos. Em vez de "medir a intensidade do azul", Dom Juan diz a uma amante: "Oh, Lady Daphne, deixe que eu meça você!"[4]

De fato, onde quer que se encontrasse, na selva amazônica ou nos nevados Urais, Humboldt puxava seu barômetro e seu sextante, recolhia punhados de terra e pedras. Ele tomou medidas numéricas de todos os fenômenos climáticos e geográficos imagináveis. Fazia anotações em diários sobre formações de pedras e nuvens, flora e fauna, populações humanas e seus costumes. Contidas alusões a suas próprias reações emocionais, fosse diante de sublimes topos de montanhas ou das crueldades da escravidão, davam a seus trabalhos uma leve qualidade literária. Imperturbável durante um terremoto (era como "acordar de um sonho; mas um sonho doloroso"), sem se deixar intimidar por caminhadas difíceis através de estepes infindáveis (como "a crosta nua e pedregosa de algum planeta desolado"), compassivo em sua história sobre uma índia guaíba que inutilmente buscava suas crianças sequestradas ("uma história tocante de amor maternal numa raça frequentemente

A REINVENÇÃO DO CONHECIMENTO

caluniada"), Alexander não era, de forma alguma, um coletor insensível de espécimes naturais desidratados.[5]

O elemento estruturante das variadas e incontáveis observações de Alexander era uma crença romântica na unidade de toda a natureza, "uma totalidade movida e animada por energias internas", como ele a descreveu.[6] A "ciência humboldtiana" veio a significar a coleta obsessiva, disciplinada, de fatos particulares, imensas pilhas deles, reunidos com o propósito de organizá-los num só conjunto. Instrumentos padronizados seriam espalhados por todo o mundo como estações de mensuração: termômetros e barômetros, é claro, mas também eudiômetros, para medir o oxigênio atmosférico, e os cianômetros mencionados por Lord Byron, usados para calcular os tons de azul do céu. Os cientistas coordenariam essas informações para mapear zonas similares de vegetação, clima, altitude e outras, permitindo que se visualizasse, num só olhar, tanto a diversidade quanto a variegada uniformidade do globo. "Isotermas" exibindo faixas de temperatura semelhante ao longo de continentes, hoje encontradas nas seções de meteorologia de todos os jornais, são apenas um dos tipos de isomapas, diagramas de dados transversais (*cross-sectional*) e de outras técnicas gráficas inventadas por Humboldt.[7]

Para manter seu empreendimento, Humboldt cultivava uma rede internacional de correspondentes. Entre 1789 e 1859, ele escreveu 50 mil cartas e recebeu 100 mil, às vezes chegando a oitenta por semana. Em especial, ele cultivava contatos com imigrantes alemães na Austrália e na América do Norte; um desses correspondentes em Saint Louis, Missouri, registrou leituras de termômetro, barômetro e hidrômetro, três vezes ao dia, durante 47 anos.[8] Mas Alexander era tão internacional quanto a própria comunidade intelectual. Ele escrevia no cosmopolita idioma francês, não em seu alemão nativo, e podia conversar em inglês com Thomas Jefferson e em espanhol com missionários na Amazônia. Usava sua rede para patrocinar outros

202

O LABORATÓRIO

cientistas e ajudar a deslanchar suas carreiras, bem como para conseguir patrocínio para sua própria ciência.

Humboldt presidia uma sobrecarregada República das Letras enxertada nas redes globais do colonialismo europeu, pondo cientistas distantes em contato uns com os outros. Suas iniciativas envolviam todo o globo e dependiam de quanto os praticantes da observação natural, dispersos e sem conhecimentos especializados, fossem capazes de partilhar dados utilizando o sistema de correios. Operando no clima de abertura da República das Letras, a ciência humboldtiana podia, em princípio, ser apropriada por qualquer um que tivesse acesso a seus escritos. Assim, Charles Darwin, a despeito de uma desordenada educação universitária, deu início a sua própria aventura nas Ilhas Galápagos depois de ler Humboldt.

A ciência de Humboldt aspirava à aplicabilidade universal, mas, em outros aspectos, carecia das características de objetividade encontradas no laboratório. Ele não pretendia manipular a natureza de modo confiável e reproduzível, apenas observá-la. Suas teorias sobre os fenômenos naturais — as causas dos vulcões, por exemplo — pretendiam provocar debate e discussão, não estabelecer consenso. Seus métodos obtinham entusiástico apoio público, mas apenas porque convidavam o público a participar; nenhum deles requeria um conhecimento especializado ou privado. No entanto, as qualidades de abertura e espontaneidade encontradas na ciência humboldtiana não se aplicavam a todos os subcampos do empreendimento científico. A revolução química, inaugurada meio século antes, dependia de uma ciência muito mais privada conduzida atrás de portas fechadas com instrumentos e vocabulários inteligíveis apenas para os iniciados. Seu pioneiro, Antoine Lavoisier, demonstrou, de forma nunca feita por Humboldt, a oportunidade — e também a ameaça — que os ofícios técnicos representavam para o público aristocrata.

A REINVENÇÃO DO CONHECIMENTO

O laboratório como oficina: Lavoisier

O químico francês Antoine Lavoisier (1743-1794) viveu e morreu nos anos em torno da Revolução Francesa. Ele construiu seu laboratório em Paris num arsenal de pólvora que ficava na margem direita do Sena, onde, durante algum tempo, também teve um apartamento. Sua esposa, muito mais jovem que ele, o auxiliava em todos os aspectos e, especialmente por ser uma talentosa desenhista, nos deixou grande número de vívidas e exatas descrições dos equipamentos científicos usados e da vida no laboratório. Embora Lavoisier praticasse sua ciência em condições ideais de privacidade, seus negócios confusos o tornaram uma figura pública. Para financiar suas pesquisas, havia comprado parte da famosa Ferme Générale, organização que exercia o direito de coletar impostos sobre inúmeros produtos comerciais na França. Preso e acusado de peculato logo depois de eclodir a revolução, Lavoisier perdeu a cabeça na guilhotina em 1794; madame Lavoisier sobreviveu, empobrecida, para publicar os trabalhos que ele deixara. (Em mais uma superposição de amor e ciência, seu antigo amor, Pierre-Samuel DuPont, igualmente químico e um dos colaboradores de Lavoisier, também se envolveu na política revolucionária e fugiu para Delaware, onde seu filho fundou o hoje famoso conglomerado químico.)[9]

Antoine Lavoisier é reconhecido como tendo derrubado a teoria do flogístico, que postulava que um "fogo fixo" incolor, inodoro, quase sem peso, é liberado quando quer que um objeto se queime. Ele mostrou que, em vez disso, o elemento real que chamamos de oxigênio é o elemento decisivo na combustão. Para provar isso, os Lavoisiers tiveram que pesar seus reagentes com exatidão, demonstrando que, ao queimar, algumas substâncias de fato *absorvem* uma massa minúscula, sob a forma de oxigênio. Medidas exatas e, especialmente, quantificações exatas tornaram-se as características de sua abordagem. Lavoisier não apenas produziu uma balança de precisão capaz de registrar um milésimo de um grama, como também coinventou o calorímetro (com Pierre-Simon

O LABORATÓRIO

Laplace, que provou a estabilidade do sistema solar) para medir pequenas mudanças de temperatura em reações químicas. Durante a Revolução, ele chegou a ajudar a conceber o sistema métrico para padronizar pesos e medidas. Antes de Lavoisier, os químicos relatavam, subjetivamente, cheiros, gostos e cores de seus reagentes, e mesmo seus sons. Numa prática terrível, seu mentor Gabriel-François Rouelle derramava soluções alcalinas sobre animais e usava seus gritos para documentar a "natureza cáustica" das soluções.[10] Após Lavoisier, no entanto, os químicos se concentraram nas propriedades físicas de substâncias medidas por um número crescente de aparelhos mais novos, mais exatos, com barras de leitura graduadas. Padronizáveis e transportáveis, esses instrumentos ajudaram a garantir a aceitação generalizada de descobertas científicas e, mais tarde, tornaram possível a aspiração de Humboldt de discernir regularidades na natureza em locais e tempos distintos.

Mas a química não era uma ciência humboldtiana. Ela não se baseava em observações passivas destinadas a quantificar impressões já disponíveis aos sentidos, mas em intervenções ativas para manipular o que pareciam ser forças ocultas, invisíveis. Joseph Priestley, o principal defensor da teoria do flogístico, objetava, em princípio, ao tipo de ciência que isso implicava. O equipamento, por exemplo, era muito complexo e caro. Os laboratórios do século XVIII ainda eram financiados principalmente por experimentadores aristocratas e, mais raramente, por academias reais e outras formas de patrocínio. Os instrumentos dos Lavoisiers também requeriam uma manipulação delicada e hábil, uma destreza artesanal, para fazê-los funcionar. Finalmente, eles obrigavam os químicos a interagir com a natureza somente com a mediação da tecnologia, e até lhes permitiam atribuir a instrumentos ruins a culpa por experimentos fracassados. Substituindo a descrição sensorial por análises matemáticas, Lavoisier podia realizar experimentos inexatos e contrabalançar os erros para chegar a um resultado preciso. Esse procedimento, que é hoje prática padrão na ciência de laboratório, desafiava

205

A REINVENÇÃO DO CONHECIMENTO

a ideia de que os fatos científicos têm, necessariamente, que ser óbvios e inquestionáveis quando testemunhados a olho nu. Assim, Priestley objetou que a revolução de Lavoisier comprometia os poderes do julgamento independente e da testemunha ocular, fundamentais para o papel e a identidade do cientista aristocrata.[11]

Um problema paralelo estava nas inovações introduzidas por Lavoisier na nomenclatura química, que ele basicamente reinventou. Nomes como "carbonato", "nitrato" e "sulfato" chocaram muitos contemporâneos, que os consideravam "palavras ásperas e bárbaras que agridem o ouvido e de forma alguma estão de acordo com o espírito da língua francesa".[12] Mas Lavoisier acreditava que uma linguagem adequadamente concebida era muito mais que um conjunto arbitrário de nomes e sinais; linguagem clara e sinais claros permitiam maior criatividade analítica, enquanto a linguagem obscura a prejudicava. Assim como os numerais romanos deram lugar aos arábicos, assim também deviam as descrições vagas, qualitativas, dar lugar a uma terminologia química exata. Desse modo, por exemplo, quando Lavoisier provou que a água, um dos quatro elementos antigos presumidamente indivisíveis, era de fato produzida pela combustão do "ar deflogistizado" e do "ar inflamável", ele deu a esses reagentes novos nomes. "Hidrogênio" e "oxigênio" substituíram termos vagos, mas evocativos, por descritores artificiais, mas exatos.

A ciência havia se tornado um ofício artesanal, e o laboratório do aristocrata transformara-se numa oficina para especialistas. Lavoisier finalmente promovera a colaboração entre os eruditos acadêmicos e os especialistas das tradicionais artes e ofícios. Desse modo, realizava o sonho dos *encyclopédistes* franceses, mas à custa da ambição que esses alimentavam de ensinar ao público. A ciência de laboratório, com suas fórmulas misteriosas e seus equipamentos complexos, já não podia apelar a uma cultura universal baseada no fato, a um discurso público comum. Ela não desfrutava do consenso dos intelectuais na República das Letras e chegou mesmo a forçar o rompimento com alguns deles. Assim, como terá o laboratório conseguido tornar-se a instituição científica dominante no século XIX?

O laboratório como seminário: Liebig

Uma resposta a essa questão foi dada por Justus Liebig (1803-1873). Ele provou que a química funciona — que é lucrativa — e que, portanto, deve ser apoiada por universidades, estados e pela indústria privada. Liebig desenvolveu a química orgânica como um campo e, com seus seguidores, provou que ela podia ter um tremendo valor prático para produzir fertilizantes agrícolas, corantes químicos e medicamentos (como a aspirina Bayer, inventada na Alemanha em 1897). Essas substâncias químicas, produtos da colaboração entre laboratórios universitários e grandes empresas, ajudaram a alimentar a ascensão da Alemanha imperial ao status de superpoder econômico. O próprio Liebig investiu seus conhecimentos químicos no desenvolvimento de produtos comerciais, como caldos em cubinhos e alimentos infantis.[13]

Liebig também deu uma resposta mais profunda, mais institucional, à questão da ascensão do laboratório: a ciência natural passaria a capitalizar em cima do sucesso das disciplinas. Ele criou a primeira e mais influente escola de pesquisa em química do mundo, na Universidade de Giessen, uma pacata cidadezinha no estado de Hesse, onde encontrou uma vaga em 1824. Aos 21 anos de idade, Liebig, contando com a intervenção de Alexander von Humboldt, abriu ali seu negócio ao retornar de Paris, então a capital mundial da química. Incansavelmente, buscou dirigentes da universidade e administradores estaduais para conseguir os fundos necessários e montar um laboratório. Depois de intensa atividade política, conseguiu pôr Giessen nos trilhos e, ao final da década de 1830, ela havia se tornado um centro internacional de química. Seu instituto começou modestamente, como um centro de treinamento vocacional, antes de ascender às alturas empíreas da pesquisa pura. Durante a primeira década de Liebig em Giessen, o número de farmacêuticos que buscavam uma licença local em Hesse superava o de químicos preparados.[14] A fama crescente, no entanto, atraiu um corpo estudantil de melhor qualidade. Ao longo de sua carreira, Liebig gerou 24 "filhos", Ph.Ds. que foram fazer carreiras de pesquisadores em outras universidades. Outros 150 químicos foram para a indústria privada.[15] Uma árvore genealógica de sete gerações de estudantes existente no Museu Liebig em Giessen enumera grande número de ganhadores do Prêmio Nobel, entre eles os codescobridores da vitamina C e do plutônio.[16] Discípulos bajuladores comparavam seu mestre (que era bissexual) a um general conquistador e se identificavam como "jovens companheiros de armas", prontos para "fazer qualquer ataque que ele ordenasse".[17] A nova instituição transpôs a cultura do seminário universitário para o laboratório científico, incluindo no pacote a arrogância masculina.

Com Liebig, a velha república científica anglo-francesa, com seus aristocráticos laboratórios privados e demonstrações acadêmicas públicas, deu lugar à universidade de pesquisa dominada por alemães, onde as disciplinas das ciências naturais finalmente ganharam estatura própria. A intrusão nas humanidades tradicionais, no entanto, estava longe de ser bem recebida. Primeiro, coube a Liebig convencer os poderes estabelecidos de que a ciência era um empreendimento que valia a pena, ao lado da filosofia, dos clássicos e da história. Numa publicação impolítica mas com grande influência dirigida ao governo prussiano, ele criticava com frieza, em termos nada políticos, a veneração pelas línguas mortas e debochava dos filólogos clássicos por sua idolatria dos antigos, chamando-os de "estranhos a toda a verdadeira humanidade". Mais ainda, ele acusava os acadêmicos tradicionais de negarem não apenas o valor prático da ciência de laboratório, mas seu verdadeiro status como uma disciplina que satisfazia aos mais altos padrões filosóficos. Eles "consideram a química um ofício experimental [...] útil para fazer bebidas gasosas e sabão ou para produzir ferro e aço de melhor qualidade, mas desconhecem a química como um campo da pesquisa científica". Recorrendo a uma boa argumentação humboldtiana, os professores universitários replicaram que "a universidade deve representar, principalmente, a instrução teórica em química, na qual estudantes de todas as disciplinas possam tomar parte sem nenhuma orientação para a química prática" dos equipamentos de laboratório e das técnicas de manuseio. As aulas expositivas e os seminários deveriam bastar, afirmaram.[18] Para garantir que sua ciência tivesse um lugar duradouro na universidade, Liebig teve de demonstrar que a técnica de laboratório era essencial não apenas para a química aplicada, que seria o trabalho de técnicos, mas para o progresso da própria pesquisa.

A análise orgânica — a identificação de substâncias orgânicas desconhecidas — ofereceu o caso de teste crítico. A geração de Liebig foi a primeira a descobrir que compostos orgânicos (como a ureia) e substâncias inorgânicas (como o sal) obedecem às mesmas leis químicas; os primeiros devem ser descritos não em termos de uma mística energia vital, mas como combinações de (entre outros elementos) carbono (C), hidrogênio (H) e oxigênio (O). O segredo estava em medir, com exatidão, as proporções relativas desses três elementos básicos a fim de identificar determinado composto orgânico. Os químicos haviam aprendido com Lavoisier que a queima de uma substância a faz reagir com o oxigênio (O_2):

$$C \; + \; O_2 \; \rightarrow \; CO_2 \text{ (gás)}$$
$$H \; + \; O_2 \; \rightarrow \; H_2O \text{ (água)}$$
$$O \; + \; O_2 \; \rightarrow \; O_2 \text{ (mais gás)}$$

Pesar a água era simples; o oxigênio podia ser estimado (pelo método de Lavoisier, subtraindo o peso dos produtos do peso dos reagentes); mas era difícil medir o CO_2, dióxido de carbono, especialmente em grandes quantidades e principalmente quando estava misturado ao oxigênio. Liebig inventou o "Kali-Apparat" (da palavra latina *kalium*, ou potássio) ou "Condensador de Liebig" que expunha o CO_2 ao hidróxido de

A REINVENÇÃO DO CONHECIMENTO

potássio (KOH) e o levava a se condensar, permitindo que os pesquisadores o pesassem na forma líquida. Um engenhoso triângulo de vidro exibindo cinco bulbos condensadores para recolher o produto químico, o Condensador de Liebig precisava ser feito por um soprador de vidro. Seu uso era algo simples que podia ser rapidamente dominado, e isso garantia sua rápida adoção por outros; mas era também suficientemente complicado para só poder ser transmitido por meio de demonstrações práticas, o que deu a Liebig e seus aliados uma vantagem decisiva sobre os rivais.[19] O Condensador de Liebig exemplificava o que os gurus da administração chamam de uma "melhor prática", um tipo de avanço que os concorrentes rapidamente adotam para conseguir acompanhar uma frente de pesquisa que se desloca rapidamente.[20]

Mais significativo ainda, os grandes avanços de Liebig na química orgânica demonstraram quão fundamental era a pedagogia coletiva, prática, para o avanço científico. Seus métodos de treinamento haviam tornado possível a reprodução industrial do que havia sido, até então, uma tradição artesanal: basta ver o frasco de Erlenmeyer (inventado por um dos alunos de Liebig), usualmente colocado em cima do queimador de Bunsen (aperfeiçoado por outro químico-pedagogo alemão), que hoje são elementos usuais do laboratório de química. Na escola de Liebig, assim como entre seus rivais e imitadores, e tal como nos seminários, o treinamento nas técnicas artesanais criou linhagens de pesquisadores especializados. Mas, diferentemente da interpretação textual, que se alimenta de debates e até mesmo requer discordância para manter o avanço da linha de frente da pesquisa, as técnicas de manipulação criam uma cultura de consenso. O cientista tem que se entregar à autoridade do mestre para aprender preciosas habilidades que não podem ser transmitidas de nenhuma outra forma. Apenas ao aceitar aquele saber específico, aqueles segredos, um indivíduo se torna um iniciado na fraternidade. A pessoa não discute com um queimador de Bunsen (pelo menos, não com sucesso); ela tem que aprender a fazê-lo funcionar.

O consenso entre praticantes ativos tornou-se, desse modo, uma

O LABORATÓRIO

base fundamental para o estabelecimento da confiança científica e da verdade científica. Entrincheirados na cultura hierárquica, disciplinada, do seminário de pesquisa, os pesquisadores que possuíam um conhecimento muito particular podiam apresentar-se ao mundo externo como uma frente unificada — mesmo que o público ou seus colegas professores na universidade já não conseguissem compreender o que eles faziam. E ainda restava a questão de como persuadir o público a aceitar o que os cientistas afirmam ser verdade a respeito do mundo natural. O caso de Pasteur veio demonstrar como era possível alcançar a reprodutibilidade e a confiabilidade no domínio da natureza por meio de técnicas de laboratório.

O mundo como laboratório: Pasteur

Louis Pasteur (1822-1895) começou como químico, provando, com um primeiro conjunto de experimentos, que a fermentação alcoólica depende de leveduras, e não, como pensavam Liebig e Lavoisier, de reações com oxigênio. As pesquisas com micróbios — organismos microscópicos como leveduras e fungos, e particularmente bactérias e vírus — tornaram-se sua especialidade. Pasteur esclareceu o papel que desempenhavam como causa primária de doenças e aplicou suas descobertas para prevenir a raiva, o carbúnculo e a cólera e para impedir que o leite talhasse. Hoje, a simples técnica de pasteurização, ou seja, uma rápida fervura do leite para matar as bactérias e a redução da temperatura para adiar seu retorno, aplica a microbiologia pasteuriana a todas as geladeiras. Ao remodelar nosso ambiente doméstico, a ciência de Pasteur literalmente transformou o mundo num laboratório.

Uma potente ilustração disso foi o desenvolvimento da vacina contra o carbúnculo, uma dispendiosa epidemia que grassava entre os rebanhos franceses. Pasteur deu início ao trabalho localizando amostras infestadas de carbúnculo em áreas rurais abandonadas. Depois de levá-las para seu laboratório em Paris, ele e seus associados conseguiram cultivar e manipular intencionalmente várias culturas, sob condições estéreis e controladas, e desenvolver uma vacina. Os turcos otomanos sabiam, havia muito, que a varíola podia ser evitada injetando-se nas pessoas uma pequena dose da doença; Edward Jenner provou posteriormente que a inoculação com uma doença relacionada, a varíola bovina, conferia imunidade cruzada à varíola. Pasteur, no entanto, foi o primeiro a criar uma vacina *artificial* (fabricada em laboratório) a partir de uma cepa virulenta da doença original, cultivando um bacilo que ia sendo especialmente atenuado ao longo de um processo de gerações e gerações de culturas. Uma vez obtida essa cepa, ele podia produzir a quantidade de soro que desejasse e despachar para as fazendas francesas, onde eram aplicadas no gado. Em 1881, durante uma dramática demonstração numa fazenda na vila de Pouilly-le-Fort, ele predisse, acertadamente, que todos os animais doentes ali morreriam, mas nenhum dos vacinados.

Quais foram as lições da demonstração com o carbúnculo? Bruno Latour, um historiador da ciência, as resume tão bem, que vale a pena parafraseá-lo.[21] Primeira lição: treinar e domesticar micróbios é um ofício tão complicado quanto operar uma impressora, trabalhar com eletrônica, cozinhar ou fazer móveis, e o laboratório era a oficina onde se praticava essa arte. Segunda: ao produzir culturas visíveis a olho nu, Pasteur subitamente transformou um assassino invisível num visível e controlável; com isso, reduziu a escala de uma epidemia que devastava os campos, transformando-a num fenômeno que podia ser contido dentro das quatro paredes do laboratório. E a mais importante: Pasteur mostrou como o mundo exterior poderia passar a ser controlável. Para sua demonstração em Pouilly-le-Fort, e para qualquer fazenda que desejasse adotar seu remédio, o saneamento do local e a administração da vacina tinham que ser feitos de acordo com procedimentos estritos que ele próprio estabelecera. Sem desinfecção, limpeza, inoculação, observância de prazos, registro e análises estatísticas, a vacina não funcionaria nem se poderia *provar* que funcionasse. Em geral, as fazendas não eram limpas, as mãos do pessoal não eram treinadas para administrar injeções e os

O LABORATÓRIO

proprietários não estavam dispostos a registrar dados estatísticos sobre seu gado. Ainda assim, o sucesso de Pasteur dependia de convencê-los a mudar suas práticas e, ao fazê-lo, mudar a maneira como funciona o mundo. Ele havia estendido os exigentes procedimentos do laboratório científico, levando-os das salas privadas de edifícios universitários para espaços públicos mais amplos.

Apenas dez anos depois de Pouilly-le-Fort, a ciência pasteuriana havia começado a conquistar o resto do mundo, à medida que grandes segmentos de território não europeu foram agregados ao campo de ação dos combatentes de micróbios instalados em laboratórios. A partir de 1891, os Institutos Pasteur passaram a ser criados nas colônias francesas além-mar (em Túnis, Tânger, Casablanca, Saigon e Dacar) e mais além (em São Paulo, Xangai, Teerã e Bangcoc). Esses laboratórios fizeram da ciência médica da França imperial um componente fundamental de sua "missão civilizadora" no exterior. Túnis, um importante ponto de interesses coloniais e comerciais franceses no Norte da África, oferece uma ilustração reveladora. Tal como ocorrera em cidades europeias, Túnis havia sofrido uma série de epidemias de cólera, tifo e peste durante o século XIX. Médicos muçulmanos tinham ampla experiência com medidas de quarentena; peregrinos que retornavam de Meca eram um conhecido vetor da doença, por exemplo. No momento devido, os governantes muçulmanos solicitaram as opiniões esclarecidas do ulemá local para garantir que tais quarentenas estivessem de acordo com os preceitos do Alcorão, com os *hadith* e com outros componentes da lei islâmica. Ao longo do século XIX, no entanto, mesmo antes do domínio formal francês, a medicina islâmica quase se esfacelou diante dos métodos mais efetivos da ciência europeia introduzidos por médicos expatriados. Em meados do século, doutores tunisianos estavam pedindo a suas contrapartes europeias que lhes concedessem *ijazas* (certificados de estudos equivalentes a diplomas) para praticar a medicina, revertendo o fluxo da transmissão de conhecimentos medievais e, ao mesmo tempo, mantendo uma prática centenária de certificação escrita. Em 1881,

A REINVENÇÃO DO CONHECIMENTO

com a criação de um protetorado oficial francês, os médicos europeus haviam estabelecido pleno controle sobre as políticas de saúde pública da colônia e sobre os médicos locais.[22]

O Instituto Pasteur de Túnis, fundado 12 anos depois, tornou a vida mais segura e mais lucrativa tanto para os colonos europeus quanto para os nativos do Norte da África. Produzia vacinas contra raiva e varíola, fazia análise de água potável e realizava estudos de fermentação para negociantes de vinho que fugiam da epidemia de filoxera que quase destruiu a viticultura francesa. Ele também transplantou a missão da pesquisa para solos estrangeiros. Foi em Túnis, em 1909, que Charles Nicolle, um seguidor de Pasteur agraciado com o Prêmio Nobel, descobriu que o tifo é transmitido pelo piolho. Em consequência, a colônia foi dividida em distritos sanitários, com "médicos da civilização" sendo enviados para ensinar os habitantes locais "mais inteligentes" a ferver suas roupas para impedir a disseminação da doença. Essa técnica simples — uma mudança de comportamento doméstico aplicada a toda a população — espalhou-se oralmente, e o tifo acabou sendo erradicado da colônia. Em algum momento, Nicolle e seus colaboradores conseguiram desenvolver uma vacina contra a doença, além de outras contra a gonorreia e a cólera, e fabricaram e despacharam soro para o mundo todo a partir do laboratório de Túnis, que já não era apenas um posto avançado provincial do laboratório científico parisiense. "A ampliação da civilização, ou seja, o trabalho da colonização", concluiu Nicolle (que não era nenhum imperialista vulgar), "inclui um componente médico."[23]

É útil contrastar a ciência pasteuriana com a humboldtiana, pois ambas fizeram do mundo seu laboratório e ganharam reconhecimento público por seus feitos. Humboldt enfatizava o escopo universal da ciência, coletando dados em todo o mundo. O método de Pasteur enfatizava a reprodutibilidade controlável, estabelecendo cuidadosamente as condições de laboratório e só então as estendendo para espaços externos. Por que Pasteur prevaleceu? Conforme escreve Latour, sua abordagem se entrelaçava com redes de poder social, econômico

O LABORATÓRIO

e político — os interesses dos fazendeiros, os estatísticos do governo, os colonos além-mar. A esses poderosos interesses ele acrescentou o do cientista de laboratório que, por meio de microtécnicas desenvolvidas numa pequena sala, projeta mudanças no nível macro e essas se espalham por todo o mundo físico. O que Pasteur realizou foi, de muitas maneiras, uma prestidigitação primorosa — as anotações em seus diários privados revelam muitos expedientes destinados a lhe poupar esforços e algumas rematadas fraudes públicas[24] —, mas seu domínio das relações públicas significava que ele podia mobilizar recursos econômicos, políticos e sociais em seu benefício para fazer com que pessoas comprassem caros equipamentos de esterilização, governos aprovassem leis exigindo certos tratamentos, pessoas mudassem seus mais íntimos hábitos de alimentação e higiene. A ciência ganha autoridade pública a partir de suas surpreendentes previsões, mas só depois de transformar o mundo num laboratório podem os cientistas criar as condições que lhes permitam dizer com segurança: "Isto acontecerá."

Os irmãos Humboldt representaram o começo de um rompimento entre o que é frequentemente chamado de "duas culturas", a da ciência e a das humanidades, embora continuem conectadas pelos vínculos de irmandade. Pasteur marcou sua consumação. Para além do retiro privado de Lavoisier, afastando-se da ciência aristocrata da academia erudita, e para além da cruzada anti-humanista de Liebig destinada a garantir aos "técnicos" um lugar ao sol na universidade de pesquisa alemã, Pasteur traçou a brecha decisiva entre os que trabalham com textos e os que trabalham com objetos. Estabelecendo um novo padrão de objetividade, a ciência pasteuriana provou, de uma vez por todas, a utilidade social do laboratório, as formas muito concretas como ele podia melhorar a vida humana. Por mais que os neo-humanistas invocassem os valores gregos, não havia como negar a relevância disso.

A REINVENÇÃO DO CONHECIMENTO

AS CIÊNCIAS SOCIAIS: FAZENDO EXPERIMENTOS COM PESSOAS

A habilidade da ciência moderna de manipular e dominar a natureza, de comandar a estima pública e de mudar comportamentos públicos surgiu da sinergia entre uma oficina artesanal e um seminário de disciplinas. Isso ocorreu na mesma época em que a própria oficina artesanal sucumbia à fábrica industrial e em que seu equivalente rural, a fazenda familiar, perdia milhões de imigrantes para a cidade grande. Essas mudanças, e os problemas sociais delas decorrentes, tornaram-se o terreno das ciências sociais do século XIX. A industrialização e a urbanização causaram a separação entre o trabalho e a família, e entre a família e a escola. Novos espaços físicos, mais destacadamente a escola pública, o chão de fábrica e os cortiços dos imigrantes, formaram-se a partir da dissolução da família pré-moderna. Sua novidade fez de cada um deles um campo aberto para a experimentação. Os valores que governavam cada domínio — democracia ou hierarquia, solidariedade ou produtividade, diversidade ou assimilação — ainda estavam em estado de fluxo e em negociação.

Os cientistas sociais ganharam influência ao aplicar técnicas de laboratório a locais onde as pessoas agora aprendiam, trabalhavam e viviam. Disciplinas como economia, sociologia e antropologia já estavam se desenvolvendo em torno de métodos filológicos tradicionais. Escritores como Adam Smith, Max Weber e Émile Durkheim forneceram um corpo de textos canônicos que alimentavam infindáveis análises, e as fontes escritas, como estatísticas governamentais e relatos de viagens, davam a seus acólitos os meios para produzir novos conhecimentos. Cada vez mais, no entanto, os espaços da modernidade industrial consolidavam-se como laboratórios à disposição dessas disciplinas. Os cientistas sociais passaram a aplicar testes de inteligência, tornaram-se especialistas em eficiência, filantropos científicos e muitas outras coisas mais. No papel de humanistas transformados em cientistas, tomaram como modelo suas contrapartes em aventais brancos. Eles mediam e quantificavam;

O LABORATÓRIO

atraíam quadros de especialistas para o uso de métodos experimentais, e adentravam o domínio público conduzindo descobertas imparciais, "objetivas", destinadas a produzir uma mudança social generalizada.

Testes de inteligência nas escolas públicas

A craniometria, a ciência que mede as características dos crânios, teve sua idade de ouro nos anos 1800. Numa das primeiras aplicações duradouras das técnicas de laboratório a seres humanos, os cientistas — alguns deles meio doidos, mas muitos outros bastante respeitáveis — usavam compassos de calibre e outros instrumentos de precisão para calcular volumes cranianos em humanos, tanto vivos quanto mortos. O objetivo era testar hipóteses que correlacionavam a capacidade craniana à superioridade racial ou à propensão para cometer crimes. A despeito do amplo uso de medidas e quantificações exatas, os experimentos foram inconclusivos. A própria ideia de que uma cabeça pequena (ou grande) poderia explicar, digamos, o pobre desempenho acadêmico de africanos nos parece o pior tipo de pseudociência do século XIX. Mas vemos assim apenas porque, desde então, os cientistas nos convenceram de que é possível quantificar o que está dentro do cérebro, não fora, objetivamente e sem tendenciosidade. Todo ser humano, qualquer que seja sua constelação particular de pontos fracos e fortes intelectuais, carrega consigo um "quociente de inteligência" (QI) de dois ou três dígitos, basicamente invariante ao longo da vida, que denota sua capacidade mental inata. Testes de inteligência são uma duradoura vitória para a psicologia moderna, cuja relevância fundamental para o desenvolvimento das ciências sociais é análoga à da química no caso das ciências naturais. Visto como uma extraordinária tecnologia para o estudo científico e a avaliação de seres humanos, o teste de QI ganhou poder quando migrou dos laboratórios da Europa para as escolas públicas dos Estados Unidos.

O pioneiro do teste de inteligência foi o francês Alfred Binet (1857-1911). Em 1891, depois de se juntar ao laboratório de fisiologia-psicologia

A REINVENÇÃO DO CONHECIMENTO

da Sorbonne como voluntário não remunerado (e não credenciado), rapidamente chegou à diretoria em 1894 — um padrão de ascensão hoje em dia familiar, baseado no domínio de uma habilidade especial. Binet conhecia e usava métodos craniométricos, mas seus experimentos abarcavam toda a gama de técnicas disponíveis nos primeiros tempos da ciência da psicologia. Hipnose e análise grafológica, entrevistas pessoais e compassos de calibre, tipos humanos os mais variados, que incluíam gênios do xadrez de olhos vendados, débeis mentais, escolares comuns e muitos outros; tudo isso tinha um lugar em seu arsenal investigativo. Binet criticava a dependência excessiva das "condições experimentais esterilizadas" que então predominava na Europa graças a Wilhelm Wundt (1832-1921) e a seus estudantes na Universidade de Leipzig. Wundt, o Liebig da psicologia, era o decano dos métodos do tipo "instrumentos de latão". Submetendo o estudo de seres humanos aos controles artificiais do laboratório, ele pretendia destilar verdades universais a partir de casos particulares. Binet preferia os desafios do diagnóstico na clínica médica, com sua atenção à complexidade individual e às variações. Na verdade, durante 13 anos ele usou suas duas filhas como objetos de investigações clínicas; Madeleine era considerada a "observadora", e Alice, a "imaginativa".[25]

Como pai, Binet se recusava a classificar ou comparar o incomensurável — suas filhas —, mas, como cientista, ele fez exatamente isso. Concebeu um teste que incluía trinta tarefas mentais sequenciadas em ordem de dificuldade crescente, tal como identificar uma janela num quadro (nº 7) ou encontrar rimas para a palavra *grenouille* (nº 24). O ponto em que uma criança empacava e não conseguia completar as tarefas indicava sua idade mental. Em 1908, Binet e seu colaborador, Theodore Simon, haviam padronizado o teste, depois de aplicá-lo a uma amostra de trezentas crianças normais, de forma que de 80% a 90% delas deveriam ter sucesso em cada tarefa adequada à sua idade. O teste Binet-Simon acoplou as várias qualidades que compõem a "inteligência" em um único agregado quantificável associado à idade

218

O LABORATÓRIO

do sujeito do teste. Podia ser aplicado por qualquer psicólogo treinado e era ostensivamente objetivo em seu conteúdo.

Os próximos passos eram ganhar a aceitação científica e, depois, a do público. Diferentemente de Wundt, Binet não dispunha de um seminário e, portanto, não conseguiu criar uma escola para propagar seus métodos. Seu teste de inteligência poderia ter afundado na obscuridade, não fosse por Henry Herbert Goddard (1866-1957), um americano que, por acaso, tomou conhecimento das descobertas de Binet durante um roteiro intelectual pela Europa. Treinado por G. Stanley Hall, o primeiro estudante americano de Wundt, Goddard levou o teste Binet-Simon para os setores mais destacados da psicologia. Abrindo mão de uma carreira docente tradicional, foi trabalhar, em vez disso, na Escola de Treinamento para Meninos e Meninas Retardados em Vineland, Nova Jersey. Ali, tinha um acesso muito mais direto a sujeitos experimentais. Nas tocantes palavras de um colega, "Vineland é [...] um laboratório humano e um jardim onde crianças desafortunadas devem ser cuidadas, protegidas e amadas enquanto inconscientemente sussurram para nós, sílaba por sílaba, os segredos do crescimento da alma".[26] O trabalho com os retardados oferecia uma alternativa apaixonante aos métodos não sistemáticos que então prevaleciam nos estudos sobre a população jovem em geral. O Child Study Movement, por exemplo, converteu milhares de professores em naturalistas humboldtianos, enviando-lhes questionários de pesquisa com todo tipo de perguntas sobre seus alunos. O procedimento produziu uma abundância de conclusões dúbias a respeito da preferência das meninas por bonecas e 3 mil ensaios sobre os direitos das crianças. Acadêmicos universitários debochavam das pesquisas do Child Study por sua "falta de técnica e pela coleta inepta de materiais baratos e vulgares".[27]

O próprio Goddard era um ex-aluno do Child Study Movement. Havia sido atraído pelo teste Binet-Simon porque esse oferecia meios mais objetivos (por serem experimentalmente derivados) para se estudar o desenvolvimento infantil. Em Vineland, ele pôde confirmar as des-

219

cobertas de Binet adaptando-as a uma população pré-selecionada e já estratificada, de acordo com seu grau de habilidade mental, em idiotas, imbecis e, para substituir o vago e derrogatório epíteto "débil mental", no que ele nobremente chamou de "*morons*" (em inglês), a palavra grega para "estúpido".*[28] Goddard percebeu que o mesmo método poderia ser aplicado a um outro grupo institucionalizado, e muito maior: os estudantes segregados por séries escolares. A população americana em idade escolar havia crescido mais de 50% entre 1880 e 1900. Durante essas décadas, milhões de novos imigrantes e de agricultores nativos afluíram para as cidades, e seus filhos inundaram as escolas urbanas. Ao mesmo tempo, os estados aprovaram novas leis tornando obrigatória a educação e exigiam o cumprimento das existentes. Essa situação representava uma mina de ouro para a pesquisa psicológica, e, no tempo devido, Goddard introduziu o teste Binet-Simon nas escolas públicas de Nova Jersey, em 1910. Em pouco tempo, professores de leste a oeste do país, frequentemente se antecipando bastante às suas diretorias, estavam usando os testes nas salas de aula.[29]

Administradores escolares e reformadores educacionais, no entanto, recorriam aos psicólogos não tanto para *estudar* quanto para *avaliar* a inteligência, e tão rápida e eficientemente quanto possível; para separar estudantes por séries e níveis de habilidade, direcionar o subnormal para a educação especial e, acima de tudo, implementar a promessa democrática americana de dar a cada criança talentosa uma chance de crescer.[30] Não foi Goddard, mas um professor de Stanford, Lewis M. Terman (1877-1956), quem respondeu mais vigorosamente aos pedidos de ajuda das escolas que clamavam por testes de inteligência em larga escala. Terman ganhara experiência quando os Estados Unidos entraram na guerra em 1917, época em que trabalhou com Goddard e outros em Vineland definindo protocolos para o teste em massa de

---

*Nas definições revistas por Goddard, os estúpidos têm uma idade mental de 8 a 12; os imbecis, de 3 a 7, e os idiotas, menos de 3.

O LABORATÓRIO

mais de 1 milhão de recrutas. (Uma descoberta chocante do teste foi que o soldado americano médio tinha uma idade mental de 13 anos.) Ele já havia desenvolvido seu então famoso teste Stanford-Binet em 1916, e, ao retornar às obrigações civis, usou-o para criar testes de inteligência e programas de acompanhamento para os florescentes distritos escolares da área da baía de São Francisco. Dada sua utilidade para uma população crescente e muito heterogênea, Terman aproveitou a chance e adaptou o teste de QI para grandes populações, recalibrando-o para medir estudantes americanos normais e também pessoas adultas.[31] Ele também popularizou (embora não o tenha inventado) o termo "quociente de inteligência". Dividindo a idade mental pela idade cronológica, obtinha-se o que, em qualquer criança normal, que avança em inteligência um quantum típico a cada ano, permanece um número fixo. Desse modo, o QI tornou-se um atributo da própria individualidade humana.

Terman era mais talentoso como estatístico que como um experimentador do estilo Binet, e mais audaz que Goddard ao pôr em ação suas habilidades e ambições políticas a fim de sair do laboratório e engajar-se no mundo. Ele exemplificava o amadurecimento dos psicólogos, que passaram de cientistas de laboratório a provedores de um conhecimento objetivo cujos métodos e recomendações informavam as políticas públicas. O teste Stanford-Binet de Terman está agora em sua quinquagésima versão, tendo sido recentemente repadronizado com base nos dados do censo de 2000. Outros sistemas de medição concebidos de forma semelhante, como o SAT (abreviatura de Scholastic Aptitude Test, ou Teste de Aptidão Acadêmica), submetem adolescentes — sejam aspirantes a artistas, matemáticos, líderes políticos ou surfistas — a avaliações quantitativas, unidimensionais, de suas habilidades mentais e de seus prognósticos acadêmicos.

A REINVENÇÃO DO CONHECIMENTO

Especialistas em eficiência no chão de fábrica

Grandes fábricas, grandes burocracias e grandes máquinas eram aspectos novos no cenário do capitalismo no final do século XIX, e áreas maduras para as incursões dos cientistas sociais. Nos Estados Unidos, os magnatas industriais acumularam fortunas nunca vistas, nem antes nem depois, em termos de sua proporção da riqueza total da nação. Uma classe trabalhadora descontente e deslocada flertava com o socialismo no estilo europeu mais seriamente que em qualquer outra época na história. Especialistas em eficiência, formados por conta própria, viram-se defrontados com essa situação volátil e entraram em cena com cronômetros e pranchetas na mão, prontos para fazer o sistema industrial funcionar como uma máquina bem lubrificada.

Frederick Winslow Taylor (1865-1915) tornou-se o guru do que seus seguidores chamaram de "administração científica". "No passado", escreveu Taylor em 1911, "o homem vinha em primeiro lugar; no futuro, o sistema deverá vir em primeiro lugar." O primeiro sistema que ele pôs para funcionar foi o de uma siderúrgica, a Midvale Steel Company, que ficava num dilapidado distrito da Filadélfia, infestado de malária e desastrosamente chamado de "Cidade Agradável" (*Nicetown*).[32] Taylor havia trabalhado lá como mecânico e, mais tarde, como capataz. Usando um método que veio a ser aplicado em empresas de todo o país, ele decompôs todas as operações da fábrica em suas partes constituintes, dispostas de forma a minimizar desperdícios e maximizar resultados. Além disso, estabeleceu uma rígida tabela de tempo para a realização de cada tarefa e usou incentivos monetários explícitos para fazer com que os trabalhadores adotassem as mudanças. Taylor foi aclamado não apenas pelos líderes empresariais, mas por reformadores progressistas como Louis Brandeis, o futuro juiz da Suprema Corte, que viu na administração científica uma oportunidade de reduzir desperdícios na indústria ferroviária. Os discípulos de Taylor organizaram-se na Taylor Society para divulgar o evangelho do mestre de leste a oeste, e mais além. Vladimir I. Lenin, que ficou fascinado pelo taylorismo, chegou a importar engenheiros americanos profundamente conhecedores de seus métodos para apressar o avanço da industrialização soviética.[33]

Taylor não era um acadêmico, mas um engenheiro. Desenvolveu seus métodos na prática e independentemente da ciência do trabalho praticada na França, Itália e Alemanha. Os estudantes de Wundt, em particular, enfatizavam medidas "fisiopsicológicas" exatas da fadiga e testes de laboratório com a ação muscular.[34] Entre os primeiros tayloristas a construir uma ponte com a psicologia acadêmica estavam Frank e Lilian Gilbreth, que aplicaram técnicas de administração industrial a seus 12 filhos, dois dos quais imortalizaram os pais no livro *Cheaper by the dozen* [À dúzia, é mais barato]. Numa reveladora inversão dos papéis de gênero, foi Lilian, e não Frank, quem agregou credenciais acadêmicas à parceria. Frank (1868-1924) era um empreiteiro, e veio dele, sem dúvida, a inspiração de fazer seus filhos apresentar propostas seladas numa concorrência para remover os troncos de árvores do jardim. Lilian (1878-1972) tinha um Ph.D. em psicologia pela Universidade de Brown. Foi ela quem humanizou o sistema de Taylor, combinando *insights* da pesquisa acadêmica e traços tradicionalmente femininos de habilidade diplomática e de relacionamento humano.[35] Entre as contribuições dos Gilbreths para o local de trabalho americano estão as caixas de sugestões e a cantina para os empregados.[36]

Os Gilbreths acrescentaram um toque científico aos métodos de Taylor ao combinar a fotografia e o cronômetro, criando assim um estudo de tempos e movimentos. Examinando minuciosamente os movimentos dos trabalhadores, em vez de apenas marcar seu tempo de produção como Taylor havia feito, eles agregaram uma dimensão científica mais ampla ao fator humano no trabalho industrial. Os Gilbreths desenvolveram um conjunto de 16 "*therbligs*" (seu sobrenome escrito ao contrário) para registrar todas as ações físicas e as decisões mentais envolvidas no trabalho fabril, como "procurar", "pegar", "inspecionar", "planejar" e "descansar". Para registrar isso com exatidão, usaram

A REINVENÇÃO DO CONHECIMENTO

câmeras filmadoras, fotografias de longa exposição, estroboscópios e especialmente estereoscópios (muito populares na época, e ainda hoje encontráveis em todas as lojas de antiguidade) para acrescentar uma visão de profundidade. Teoricamente, a fotografia captava a "verdade" objetiva neste mundo, mas as técnicas fotográficas dos Gilbreths tiveram uma influência decisiva sobre as condições de experimentação. Em vez de eliminar a imprecisão e a subjetividade do método taylorista ortodoxo baseado no cronômetro, seus aparatos desajeitados frequentemente interferiam com o movimento natural humano. Mas a fotografia também tinha um aspecto positivo, atuando como uma forma de quebrar o gelo e obter a cooperação dos trabalhadores. Ela dava aos indivíduos uma pausa em suas rotinas diárias, tornava-os estrelas de um filme improvisado e permitiam que até os mais analfabetos e deseducados deles "pusessem seu dedo nos materiais ou nas ferramentas que apareciam no filme" e oferecessem opiniões sobre o desenvolvimento de novas melhores práticas.[37] Contratos lucrativos fluíram para a empresa de consultoria dos Gilbreths, pois, com o uso de sua tecnologia, conseguiam conquistar tanto trabalhadores quanto gerentes. Graças à sagacidade psicológica, mais que à psicologia formal, eles haviam descoberto, e depois explorado, o equivalente social do princípio da incerteza de Heisenberg: observar os seres humanos muda seus comportamentos.[38]

Quando esse princípio foi descoberto por genuínos psicólogos acadêmicos independentes que usavam experimentos controlados para testar hipóteses, ele mudou a forma como a ciência social era feita nos Estados Unidos. Começando em 1924, a Western Electric Company (a fabricante de equipamentos telefônicos subsidiária do que veio a ser a AT&T) encomendou a um grupo de especialistas em eficiência uma série de estudos a serem realizados em sua fábrica, chamada Hawthorne Works, na cidade de Cícero, vizinha de Chicago. Os experimentadores começaram com um teste que correlacionava condições de iluminação e produtividade do trabalhador. Descobriram, o que não causa supresa, que uma melhor iluminação induz as pessoas a trabalhar mais. Mas

224

O LABORATÓRIO

também descobriram que a produtividade também aumentou quando as luzes foram diminuídas, e que até um grupo de controle cuja iluminação permaneceu estável também aumentou sua produção. Com isso, concluíram que o mero fato de os trabalhadores serem pesquisados — de se saberem participantes de um experimento — elevava seu moral e sua produtividade. O objetivo da administração científica tornou-se, então, usar essa descoberta para redesenhar o chão de fábrica a fim de maximizar a satisfação do trabalhador. Em 1933, quando a Depressão pôs fim aos experimentos na Hawthorne, a disciplina acadêmica das relações humanas havia nascido.

A figura decisiva no novo cenário foi Elton Mayo (1880-1949), um psicólogo australiano que atraiu a atenção de seus colegas americanos durante uma missão exploratória aos Estados Unidos. Em pouco tempo, Mayo estava ocupando uma posição na Harvard Business School e também supervisionando os experimentos em Chicago. Entre os mais intratáveis problemas que ele enfrentou estava a operação tartaruga dos trabalhadores para diminuir a produção. A experiência psicológica de Mayo levou-o a dar grande ênfase ao desajuste emocional dos trabalhadores para explicar as causas do fenômeno. Utilizando os métodos de Freud e Piaget, ele instituiu um amplo programa de aconselhamento para descobrir a verdadeira origem e motivação da insatisfação. Um sofisticado departamento "analisador" realizava a análise quantitativa e a interpretação qualitativa dos resultados dessas entrevistas, das quais foram feitas 13 mil somente em 1930. Alguns administradores e experimentadores contentaram-se em usar dados estatísticos agregados para lidar com as reclamações obviamente resolvíveis. Outros, no entanto, viram ali a oportunidade para converter o supervisor de produção num psiquiatra leigo, instilando técnicas acadêmicas na operação do chão de fábrica.

Em algum momento, Mayo trouxe a bordo o antropólogo e colega W. Lloyd Warner, e foi ele quem explicou a operação tartaruga não como uma deficiência psicológica individual, mas como um componente da

A REINVENÇÃO DO CONHECIMENTO

cultura industrial, do espírito de grupo e solidariedade que levava os trabalhadores coletivamente, embora tacitamente, a ajustar suas rotinas de trabalho para combater as intromissões dos administradores. Warner chegou a comparar as cliques do chão de fábrica às gangues de Chicago ou aos "clãs totêmicos" australianos que ele havia estudado com o auxílio de uma bolsa da Fundação Rockefeller.[39]

Se os alunos das escolas públicas dos Estados Unidos eram um terreno virgem para o uso de testes de inteligência científicos, seus operários industriais apresentavam uma sutil resistência às técnicas da administração científica. Os especialistas em eficiência não haviam encontrado dificuldades para entrar nos locais onde ocorriam os mais acirrados conflitos de classe; sua pretensão ao status de especialistas tinha pouco a ver com a objetividade científica, e eles contavam com o poder da administração sobre o trabalho. No entanto, quando os especialistas em eficiência realmente instituíram condições de laboratório, sua ciência os forçou a confrontar o trabalhador não como um sujeito recalcitrante ao teste, mas como um participante em experimentos no chão de fábrica. Em Chicago, o estudo de indivíduos amadureceu e se transformou no estudo de grupos, surgindo daí uma verdadeira ciência social.

Filantropia científica e favelas de imigrantes

Naquelas mesmas décadas, e na mesma cidade, outra transformação em curso também forçava o trabalho social e as atividades filantrópicas a se encaixar num formato de ciência social empírica, objetiva. Entre as décadas de 1890 e 1920, duas formas rivais de filantropia privada realizavam experimentos envolvendo pessoas. Ambas tratavam de problemas ligados ao desenraizamento de indivíduos e grupos e às questões de assimilação nos cortiços de imigrantes em Chicago. Ambas contavam com o trabalho de campo para gerar descobertas de pesquisas e realizar reformas públicas. Ambas dirigiam sua generosidade para onde apontava o trabalho acadêmico, não os sentimentos. Uma, a casa de acolhimento

O LABORATÓRIO

[*settlement house*, em inglês], tomou as comunidades de vizinhança como um campo de experimentação, buscando conhecimentos locais e melhorias locais como objetivos imediatos num processo de mudança social mais amplo. A outra, associada às gigantescas fundações filantrópicas de capitalistas multimilionários, tomava a própria cidade como um laboratório e visava a produzir recomendações gerais de políticas aplicáveis numa escala nacional e mesmo global. A casa de acolhimento era, predominantemente, uma criação de mulheres cientistas sociais, enquanto a "filantropia científica", que acabou substituindo-a, teve origem no terreno dominado por homens de negócios de casaca e chapéu.

Das mais de quatrocentas casas de acolhimento americanas que existiam no início dos anos 1900, a Hull-House de Jane Addams foi, sem dúvida, a mais importante. Tomando como modelo os homens do Toynbee Hall da Universidade de Oxford, que haviam ido morar no East End de Londres para promover a elevação moral entre os despossuídos e oprimidos, a Hull-House combinava a caridade cristã e o sentimento de *noblesse oblige*, oferecendo uma rara oportunidade a mulheres da elite (muitas delas solteiras) de viver uma vida de familiaridade com os pobres. Addams (1860-1935) financiou a Hull-House com recursos de sua herança pessoal e com o auxílio de uma rede de mulheres com formação universitária que se encarregavam de levantar fundos adicionais. Tendo começado numa mansão vitoriana e chegado a um complexo de 13 edificações, a instituição era surpreendentemente parecida com as Fundações Francke em Halle, no que se referia aos impulsos reformistas e aos amplos impactos sobre a comunidade. A Hull-House incluía um jardim de infância e locais para cuidar dos filhos pequenos das operárias, uma cozinha comunitária, clubes que apelavam a diferentes interesses e grupos etários, um ginásio, uma piscina e três andares de residências. Muitos trabalhadores que moravam nas casas de acolhimento viviam em condições não convencionais, tanto em termos de relações familiares quanto de parcerias sexuais. Uma galeria de arte e concertos, uma biblioteca e uma livraria, uma escola noturna para adultos e palestras

A REINVENÇÃO DO CONHECIMENTO

públicas dadas por figuras equivalentes a John Dewey (o famoso filósofo pragmatista da vizinha Universidade de Chicago) faziam da elevação cultural e educacional um aspecto integral, e não apenas incidental, da missão da Hull-House.

Mais que um centro comunitário, a Hull-House também funcionava como um prolífico local de produção de conhecimentos. Seus integrantes escreveram 27 livros e publicaram mais de cinquenta artigos no recém-criado *American Journal of Sociology. Hull-House maps and papers* foi um dos trabalhos da época, uma pesquisa inovadora escrita por diversos autores documentando uma vizinhança típica da Chicago multicultural e multirracial delimitada pelas ruas 12, Polk, Halsted e Jefferson. O texto dedicava capítulos separados às populações judia, tcheca e italiana, denunciava o trabalho infantil e as condições desumanas de exploração nas fábricas e introduziu, pioneiramente, o uso de mapas coloridos (que hoje tomamos como coisa corriqueira) para ilustrar padrões de desigualdade de renda e de ocupação étnica numa das mais diversificadas metrópoles do país.[40] O volume ganhou um lugar no programa de cursos de sociólogos acadêmicos da Universidade de Chicago, à qual pesquisadores chegaram a tentar anexar a Hull-House como um "laboratório social". Addams, no entanto, não autorizou o termo, porque, como escreveu ela, "os acolhimentos devem ser algo muito mais humano e espontâneo que o conotado por tal expressão".[41]

Na realidade, os reformadores viam os acolhimentos como experimentos humanos: não tanto como locais bem delimitados nos quais se podiam gerar dados objetivos sobre habitantes de favelas, e sim como lugar para encontros que cruzavam as linhas de classe, gênero, etnia e ideologia. A concepção mais ampla de conhecimento que vigorava na Hull-House ficava especialmente evidente no Working People's Social Science Club (WPSSC) [Clube da Ciência Social dos Trabalhadores], criado após a luta de classe desencadeada com a revolta de Haymarket em 1886. O Clube não servia, como o nome poderia sugerir, para ampliar os poderes dos trabalhadores, transferindo a eles as descobertas

O LABORATÓRIO

da academia, nem para lhes incutir técnicas investigatórias para documentar suas próprias condições desvantajosas. Em vez disso, pretendia promover o intercâmbio democrático de pontos de vista políticos rivais, mesmo extremados. Julia Lathrop (1858-1932) chamou a Hull-House de "uma plataforma livre" que oferecia "hospitalidade aos pensamentos honestos de todo homem", e via o WPSSC como um ponto de encontro para "homens que diferiam amplamente em suas teorias sociais".[42] Os trabalhadores afiliados alimentavam não "reclamações" ou "opiniões", mas "pensamentos" e mesmo "teoria", segundo essa futura ativista do bem-estar infantil. O conhecimento era local, participativo, contestado, subjetivo, até mesmo partidário; a ciência "social" era o que as pessoas ensinavam umas às outras.

Em contraste com as casas de acolhimento, as grandes fundações filantrópicas buscavam respostas para os males sociais, e não perguntas sobre eles. Os magnatas que as criaram, como John D. Rockefeller Senior e Andrew Carnegie, tinham pouca paciência com debates abertos, e menos ainda com trabalhadores e socialistas. No início do século XX, eles também haviam percebido que distribuir fortunas era, de fato, uma tarefa monumentalmente difícil para qualquer um que se preocupasse, como no caso deles, com a maneira como o dinheiro era gasto. Assim, direcionaram suas dádivas cientificamente. Durante algum tempo, os líderes da Corporação Carnegie viram-se assolados por pedidos de ajuda vindos de casas de acolhimento e de outras instituições de caridade. Então decidiram pôr fim à "receptividade benevolente" e à "escolha passiva", substituindo-as pela "iniciativa de buscar aquelas forças na ordem social que prometessem ser significativas e frutíferas".[43] Na Fundação Laura Spelman Rockefeller (LSRM, na sigla em inglês), um modelo novo, burocrático, de filantropia científica substituiu a distribuição personalizada praticada por mulheres ricas como a própria Laura. Em seus primeiros anos, a LSRM apoiou causas tradicionalmente femininas como as Escoteiras e o Exército da Salvação. (E também levantou 100 mil dólares para que Marie Curie pudesse comprar um único grama de

A REINVENÇÃO DO CONHECIMENTO

rádio.) Mas, em 1929, fundações como a LSRM haviam transformado o tradicional domínio masculino de financistas capitalistas e juntas de diretores de corporações num elemento-chave das agendas de pesquisa social-científicas. Ironicamente, foi exatamente nessa época que as mulheres ganharam destaque na academia — como demonstram Edith Abbott e Sophonisba Breckenridge, duas ex-alunas da Hull-House que se tornaram professoras da Universidade de Chicago.

Três características da ciência social financiada por fundações marcaram um profundo afastamento da liberdade intelectual desfrutada pelas universidades de pesquisa humboldtianas e também influenciaram a "grande ciência" do século XX descrita a seguir. Em primeiro lugar, os funcionários das fundações usavam bolsas e contratos para direcionar recursos a projetos específicos que consideravam importantes e para estabelecer critérios para mensurar os esforços dos beneficiários.[44] Em segundo, equipes interdisciplinares de estudiosos trabalhando em tarefas coordenadas tinham precedência sobre um líder de seminário ou sobre as pesquisas espontâneas de estudantes de doutorado. Finalmente, esperavam-se resultados práticos mesmo da mais pura ciência. Os experimentos na Hawthorne incorporavam essa ideologia — o que não é de surpreender, já que eram financiados pela filantropia dos Rockefellers.

O estudo sociológico de relações raciais na Universidade de Chicago (ela própria criada pela generosidade dos Rockefellers) oferece um exemplo ainda mais relevante. Depois dos imigrantes do sul e do leste europeu agrupados em torno da Hull-House em Chicago, a próxima onda veio com a Grande Migração dos negros dos estados do Sul. Depois da Primeira Guerra Mundial, as leis de segregação racial e o caruncho os fizeram ir para o norte. Robert E. Park (1864-1944), um homem branco, seguiu esse movimento e então o estudou. Park era um líder da chamada Escola de Sociologia de Chicago que havia trabalhado sob a orientação de Booker T. Washington no Instituto Tuskegee no Alabama; lá, ensinou aos negros sulistas autoconfiança e habilidades práticas antes de se juntar à Universidade de Chicago em 1913. De-

O LABORATÓRIO

pois dos tumultos raciais de 1919, ele foi encarregado de escrever *The negro in Chicago* (1922), com o auxílio de seu aluno negro Charles S. Johnson (1839-1956). Como era típico da nova sociologia empírica, o livro adotou um método muito mais imparcial, objetivo, e não partidário que o experimento prático de assimilação interracial encontrado na Hull-House. O trabalho de campo foi feito por mulheres negras que coletaram dados sobre 274 famílias, não de uma única vizinhaça, mas de uma população representativa distribuída por 238 quarteirões da cidade.[45] Park explicitamente se distanciou das "explorações" de "políticos sociais". Ele particularmente desprezava o que via como uma tendência não científica do trabalho social feminino. Os verdadeiros sociólogos, pensava ele, abriam mão dos aspectos locais e individuais a fim de formular e testar hipóteses de amplo espectro sobre etnias recémchegadas. Assim, a teoria de Park sobre o ciclo racial de cinco etapas postulava uma progressão — contato, conflito, competição, acomodação e assimilação — e apresentava-se como um modelo aplicável a todos os tipos de encontros multirraciais.[46]

Contando com doações de fundações, o trabalho de campo experimental para testar hipóteses sobre o mundo social finalmente substituiu os métodos filológicos interpretativos, baseados na pesquisa bibliográfica, e os "dialetos" inconclusivos que marcaram os primeiros tempos das disciplinas das ciências sociais.[47] Dispondo de horizontes nacionais, vasta riqueza e uma abordagem ágil e empresarial ao investimento de capital (algo com que não contavam as universidades nem os benfeitores caridosos), as fundações filantrópicas destinavam recursos imensos a certo tipo de conhecimento social: o que interessava a elas era o conhecimento estatístico e passível de ser generalizado, livre de tendências subjetivas partidaristas e, portanto, igualmente livre para ditar políticas públicas. A Fundação Rockefeller tinha tanta confiança em sua objetividade, que chegou a ajudar o regime bolchevique da Rússia a combater a fome e a doença e construir laboratórios e hospitais na década de 1920.[48] Sem o apoio filantrópico das fundações, novas formas

A REINVENÇÃO DO CONHECIMENTO

de trabalho de campo social-científico não teriam surgido na época em que surgiram. Os financiamentos da Rockefeller apoiaram estudos acadêmicos tão vastos quanto expedições antropológicas à África Subsaariana e ao Pacífico Sul, produzindo estudos que serviram tanto ao progresso do conhecimento quanto às necessidades de administradores coloniais.[49] O dinheiro da Rockefeller financiou os Relatórios Kinsey sobre o comportamento sexual americano, desvendando conclusões sensacionais sobre sexualidade e masturbação nos EUA do pós-guerra. Com projetos como esses, o laboratório havia realmente se graduado, tornando-se uma instituição capaz de unir o mundo público da ciência aos aspectos mais íntimos das vidas de indivíduos espalhados por todo o globo. Todo o espaço dos encontros humanos, a começar pelo quarto de dormir, estava agora ao alcance de especialistas social-científicos.

CODA: ADMINISTRAÇÃO DA ERA ESPACIAL

Em 1969, no auge da Guerra Fria, James Webb, diretor da NASA, publicou *Space Age Management* [Administração da era espacial], anunciando a aplicação de técnicas social-científicas ao único espaço ainda não conquistado pelo laboratório: o próprio cosmo. "Nenhuma nação que aspire à grandeza", argumentou, "pode continuar a confiar nos métodos do passado. A menos que uma nação, intencional e sistematicamente, estimule e regule seus avanços tecnológicos, [...] ela certamente ficará para trás." Os desafios das viagens espaciais eram tanto gerenciais quanto técnicos. Nos cinco anos em que foi dirigida por Webb, a força de trabalho da NASA cresceu de 75 mil para 420 mil pessoas, dispersas em grande quantidade de laboratórios, universidades, agências governamentais e fornecedores industriais. A oficina do artesão tinha dado lugar a "sistemas temporários, adaptáveis, voltados para a solução de problemas e constituídos de uma diversidade de especialistas, todos conectados num fluxo orgânico por executivos coordenadores".

O LABORATÓRIO

O desafio de Webb era garantir que eles pudessem ser levados a realizar novos milagres, dentro do orçamento e dos prazos.[50]

Três décadas de guerra, quente e fria, inspiravam a análise de Webb. Aquela era foi batizada pelos historiadores de a era da "grande ciência", em contraste com a escala menor do laboratório anterior à Segunda Guerra Mundial. Começando com o Projeto Manhattan, que criou a bomba atômica, os cientistas haviam trazido novos espaços, invisíveis, para seu campo de ação. Eles exploravam potenciais ocultos, cindindo o átomo e revelando a estrutura do DNA. Mobilizavam-se contra ameaças invisíveis, desde a pólio à espreita em piscinas públicas até esputiniques piscando ameaçadoramente no céu noturno. Seus feitos requeriam vastos recursos, agregavam múltiplos subprojetos que se desenvolviam concomitantemente e engajavam imensas equipes de dedicados cientistas, engenheiros, administradores e trabalhadores que colaboravam em sistemas interdisciplinares de âmbito mundial. Os cientistas de laboratório haviam sido encarregados de expandir sua produção de conhecimento para beneficiar a democracia americana nos embates de vida ou morte contra rivais totalitários. Sob intensa pressão, seus líderes naturalmente foram em busca de práticas introduzidas nas ciências sociais do pré-guerra para garantir um fluxo contínuo de inovações.

Empreendedores capazes de conseguir financiamentos, especialistas em administração e os "melhores cérebros" encontraram papéis importantes e interligados nos grandes projetos científicos da Guerra Fria. O czar da política científica nacional, Vannevar Bush (1890-1974), um veterano dos experimentos com a iluminação em locais de trabalho (na Hawthorne) e ex-presidente do Instituto Carnegie, levou o governo federal a adotar as melhores práticas filantrópicas no estilo das fundações, construindo um vasto império de bolsistas que recebiam financiamento para pesquisas de ciência básica.[51] Por mais banal que seja hoje em dia, a disputa livre e aberta por bolsas de pesquisa era inimaginável na rival soviética, onde a grande ciência era dominada por planejadores centrais e impedimentos burocráticos.[52] Os *think tanks* eram outra criatura

233

A REINVENÇÃO DO CONHECIMENTO

genuinamente americana produzida pela generosidade do governo federal, tirando partido do culto da inteligência pura para realizar projetos jamais sonhados pelos funcionários militares (e, mais tarde, civis) que preenchiam seus cheques. Seu arquétipo, a RAND [Research and Development, ou Pesquisa e Desenvolvimento], exibia uma interdisciplinaridade promíscua somente possível num clima no qual bastava o QI para que alguém pudesse triunfar sobre o conhecimento especializado. Resultado do avanço de um projeto pioneiro para desenhar "uma espaçonave experimental que circulasse o mundo", a RAND também produziu simulações matemáticas de guerra nuclear, estudos dos sistemas de classe árabes e um modelo do Ministério Soviético da Economia em seu quartel-general em Santa Mônica.[53] Os "analistas de sistemas" da RAND ajudaram Robert McNamara a adotar cálculos de custo-benefício e índices de baixas no Pentágono da era Vietnã, e auxiliaram a cidade de Nova York a conceber programas de renovação urbana durante as reformas do programa Great Society de Lyndon Johnson.[54] A própria análise de sistemas descendia da "pesquisa operacional" britânica, inventada para coordenar homens, armas e equipamentos durante a Segunda Guerra Mundial. Assim como a engenharia de sistemas e o gerenciamento de projetos, essas ferramentas de engenharia social eram todas derivadas da administração científica de Taylor.[55]

Os Estados Unidos da Guerra Fria foram possuídos pela crença de que o mero poder do cérebro, reforçado por análises objetivas e nutrido por patronos de ampla visão, podia enfrentar todos os seus desafios militares, sociais e científicos. O programa espacial Apolo, dirigido por Webb, era a mais clara expressão disso: uma missão filantrópica para toda a humanidade ("um pequeno passo para um homem, um passo gigantesco para a humanidade", como disse Neil Armstrong ao pisar na Lua), o maior de todos os sistemas de administração da grande ciência, criado por cientistas de foguetes que eram os melhores entre os melhores cérebros. Retrospectivamente, é fácil identificar casos em que tais visões deram certo (a alunissagem da Apolo 11 em julho de

234

O LABORATÓRIO

1969), deram errado (Vietnã) ou produziram resultados ambíguos (o programa Great Society, a energia nuclear). Em todas essas instâncias, no entanto, os americanos viram seus sucessos e fracassos como experiências peculiares de um superpoder da Guerra Fria, sem paralelo na Europa Ocidental da época e não existente antes da guerra. E eram exatamente isso. Mas os elementos básicos que constituíam a grande ciência já estavam disponíveis nas primeiras décadas do século XX: eram simplesmente as faces gêmeas dos laboratórios, físico e social, que haviam sido fundidas. Guerras ininterruptas, a despeito de todas as deslumbrantes novas tecnologias que inspiraram, deixaram pouco tempo para inovações institucionais fundamentais. Ainda hoje, quase duas décadas após o final da Guerra Fria, é esse o mundo em que vivemos.

Conclusão

EM MEADOS DO SÉCULO XX, o laboratório havia ascendido a um status de dominância quase insuperável como instituição do saber. No verão de 1945, Vannevar Bush, o líder dos esforços científicos de guerra dos EUA, profetizou uma "fronteira sem fim" de progresso científico após o final da guerra. Mas o Projeto Manhattan, que ele ajudou a dirigir, também ameaçava a humanidade com um destino mais negro. As bombas atômicas detonadas sobre Hiroshima e Nagasaki deram aos cientistas uma responsabilidade transcendente até então reservada às religiões estabelecidas. "Estou me tornando a morte, o destruidor de mundos", conforme disse J. Robert Oppenheimer, o pai da bomba, citando o *Bhagavad Gita* (que ele lia em sânscrito) após assistir à explosão do primeiro cogumelo atômico sobre um lugar chamado, apropriadamente, Trinity, no estado do Novo México.

Quatorze anos depois, Walter M. Miller Jr. publicou um dos mais famosos trabalhos de ficção científica do período da Guerra Fria, *Um cântico para Leibowitz*. Miller era um artilheiro da força aérea que havia tomado parte nos bombardeios que arrasaram o antigo mosteiro de Monte Cassino em 1944, e ficou profundamente afetado por aquela destruição. Seu romance começa numa paisagem pós-apocalíptica de-

A REINVENÇÃO DO CONHECIMENTO

vastada pela guerra nuclear, tendo o mosteiro como único sobrevivente entre as instituições do saber. Um monge do século XXVI descobre um esconderijo com vários textos deixados por certo Leibowitz. Engenheiro, judeu convertido e um Cassiodoro moderno, Leibowitz havia criado uma abadia no deserto do sudoeste americano para preservar o conhecimento contra o "dilúvio de chamas" do século XX. Comicamente, os monges, por não compreenderem aquela escrita, tratavam os diagramas de circuitos de Leibowitz e sua lista de supermercado ("meio quilo de pastrami, uma lata de hortaliça em conserva, seis pãezinhos") com igual reverência.[1] Mas esses textos acabaram permitindo que as pessoas reconstruíssem a civilização antes que uma nova conflagração global enviasse os monges para as estrelas nos anos 3700.

Por mais improvável que fosse esse cenário de fantasia, o mundo real de Miller era um no qual intelectuais sérios, pela primeira vez desde Bede e Abbon de Fleury (c. 945-1004), defrontavam-se com a ameaça de um apocalipse iminente. Cientistas atômicos como Oppenheimer haviam usurpado dos monges o papel de guardiães do tempo. Em 1947, inventaram o famoso "Relógio do Apocalipse" (*Doomsday Clock*), cujos ponteiros ficavam posicionados poucos minutos antes da meia-noite e eram continuamente ajustados, para a frente ou para trás, indicando a probabilidade do holocausto nuclear.[2]

Mais de sessenta anos se passaram desde que o potencial destrutivo do laboratório aterrorizou o mundo pela primeira vez. Aquela época testemunhou não apenas uma guerra fria combatida e vencida, mas também um desfile de coisas maravilhosas, gadgets e descobertas que demonstravam a contínua capacidade do laboratório de inspirar a imaginação humana e melhorar vidas humanas, desde vacinas até tecnologias da informação, desde um homem na Lua até o mapeamento do genoma humano. Hoje, vivemos numa era em que o dilema entre o Armagedom e a "fronteira sem fim" de Vannevar Bush já foi resolvido (parece) a favor da última. A ameaça do holocausto nuclear diminuiu drasticamente desde a queda do comunismo soviético em 1989, e os

CONCLUSÃO

mesmos guerreiros da Guerra Fria que desenharam redes de computadores para antecipar e rebater ataques nucleares são agora celebrados como os criadores das *superhighways* da informação.*[3] Eventos históricos que marcaram época determinaram que o laboratório, não o mosteiro, continuasse a dominar a vida do saber. Outras tendências do final do século XX, como a democratização e comercialização do conhecimento, estão agora pressionando as instituições existentes para que atendam às demandas de uma "sociedade do conhecimento". Acima de tudo, a ascendência do laboratório está levando à revisão das missões básicas de outras instituições, empurrando algumas para a obsolescência e dando a outras um alento renovado.

A VIDA DAS INSTITUIÇÕES

Este livro desenvolveu o argumento de que o conhecimento foi fundamentalmente reinventado não menos que seis vezes na história do Ocidente. Cada capítulo mostrou como uma nova instituição substituiu sua antecessora, reagindo a drásticas transformações não antecipadas e que não puderam ser acomodadas por suas predecessoras. Na realidade, cada uma dessas instituições suplantou todas as que vieram antes delas ao gerar fundamentos e práticas inteiramente novos para a busca do conhecimento. Isso não significa que, das instituições aqui descritas, todas estejam mortas hoje, exceto o laboratório. O mosteiro está marginalizado, mas bibliotecas, universidades e suas disciplinas, assim como as instituições auxiliares da República das Letras — livros, museus e mesmo academias — continuam tão familiares como o Sol em todas as partes do mundo ocidental e na maior parte do mundo fora dele.

---

*Foi na RAND, o *think-tank* da Guerra Fria, que Paul Baran começou a desenvolver a comutação de pacotes (*packet-switching*) como forma de direcionar mensagens através de redes devastadas por um ataque nuclear; mais tarde, essa tecnologia flexível e escalonável inesperadamente permitiu que a Internet se expandisse exponencialmente.

A REINVENÇÃO DO CONHECIMENTO

O que explica sua sobrevivência, e de que formas elas perduram sob a égide do laboratório? Neste livro, concentramo-nos exclusivamente nos momentos de transição e fusão institucionais. A fim de compreender a atual organização do conhecimento, no entanto, precisamos examinar brevemente como se desenrola a vida de antigas instituições à medida que outras novas passam a predominar.

Vimos que, quando quer que uma nova instituição do saber se configure, ela tanto pode absorver sua predecessora e dar a ela um novo propósito quanto assumir uma missão totalmente diferente e deixá-la para trás. O primeiro par de instituições dá testemunho do primeiro padrão. As bibliotecas se disseminaram como agentes imperiais em tempos antigos, transplantando a cultura grega para todo o mundo do Mediterrâneo. Mais tarde, os mosteiros se formaram em meio ao colapso do Império Romano do Ocidente. Mas fazia muito tempo que cristãos como Agostinho adotavam as tradições eruditas da biblioteca greco-romana, e eles as refizeram para servir no esclarecimento e na análise das Escrituras.[4] Na verdade, todo mosteiro dispunha de sua própria pequena biblioteca, que continha as Escrituras, a Regra, livros litúrgicos e outros sobre leis e costumes, além de calendários e manuscritos de *computus*. Esvaziada de sua justificativa anterior como instrumento de poder político, redefinida para ser um lugar secundário para a leitura devocional e a espera paciente, a biblioteca regrediu, tornando-se um mero espaço para armazenar textos escritos — tal como permanece até hoje, um recipiente vazio pronto para conter o que quer que se lhe atribua. Os monges foram os primeiros a reformar seus conteúdos e usos, estabelecendo um precedente para todos os estudiosos que os sucederam. A biblioteca persiste, então, como um auxiliar fundamental para a busca do conhecimento, mas já não é uma instituição que ativamente o molde e o aplique.

Quando a universidade se configurou no século XII, em contraste, ela deixou o mosteiro para trás, intacto, mas irrelevante. Sendo uma instituição rural num mundo recém-urbanizado, fundamentada na esta-

CONCLUSÃO

bilidade em meio a uma sociedade cada vez mais dinâmica, o mosteiro não podia ser reformado para se adequar a novos tempos. Ele continuou a atrair homens e mulheres em busca de um refúgio espiritual, como ocorre com alguns ainda hoje. Mesmo Abelardo, aquele precursor do renascimento intelectual europeu, retirou-se para um deles depois de seu enfrentamento com o monge Bernardo. Mas, passadas apenas algumas gerações, a universidade havia superado o mosteiro como lugar de preservação do saber religioso. Na verdade, as universidades propagavam verbalmente os ensinamentos cristãos por meio de seus graduados em teologia, e atividades inteiramente novas foram acrescentadas, como o treinamento de advogados e médicos. Os mosteiros simplesmente nunca recuperaram sua função de organizadores do conhecimento. Como Miller antecipou, somente um acontecimento cataclísmico que novamente transformasse a civilização num ermo selvagem poderia devolver ao mosteiro sua relevância como uma instituição do saber.

E, assim, cada instituição superou a anterior, eliminando ou redefinindo, de modos diversos, velhas práticas do saber ao submetê-las a um novo e todo abrangente fundamento. Os humanistas na República das Letras contornaram espetacularmente a universidade, que se encontrava intelectualmente falida em consequência de conflitos religiosos, usando a correspondência a longa distância e revivendo modelos retóricos antigos para validar novas descobertas. Ainda assim, a República, por sua vez, foi subvertida pelos estudiosos das disciplinas, que renovaram e redesenharam completamente universidades moribundas, reconhecendo suas continuidades com a *universitas* medieval apenas no nome. De fato, alguns, como Fichte, defenderam o abandono do termo, tamanha a distância entre a nova "universidade de pesquisa" e as práticas do passado. Em particular, a gentil carta, tão apreciada na República das Letras, não tinha nenhum uso num mundo que reconcentrou os estudiosos em seminários presenciais; os acadêmicos envolvidos com as disciplinas usavam a correspondência, como usamos e-mail e telefone hoje, meramente por conveniência. Assim também livros,

A REINVENÇÃO DO CONHECIMENTO

museus e academias, que em algum momento desempenharam papéis indispensáveis ao legitimar o conhecimento não encontrado em textos canônicos, continuaram (e continuam) com várias funções públicas e acadêmicas para fins de educação, entretenimento e contatos. Mas suas contribuições ao conhecimento são agora governadas, em todos os casos, por protocolos disciplinares que vão da arte até a zoologia; em essência, encontraram o mesmo destino das bibliotecas que vieram antes deles.

A história do conhecimento bifurcou-se no século XIX, quando as disciplinas e o laboratório emergiram do que ainda continuava sendo uma república intelectual unificada na época dos Humboldts. As ciências naturais e sociais, obviamente, ganharam lugares seguros entre as disciplinas acadêmicas na universidade de pesquisa. Mas Pasteur e os institutos que levavam seu nome demonstraram que laboratórios isolados também podiam produzir benefícios médicos e sociais de grande impacto sobre as vidas das pessoas, tangivelmente aperfeiçoando a humanidade em questões que, entre os intelectuais nas humanidades, não poderiam passar de especulações ou palavras. Os cientistas sociais também encontraram abrigo tanto dentro quanto fora da torre de marfim, transformando indústrias, escolas, comunidades e outros espaços com seus conhecimentos especializados, mais notavelmente com a ajuda de grandes doações filantrópicas. Hoje, o laboratório e a universidade de pesquisa ainda continuam existindo como instituições do saber parcialmente superpostas, entrelaçadas. Embora o laboratório seja, cada vez mais, a parte dominante, as disciplinas não correm nenhum risco de desaparecer paulatinamente, como ocorreu com o mosteiro. As especialidades acadêmicas continuam a ser um instrumento fundamental para se lidar institucionalmente com a contínua proliferação de conhecimentos. Mas, dado que a dinâmica central na história do conhecimento tem sido a de uma única instituição superando suas predecessoras, o laboratório, por sua vez, permanece pronto para reformar e, possivelmente, reinventar as disciplinas.

CONCLUSÃO

ORIGENS DA "SOCIEDADE DO CONHECIMENTO"

Desde 1945, fortes tendências na produção, aplicação e disseminação do conhecimento têm decisivamente favorecido a contínua hegemonia do laboratório e, ao mesmo tempo, solapado a autoridade das disciplinas, especialmente nas humanidades tradicionais. A democratização do ensino superior americano no pós-guerra baseou-se em práticas social-científicas para promover uma expansão radical da universidade, transformando as disciplinas num remanescente sob ataque. Nas ciências naturais, descobertas que promoviam melhorias na vida e invenções que produziam lucros multiplicaram as conexões do laboratório com o mundo empresarial, comandando a comercialização e privatização do conhecimento e distanciando muitos cientistas dos valores disciplinares da pesquisa pura e voltada para interesses públicos. Finalmente, a Internet, incubada nos sigilosos laboratórios de computação durante a Guerra Fria, tem revivido o antigo sonho de uma biblioteca universal para servir aos ditames da democracia e do comércio, permitindo que o público exerça um maior poder de partilhar informações — e, possivelmente, conhecimentos — num espaço totalmente independente das disciplinas. Nos idos de 1970, analistas sociais ainda falavam de uma universidade de pesquisa como uma âncora institucional da economia pós-industrial.[5] Uma geração mais tarde, o equilíbrio mudou, e os laboratórios, tanto dentro quanto fora da universidade, passaram a comandar o crescimento de nossa alardeada "sociedade do conhecimento".

Democratização

Na década de 1960, a aspiração universal ao ensino superior havia se tornado um elemento permanente do sonho americano. As matrículas de estudantes explodiram no pós-guerra graças aos efeitos combinados da lei de readaptação das forças armadas (*GI Bill*, de 1944), do *baby boom*, do dramático crescimento dos recursos federais para educação e

A REINVENÇÃO DO CONHECIMENTO

ciência após o esputinique e da luta para evitar ou adiar os alistamentos militares durante a Guerra do Vietnã. Clark Kerr, presidente do sistema da Universidade da Califórnia, com quase 100 mil estudantes em diversos campi no início dos anos 1960, falou entusiasticamente sobre a nova "multiversidade" americana como a primeira instituição de ensino superior verdadeiramente democrática em todo o mundo. Um especialista em relações no trabalho, Kerr via a multiversidade como um gigantesco sistema de administração com muitos centros, servindo a inúmeras necessidades e a diversos públicos — "um mecanismo mantido unido por regras administrativas e movido pelo dinheiro", como a descreveu.[6] Mas, mal Kerr havia terminado seu panegírico à "indústria do conhecimento", em 1963, estudantes em Berkeley, o mais destacado campus da Califórnia, o presentearam com uma paralisante crise de relações humanas. O que começou em 1964 como um protesto contra a segregação racial no sul do país escalou para um conflito de amplas proporções contra Kerr, por supostos erros seus ao lidar com as liberdades intelectuais dos estudantes. Ativistas do Free Speech Movement [Movimento pela Liberdade de Expressão], um precursor do radicalismo universitário, também se voltaram contra a desumanizante tecnologia que mediava suas interações com a burocracia da universidade. Um deles se fantasiou como um cartão IBM perfurado onde se lia "Por favor, não me entorte, dobre, amasse nem mutile", exprimindo assim sua cólera contra os enormes computadores que ajudavam a administrar a multiversidade.[7]

Durante a Guerra Fria, a contracultura estudantil eclodiu num momento de reajustes tectônicos na universidade, no qual os valores e as práticas do laboratório estavam atropelando uma instituição cada vez mais antiquada cujo cerne era formado pelas disciplinas das artes liberais. No mesmo ano em que Kerr foi demitido, 1967, o sistema da Universidade da Califórnia recorreu novamente às ciências sociais, usando testes de inteligência para ajudar a implementar o "Plano Mestre" de Kerr de separar mecanicamente os alunos que se formavam no

244

CONCLUSÃO

curso secundário e distribuí-los entre os três níveis de universidades e escolas técnicas superiores existentes no estado.[8] Uma consequência direta do movimento que introduziu os testes de inteligência no início do século XX, o agora ubíquo SAT (Teste de Aptidão Acadêmica) havia sido concebido explicitamente para medir não o progresso acadêmico, mas a aptidão mental, qualidade vista como muito mais próxima da inteligência básica. Na década de 1940, James Conant, presidente de Harvard, um renomado químico e assessor de Vannevar Bush durante a guerra, havia ajudado a garantir o uso do SAT como instrumento organizador da meritocracia americana. Embora Conant tenha também exercido pressão para que se adotasse um programa de Grandes Livros* em Harvard, publicando, em 1945, um influente relatório intitulado *General education in a free society* [A educação geral numa sociedade livre], a demografia do pós-guerra tornou possível que o SAT, e não o predomínio das artes liberais e das ciências, permanecesse como seu mais duradouro legado. O ano de 1968 foi (e provavelmente continuará sendo) a última vez em que aqueles que se formavam nas artes liberais e nas ciências predominaram sobre os que buscavam treinamento vocacional, prático ou pré-profissional em áreas como negócios e educação. A década de 1970 assistiu ao rápido avanço de novas (e, às vezes, pseudo) disciplinas, desde ciência mortuária e serviços recreativos até serviço social e, destacadamente, ciência da computação.[9] Num padrão que fazia lembrar o século XIII, estudantes rebelados haviam retornado à busca de credenciais, enquanto a universidade reprisava seu papel medieval de serva da economia do conhecimento.

Enquanto isso, veteranos dos anos 1960 que haviam se mantido firmemente arraigados a seus princípios de contracultura organizaram uma "longa marcha através das instituições", nas palavras de um crítico.

---

*A ideia dos Grandes Livros surgiu de uma discussão entre acadêmicos e educadores americanos nas décadas de 1920 e 1930 a respeito de como melhorar o sistema de educação superior, fazendo-o retornar à tradição de um amplo aprendizado multidisciplinar. A lista inicial, composta das cem obras que constituiriam o cânone ocidental, gerou programas completos de cursos, e existem, ainda hoje, faculdades norte-americanas dedicadas exclusivamente ao ensino dos Grandes Livros. [*N. da T.*]

A REINVENÇÃO DO CONHECIMENTO

Depois de amadurecer como professores do quadro permanente nos anos 1980, lideraram uma campanha contra o humanismo clássico, de dentro das universidades.[10] Os ganhos obtidos, naquele ínterim, pelas mulheres, pelos afro-americanos e outros haviam tornado anacrônico o currículo tradicional. Em 1988, os estudantes emprestaram suas vozes à causa, gritando palavras de ordem: "hey, hey, hey — hal, hal, hal — joga fora — a Cultura Ocidental", numa efêmera reedição da era de protestos dos anos 1960 em Stanford (eles se referiam a um curso obrigatório, não a toda a tradição intelectual do Ocidente). Um programa de ensino liberal, antes visto como fornecendo a própria arquitetura da mente, passava a ser visto, dois séculos depois de criado pelos filólogos clássicos, como uma indefensável glorificação do macho europeu branco. Apesar de a demanda democrática por mais relevância e praticidade nos cursos ofertados haver conduzido à proliferação de cada vez mais especialidades, a universidade de pesquisa libertou-se do humanismo, do neo-humanismo e de todo tipo de cânones textuais. Em conjunto, o ataque aos cânones da civilização ocidental, o surgimento dos campos vocacionais de ensino e a substituição de avaliações de inteligência humanísticas, subjetivas, por medidas quantitativas como o SAT e a GPA [média geral das notas, ou *grade point average*, em inglês] erodiram os próprios alicerces sobre os quais as disciplinas haviam sido originalmente construídas.

Acima de tudo, e diferentemente de quando o domínio da linguagem e da cultura constituía o principal requisito para admissão na universidade, as disciplinas já não eram o princípio orientador dos sistemas de educação primária e secundária de massa. Em vez disso, cientistas sociais em escolas de educação, incitados por grandes somas de recurso vindas da filantropia federal, assumiram a tarefa que até então coubera aos intelectuais das universidades de pesquisa, passando a desenhar os currículos e os padrões instrucionais no nível pré-universitário.[11] A despeito de todo o clamor em torno da "correção política", a silenciosa abdicação das disciplinas, abrindo mão da expressiva influência que

CONCLUSÃO

até então exerciam sobre a pedagogia, representa seu mais importante afastamento do sistema abrangente, integrado e sequenciado de ensino e pesquisa estabelecido por Wilhelm von Humboldt.

Comercialização

Mesmo com as disciplinas das humanidades em agitação na década de 1980, os campos das ciências naturais e da engenharia avançavam como motores do crescimento econômico tanto dentro quanto fora da universidade de pesquisa. Aqui também a expansão institucional do laboratório baseou-se em um amplo precedente do pós-guerra. Em seu seminal *Science: the endless frontier** [Ciência: a fronteira sem fim], de 1945, Vannevar Bush havia assinalado que, no pós-guerra, o financiamento federal para a ciência básica respeitaria e mesmo reforçaria a autonomia das disciplinas. Enfrentando populistas no Congresso, que demandavam resultados científicos práticos, aplicados, para os dólares dos contribuintes, o ex-engenheiro do MIT assegurou que as universidades continuariam a realizar pesquisa básica, deixando a outras entidades o desenvolvimento e a comercialização dos produtos.[12] No entanto, a filantropia federal transformou muitos cientistas em empreendedores especializados em levantar fundos, ainda que a concessão de bolsas e financiamentos por agências como a National Science Foundation e o National Institutes for Health fosse estritamente governada pelos mais altos padrões de revisão acadêmica por pares. Na realidade, a interface que Bush estabeleceu entre laboratórios de universidades e seus patrocinadores de fora das disciplinas abriu o que hoje se tornou uma porta giratória para pessoas, ideias e práticas organizacionais, derrubando as antigas fronteiras até então existentes.

---

*A íntegra deste texto notável está na Internet, em inglês, no site http://www.nsf.gov/od/lpa/nsf50/ vbush1945.htm. Um link para as cartas de Roosevelt e Bush, bem como para um resumo do texto traduzido e publicado pela Unicamp, está em http://www.inovacao.unicamp.br/report/inte-abre_bush. shtml. [N. da T.]

A REINVENÇÃO DO CONHECIMENTO

Os aspectos sedutores do laboratório levaram algumas das mais brilhantes mentes científicas a abandonar totalmente a universidade, muitas delas trocando a autonomia da pesquisa por posições mais lucrativas e influentes, às vezes em agências governamentais, mas, acima de tudo, no mundo corporativo. Sob a direção de um dos alunos de Bush, Frederick Terman, filho do famoso criador do teste de QI, Lewis Terman, a Universidade de Stanford tornou-se, já na década de 1950, o centro do que mais tarde veio a ser a mais poderosa concentração, em todo o mundo, de pesquisa e desenvolvimento de alta tecnologia.[13] Apelidado de "o pai do Vale do Silício", Terman fez das parcerias com laboratórios industriais locais (muitos deles com contratos no Departamento de Defesa) um aspecto dominante, e ainda em rápida expansão, da universidade de pesquisa do pós-guerra. Ele deu um apoio fundamental a seus próprios estudantes David Hewlett e William Packard, cofundadores do que é hoje uma das maiores empresas de tecnologia da informação, e a William Shockley, inventor do transistor, um precursor dos circuitos integrados produzidos com silício e hoje presentes em todos os computadores. Instalados na vizinhança do campus de Stanford, os empreendedores, amadores e hackers do Vale do Silício transformaram o computador pessoal numa das mais rentáveis invenções do laboratório — para não mencionar o poder que se pode derivar de seu uso. Ilustrando uma surpreendente continuidade com as oficinas artesanais que eram os laboratórios do século XIX, a computação tornou-se talvez o último dos grandes campos da engenharia abertos a experimentadores não credenciados. Vejam-se os casos de Steve Wozniak (que abandonou a universidade) e Steve Jobs, que improvisaram o primeiro computador Apple quando trabalhavam numa garagem em San José, conectando circuitos integrados disponíveis no mercado.

Hoje, o Vale do Silício é a mais importante entre as diversas "cidades do conhecimento" regionais ancoradas por universidades (Stanford e Berkeley, MIT e Harvard, Duke e Chapel Hill), cercadas por empresas nas áreas de computação, eletrônica, produtos farmacêuticos e biotec-

248

CONCLUSÃO

nologia.[14] As características anfíbias do laboratório, capaz de prosperar tanto dentro quanto fora dos muros das universidades, fizeram com que várias dessas áreas se agigantassem, transformando em anãs as universidades de pesquisa onde hoje são apenas parcialmente abrigadas. Muitas das maiores universidades do mundo estão quase encolhidas à sombra de seus centros de saúde; mesmo em Harvard, quase 11 mil do total de 13 mil docentes trabalhavam na escola de medicina em 2007.[15] Milhares de outros se aglomeravam nos florescentes impérios de genética e ciências da vida espalhados pela área metropolitana de Boston. A computação, principalmente, havia gerado concentrações de intelectos em locais improváveis que não contavam com a assistência de universidades alimentadoras nas vizinhanças. Bill Gates, outro que abandonou a universidade, transformou Seattle na capital mundial do software depois de transferir para lá a Microsoft, que ele cofundara em Albuquerque. Gates teve sua grande chance no momento em que a IBM, famosa por seus cartões perfurados, fazia um grande esforço para se igualar à Apple com seu próprio PC. Para isso, ela contratou a Microsoft para produzir o que, inesperadamente, transformou-se num sistema operacional espantosamente lucrativo. Tendo se tornado o homem mais rico da história em consequência disso, Gates então usou sua riqueza, como haviam feito outros magnatas antes dele, para criar a maior fundação filantrópica do mundo.

A nova economia do conhecimento seduz muitos acadêmicos universitários, afasta-os de suas redes profissionais especializadas, e os motiva a fazer todo tipo de conexões com empreendedores corporativos, administradores e cientistas que trabalham para organizações. O fenômeno do "capitalismo acadêmico" agora sustenta canais permanentes, de mão dupla, que envolvem contatos e influências mútuas entre universidades de pesquisa e o mundo dos negócios.[16] Nos campi de muitas universidades, os escritórios de transferência de tecnologia assumem papel ativo, patenteando e licenciando inovações científicas lucrativas; integrantes do corpo docente frequentemente optam por privatizar os

A REINVENÇÃO DO CONHECIMENTO

ganhos de suas descobertas pessoais em vez de publicar os resultados para benefício da comunidade científica mais ampla. Em certos sentidos, corporações e universidades são locais de comércio. Embora os administradores universitários estejam novamente se voltando para técnicas de gerenciamento corporativo a fim de induzir os departamentos a gerar mais horas-crédito de estudantes e avaliar o desempenho acadêmico dos professores, empresas de alta tecnologia como a Microsoft competem por talentos escassos oferecendo generosos períodos de licença e verdejantes campi corporativos, chegando mesmo a apoiar a pesquisa acadêmica aberta.[17] De modo parecido, empresas de consultoria empresarial como a McKinsey & Co. recrutam mentes talentosas da academia e as transformam em cientistas sociais experimentais. Redesenhando hospitais, fábricas e outras instituições para "mobilizar as mentes" para o ganho econômico, consultores de administração aplicam metodologias acadêmicas para colher lucros e obter influência, livres das restrições do credenciamento disciplinar e profissional.[18] Para muitos "trabalhadores do conhecimento", a excitação intelectual não está nos tradicionais santuários da liberdade acadêmica, mas, principalmente, nos locais onde o experimentalismo do laboratório encontra o empreendedorismo da corporação e com ele se entrelaça.

A Internet

No centro da sociedade do conhecimento está o computador em rede, um equipamento de informação nascido no laboratório e democratizado pelo comércio. Em outro ensaio de 1945, *As we may think* [Conforme podemos pensar], Vannevar Bush prefigurou uma máquina de uso pessoal que ficaria sobre a escrivaninha e substituiria toda uma biblioteca.[19] Um teclado e um visor permitiriam que seu usuário consultasse todo o conhecimento acumulado por toda a humanidade. A memória da máquina gravaria os rasgos de inspiração do indivíduo por meio de massas de textos, permitindo que o buscador lidasse com a sobrecarga

CONCLUSÃO

de conhecimentos produzidos por uma civilização mais avançada que qualquer uma das que a haviam precedido. O sonho de Bush com o que ele chamou de Memex vinha sendo gestado desde a década de 1930, mas os computadores de sua época ofereciam pouca chance de que pudesse ser realizado. O termo "computadora" originalmente se referia a mulheres alistadas durante a Segunda Guerra Mundial para realizar tediosos cálculos de balística, a mão, e então cuidar da manutenção de monstros como o ENIAC, o primeiro computador digital, que fez os cálculos para a bomba H. Confirmando as tradições artesanais do laboratório, as capitãs Grade Hopper e Lois Haibt começaram a carreira com o trabalho menor de substituir válvulas eletrônicas, e chegaram ao desenvolvimento de linguagens avançadas de programação como FOR-TRAN e COBOL.[20] Foi somente na década de 1960 que os cientistas da computação puderam começar a "implementar [novas] maneiras de o homem produzir, armazenar e consultar os registros da espécie [humana]", conforme antecipara Bush. Entre os que se inspiraram com esse ensaio estavam Douglas Engelbart, inventor do mouse para computador, e J.C.R. Licklider, cujo livro *Libraries of the future* [Bibliotecas do futuro] (1965) descrevia uma biblioteca digitalizada em rede que podia ser acessada por múltiplos usuários e era capaz de aprender com as perguntas e retornos recebidos e adaptar-se continuamente a eles.[21]

Bush nunca antecipou as redes, nem humanas nem eletrônicas, que dariam vida à sua visão; foram elas que aceleraram o ato da comunicação e eliminaram as limitações de espaço e tempo. O domínio virtual a que chamamos de ciberespaço originou-se nos esforços dos laboratórios durante a Guerra Fria para criar um "mundo fechado" visualizado em telas de computador e que respondesse instantaneamente à orientação humana.[22] Seu ancestral intelectual, o matemático do MIT Norbert Wiener, desenvolveu uma teoria abrangente para controle de máquinas e interação com elas depois de ser designado por Bush para trabalhar com artilharia antiaérea automática durante a guerra. Revertendo a seus instintos pacíficos após o final do conflito, ele moldou a "cibernética":

A REINVENÇÃO DO CONHECIMENTO

ela seria como uma ponte entre as ciências físicas e sociais que guiavam "o uso humano de seres humanos".[23] Licklider, um psicólogo cognitivo do MIT que atuava nos círculos cibernéticos de Wiener, tornou-se talvez o mais entusiasta proponente de sua nova "simbiose homem-computador".[24] Um veterano do SAGE, o sistema militar computadorizado de alerta precoce dos Estados Unidos, concebido para detectar bombardeiros soviéticos que voassem sobre o Polo Norte, Licklider ajudou a converter o sonho tecnológico de redes de computadores numa realidade da engenharia na Advanced Research Projects Agency (ARPA), o *think tank* do Departamento de Defesa que mais tarde criou a ARPANET, precursora da Internet.

Nascido num ambiente obscurecido pela guerra e pelo uso da ciência para o desenvolvimento de armas, os computadores e as redes de computadores espalharam-se em pouco tempo por universidades de pesquisa, instalações empresariais e, finalmente, pelo mercado consumidor mais amplo. A "cibercultura" dos primeiros pioneiros da Internet apresenta similaridades notáveis com a República das Letras do início dos tempos modernos, que havia rompido com as universidades medievais politizadas pela religião. Entre o final da década de 1960 e o início dos anos 1980, renegados de cabelos compridos, trabalhando nas entranhas do complexo conhecimento-poder dos dias modernos, transformaram o computador, que passou de símbolo de arregimentação corporativa a uma tecnologia para facilitar a expressão pessoal e a colaboração aberta. Steward Brand destacava-se no centro de suas redes (humanas), intermediando surpreendentes encontros entre a contracultura da área da baía de São Francisco e os laboratórios de pesquisa das empresas de material bélico do Vale do Silício. Brand celebrou a proposta de vida alternativa de Norbert Wiener nas páginas de seu *Whole Earth Catalog* [Catálogo do mundo inteiro]; filmou Douglas Engelbert na hoje lendária demonstração do mouse, do hipertexto e de redes on-line em 1969; convocou uma conferência de hackers em 1984, à qual compareceram Steve Wozniak e outros pioneiros do PC; e, recentemente, propôs a

252

CONCLUSÃO

criação da Biblioteca de Dez Mil Anos, descrita em nossa introdução. Mediadores como Brand instilaram na prática dos computadores em rede os mesmos valores utópicos de companheirismo associados a comunas hippies, viagens de ácido e concertos dos Grateful Dead.[25] O atual utopismo da informação, nascido de um humanismo contra-cultural autóctone para substituir o desacreditado humanismo clássico da República das Letras, é um dos mais duradouros legados dos anos 1960, e tem profundas raízes na história americana.[26]

A decisão de abrir a Internet para Provedores de Serviços de Internet comerciais na década de 1990 foi meramente o resultado do reconheci-mento de que muitos milhares de usuários em laboratórios de computa-ção em todo o país e no mundo já haviam efetivamente democratizado a rede.[27] Os PCs colonizaram residências, escolas e locais de trabalho e, em pouco tempo, atraíram usuários de todas as idades, interesses e níveis de habilidade para a prática de *networking*. Logo depois da der-rota do comunismo em 1989, um novo internacionalismo movido por consumidores floresceu com o desenvolvimento da internet. A crença de que o acesso à informação e seu consumo ampliam os poderes dos cidadãos atua agora como um de seus principais suportes ideológicos. Os próprios usuários da Internet reformatam a informação disponível na rede. A Wikipédia, por exemplo, é uma enciclopédia on-line cada vez mais confiável, criada e continuamente atualizada por seus próprios usuários.[28] O Google, o mais bem-sucedido mecanismo de busca da Internet, "apoia-se na natureza peculiarmente democrática da rede" para organizar as páginas por ordem de popularidade, com "um link da página A para a página B" interpretado como "um voto da página A à página B".[29] Tais algoritmos aplicam a "sabedoria das multidões", o gênio da moderna economia do consumidor, ao problema de sobrecarga de informação que o Memex havia pretendido resolver.[30]

Mas a Internet comercializada, democratizada, serve, de fato, a um número muito maior de necessidades que a biblioteca automatizada imaginada por Bush e Licklider. O laboratório tem posto tamanha

A REINVENÇÃO DO CONHECIMENTO

quantidade de informação na ponta de nossos dedos, que muitos agora estabelecem uma relação de identidade entre a informação e o próprio conhecimento. A "simbiose homem-computador" tornou-se tão bem-sucedida, adaptando os usos humanos do computador e, simultaneamente, reformatando-os, que já não são necessárias habilidades especiais para garantir o acesso fácil e instantâneo a textos, imagens, músicas, jogos e uma cornucópia de produtos e informações encontrados on-line. Resta ver, simplesmente, se a Internet continuará a constituir a mais poderosa contribuição do laboratório à sociedade do conhecimento ou se permitirá que as comunidades on-line se tornem o germe de uma instituição do conhecimento inteiramente nova.

O CONHECIMENTO HOJE

Atualmente, o laboratório e as disciplinas permanecem como as únicas instituições do conhecimento remanescentes em todo o globo, não apenas nos EUA. Somente no mundo islâmico as tradicionais *madrasas* florescem lado a lado com universidades do estilo ocidental. Mas a habilidade das *madrasas*, uma instituição notavelmente diversificada, de falar pelos valores humanos da maior parte dos muçulmanos foi catastroficamente podada por aquelas que agora funcionam como campos de treinamento para terroristas.[31] Os dois outros rivais históricos do Ocidente, China e Índia, há muito se curvaram à supremacia da universidade. A China aboliu seu sistema confuciano de exames no início do século XX, seguindo o Japão da era Meiji ao adotar a universidade de pesquisa alemã como modelo. No entanto, suas tradições confucianas de ativismo político acadêmico (e até de martírio) sobreviveram ao tempo e puderam ser vistas nos protestos na Praça Tiananmen, liderados por estudantes da Universidade de Pequim em 1989.[32] A Índia, como já vimos, tem mantido *colleges* de fala inglesa desde o século XIX, uma tradição que hoje facilita seu avanço na área de tecnologias de ponta.

CONCLUSÃO

Gurus, panditas e *sastras* ainda sobrevivem nuns poucos campos não representados no currículo ocidental, como ioga e medicina ayurvédica. No entanto, já no início dos anos 1900, pesquisadores de laboratório na Índia estavam conectando iogues a máquinas de eletrocardiograma e monitores de respiração para avaliar as afirmações do *yogasastra*.[33]

A ciência de laboratório e seus feitos são agora o principal meio pelo qual os sistemas de conhecimento ocidentais manifestam sua superioridade ao resto do mundo. O laboratório é, afinal, a única instituição ocidental para a qual não existe um análogo não ocidental. É também a única cujos benefícios a todas as sociedades podem ser tangivelmente demonstráveis, e a única capaz de atravessar fronteiras internacionais praticamente sem sofrer restrições advindas de cânones de conhecimento culturais ou linguísticos específicos. Em décadas recentes, tanto a China quanto a Índia mandaram muitos milhares de estudantes para universidades norte-americanas, onde eles tradicionalmente entram nos campos da ciência e engenharia. Universidades de pesquisa como Stanford e o MIT ainda canalizam os melhores desses cientistas estrangeiros para a economia do conhecimento americana. Ao final dos anos 1990, imigrantes chineses e indianos estavam à frente de espantosos quase 30% dos novos empreendimentos de alta tecnologia no Vale do Silício.[34] Mas a própria portabilidade do laboratório pode, em pouco tempo, juntar-se às forças da globalização para levar essas firmas para fora dos Estados Unidos, como já tem acontecido em centros como Taiwan e Bangalore e, sem dúvida, continuará a ocorrer em cidades do conhecimento em todo o globo.[35]

Em meio à ascendência mundial do laboratório, nós agora enfrentamos a tarefa de discernir o que é duradouro do que é efêmero, em meio a um clima de contínua euforia tecnológica e de frágil triunfalismo americano. Promotores da tão propagada "era da informação" frequentemente esquecem que o conhecimento está sempre associado à conexão de pessoas, e não à coleção de informações. Computadores e Internet, apesar de todo o seu potencial democrático, meramente nos

A REINVENÇÃO DO CONHECIMENTO

permitem realizar sonhos de genialidade *high-tech* concebidos há várias décadas, numa época em que nada parecia impossível à inventividade americana. Novas comunidades eletrônicas como wikis e blogs, atualmente chamadas, no conjunto, de Web 2.0, no mínimo tornam mais difícil a busca on-line de conhecimento confiável, autêntico, na medida em que eliminam do cenário os guardiães culturais tradicionalmente credenciados.[36] Relativamente poucos fóruns em rede oferecem uma alternativa verdadeiramente democrática ao debate centrado, substantivo, argumentado — e elitista — que ainda governa as disciplinas. A disseminada combinação de conhecimento e informação reflete que já não damos valor à forma como as disciplinas interpretam textos e ideias, arte e música, e outros produtos da cultura. Ainda assim, a Internet não tem feito nada para pôr em questão o know-how experimental, tecnológico, que foi, desde sempre, o ponto forte do laboratório. A fascinação pública com suas realizações confunde nossas tentativas de resolver questões pendentes levantadas pela hegemonia do laboratório. Conflitos entre a manipulação científica da natureza e valores humanos fundamentais alimentam alguns dos mais acalorados debates políticos de hoje. No setor de cuidados de saúde, os sucessos mais incontestáveis do laboratório no pós-guerra — a cura de doenças — estão ameaçados por custos cada vez mais elevados e pelo acesso muito desigual aos benefícios; essas dificuldades têm deixado para trás nossos melhores sistemas social-científicos de elaboração de políticas e de gerenciamento corporativo. Uma contínua degradação ambiental, sem dúvida o maior desafio a ser enfrentado pela civilização no futuro, nos espreita como se fosse uma catástrofe tecnologicamente induzida da qual somente melhores tecnologias, assim parece, podem nos salvar.

A despeito de tais desafios, uma fé ilimitada na ciência continua a ver as discussões humanistas de valores como fora de moda e sentimentais. A própria definição de "ser humano" tem sido sacudida. As ferramentas analíticas da teoria da informação têm guiado a decifração do código genético, levando um geneticista de Harvard, Walter Gilbert, a pro-

CONCLUSÃO

clamar que "a pessoa poderá puxar um CD do bolso e dizer: Aqui está um ser humano, sou eu!"[37] O poder da informatização transformou a economia numa disciplina rigorosamente quantitativa, permitindo a seus praticantes manipular grandes conjuntos de dados sobre o comportamento humano e encorajando-os a redefinir o significado dos atributos essencialmente humanos de racionalidade e escolha.[38] A interdisciplinaridade reina suprema em campos como neurociência cognitiva e biologia evolucionária, gerando excitação, mas também a arrogância que vem de se transgredir as fronteiras entre as disciplinas. Confrontando os estudiosos das humanidades em seu próprio terreno, seus praticantes oferecem explicações para por que acreditamos em Deus ou amamos nossos filhos, odiamos nossos inimigos e ajudamos a nossos amigos — questões a que costumávamos responder lendo Homero ou Shakespeare. Até a filosofia, uma das mais antigas tradições humanistas, tornou-se, em muitas partes, quase uma subárea da matemática abstrata.

À medida que a sociedade do conhecimento se globaliza, é provável que os valores do laboratório continuem a transformar as práticas e a redefinir a missão das disciplinas, apesar de universidades no estilo ocidental continuarem proliferando. Isso pode produzir novas mudanças positivas. No futuro, as pessoas poderão ainda lecionar, aprender e realizar pesquisas em lugares chamados universidades. Mas essas podem ser transformadas pelo laboratório em espaços de experimentação institucional ativa e de inovação pedagógica. O acesso universal ao conhecimento codificado on-line pode permitir que as universidades se concentrem no ensino experimental incodificável — um traço permanente da vida do laboratório —, que só pode ser transmitido pessoalmente, seja por químicos ou por professores de inglês. Os produtores de conhecimentos nas disciplinas podem ser inspirados pelo compromisso do laboratório com as necessidades públicas, em vez de basear suas ideias, invenções, publicações e pedagogia em comunidades fechadas, autossustentadas, de subespecialistas. O contato crescente com espaços fora da torre de marfim — negócios, governos, hospitais, comunidades vizinhas, organizações de serviços sociais, escolas primárias e secundárias — pode dar aos estudiosos a chance de aplicar e refinar seu saber em contextos experimentais. Sessenta anos de transformações no conhecimento têm visto movimentos, por mais desiguais, intermitentes e contestados que sejam, em todas essas direções. Naturalmente, os futuros desenvolvimentos são imprevisíveis. Podem levar décadas ou mesmo séculos; podem ocorrer fora dos Estados Unidos; e podem assumir a forma de mudanças sutis, em vez de revolucionárias. A tarefa das gerações vindouras é garantir que os valores do laboratório — experimentação incansável, igualdade democrática e melhoria social — estejam institucionalizados somente em seus sentidos mais amplos, capazes de conferir mais poder e mais próximos do humano.

Agradecimentos

A IDEIA DESTE LIVRO nasceu na Associação dos Docentes de Harvard, cujos três anos de liberdade intelectual irrestrita nos deu uma perspectiva crítica a respeito das instituições acadêmicas às quais temos devotado nossas carreiras. Depois, testamos seu esquema com estudantes de graduação na Universidade de Oregon, que heroicamente se submeteram a encenar debates, escrever propostas de financiamento fictícias e copiar manuscritos à mão como parte de um curso chamado "A organização do conhecimento". Nossa gratidão vai, em primeiro lugar, para eles. Gostaríamos também de agradecer aos bibliotecários de Oregon, que, embora trabalhassem com as mais modernas tecnologias digitais de informação, salvaguardaram o acesso a livros físicos num maravilhoso edifício que abriga a biblioteca. Este livro não teria sido possível sem a sinergia produzida pela biblioteca moderna de pesquisa, tal como ocorria com seus distantes ancestrais.

Muitos colegas em departamentos espalhados por todo o país foram generosos com suas ideias, bibliografias e trabalhos em andamento: Karl Appuhn, John Carson, Michael Gordin, Ellen Herman, Jack Maddex, David Mengel, Itay Neeman, Daniel Pope, Helmut Puff e F. Jamil Ragep. Maya Jasonoff e Glenn May nos apresentaram a Steve

Forman, nosso incomparável editor na W. W. Norton & Company. Steve é um cibernauta no melhor sentido do termo: o timoneiro de um projeto que, sem sua orientação sutil, nunca teria desfraldado as velas nem retornado ao porto inicial.

Desde o início, este livro foi um projeto verdadeiramente colaborativo. Ian F. McNeely concebeu, pesquisou e escreveu a maior parte dele, enquanto Lisa Wolverton fez a versão inicial do Capítulo 2, deu forma aos restantes e, durante todo o processo, manteve o livro fiel à concepção inicial. Nós o dedicamos, com amor, a nossas filhas, Margot e Jing.

Notas

INTRODUÇÃO

1. Ver http://www.longnow.org/projects/conferences/10klibrary e Stewart Brand, *The Clock of the Long Now: Time and Responsibility* (Nova York: Basic Books, 1999), 93-104.

I. A BIBLIOTECA

1. Peter Green, *Alexander to Actium: The Historical Evolution of the Hellenistic Age* (Berkeley: University of California Press, 1990), 44-48, 72-73, 85-89.
2. Eva C. Keuls, *The Reign of the Phallus: Sexual Politics in Ancient Athens* (Nova York: Harper & Row, 1985).
3. Henri Irénée Marrou, *A History of Education in Antiquity* (Madison: University of Wisconsin Press, 1982), 26-35.
4. Rudolf Pfeiffer, *History of Classical Scholarship from the Beginnings to the End of the Hellenistic Age* (Oxford: Clarendon, 1968), 16-56.
5. Randall Collins, *The Sociology of Philosophies: A Global Theory of Intellectual Change* (Cambridge, Massachusetts: Harvard University Press, 1998), 87-88.
6. Ibid., 101-102.
7. Luciano Canfora, *The Vanished Library* (Berkeley: University of California Press, 1989), 49.

A REINVENÇÃO DO CONHECIMENTO

8. L. D. Reynolds e Nigel Guy Wilson, *Scribes and Scholars: A Guide to the Transmission of Greek and Latin Literature* (Oxford: Oxford University Press, 1991), 5 ff e esp. 12 sobre a história a respeito da releitura de Zenódoto relendo a *Ilíada*, Livro III, linhas 423-26.

9. Alain Le Boulluec, "Alien Wisdom", em *Alexandria, Third Century BC: The Knowledge of the World in a Single City*, orgs. Christian Jacob e Francois Polignac (Alexandria: Harpocrates, 2000), 56-69, detalhando a terminologia e os escritos de Arnaldo Momigliano.

10. "Letter of Aristeas to Philocrates", em *Alexandria, Third Century BC*, 70-71.

11. P. M. Fraser, *Ptolemaic Alexandria* (Oxford: Oxford University Press, 1972), vol. I, 770-75; Nita Krevans, "Callimachus and the Pedestrian Muse", em *Callimachus II*, orgs. Annette Harder, Gerry C. Wakker e Remco F. Regtuit (Groningen: Peeters, 2002), 173-84, citações em 175.

12. Felipe de Tessalônica, citado em Mary Margolies DeForest, *Apollonius' Argonautica: A Callimachean Epic* (Leiden: E. J. Brill, 1994), 33.

13. Christian Jacob e Francois Polignac, "The Alexandrian Mirage", em *Alexandria, Third Century BC*, 17.

14. Adaptado de Derk Bodde, *China's First Unifier: A Study of the Ch'in Dynasty As Seen in the Life of Li Ssu, 280?-208 B.C.* (Leiden: E. J. Brill, 1938), 82-83, e Tsuen-hsuin Tsien, *Written on Bamboo and Silk: The Beginnings of Chinese Books and Inscriptions* (Chicago: University of Chicago Press, 1962), 12.

15. Oliver Moore, *Chinese* (Berkeley: University of California Press, 2001), 54-72; Bodde, *China's First Unifier*, 147-61.

16. Mark Edward Lewis, *Writing and Authority in Early China* (Albany: State University of New York Press, 1999), 325-31. A forma mais extrema deste argumento foi a do erudito chinês do início do século XX, Kang Youwei, ao afirmar que os bibliotecários Han simplesmente forjaram um enorme número de textos "clássicos" para conferir legitimidade às pretensões de Wang Mang de usurpar o trono Han. Ver Liang Qichao, *Intellectual Trends in the Ch'ing Period*, trad. Immanuel C. Y. Hsu (Cambridge, Mass.: Harvard University Press, 1959). 92.

17. Lewis, *Writing and Authority*, 4, 337-62.

18. Tsien, *Written on Bamboo and Silk*, 74-76.

19. Canfora, *Vanished Library*, 78-80.

20. Steve Fuller e David Gorman, "Burning Libraries: Cultural Creation and the Problem of Historical Consciousness", *Annals of Scholarship* 4 (1987): 105-19.

21. Canfora, *Vanished Library*, 66-70.

22. Scott L. Montgomery, *Science in Translation: Movements of Knowledge through Cultures and Time* (Chicago: University of Chicago Press, 2000), 89-137.

NOTAS

23. Garth Fowden, *The Egyptian Hermes: A Historical Approach to the Late Pagan Mind,* 2ª ed. (Princeton, Nova Jersey: Princeton University Press, 1993), 177-86.

24. Maria Dzielska, *Hypatia of Alexandria* (Cambridge, Massachusetts: Harvard University Press, 1995), 83-94.

25. Peter Brown, *Power and Persuasion in Late Antiquity: Towards a Christian Empire* (Madison: University of Wisconsin Press, 1992).

2. O MOSTEIRO

1. Gregório, o Grande, *The Dialogues of Saint Gregory* (Londres: P. L. Warner, 1911), 68; R. A. Markus, *Gregory the Great and His World* (Cambridge: Cambridge University Press, 1997), 52.

2. Atualmente, existe um grande debate sobre se Gregório realmente foi o autor da biografia de Bento; ver Francis Clark, *The "Gregorian" Dialogues and the Origins of Benedictine Monasticism* (Leiden: E. J. Brill, 2003).

3. Santo Agostinho, *Confessions,* trad. Henry Chadwick (Oxford: Oxford University Press, 1991), 21. [*Confissões*, Editora Paulinas, 1942]

4. Sobre o uso de livros pelos primeiros cristãos, ver Harry Y. Gamble, *Books and Readers in the Early Church: A History of Early Christian Texts* (New Haven, Connecticut: Yale University Press, 1995), 103-41.

5. Elaine Pagels e Karen L. King, *Reading Judas: The Gospel of Judas and the Shaping of Christianity* (Nova York: Viking, 2007).

6. Gamble, *Books and Readers,* 98-100.

7. Ibid., 205, 216.

8. Bart Ehrman, *The Orthodox Corruption of Scripture: The Effect of Early Christological Controversies on the Text of the New Testament* (Oxford: Oxford University Press, 1993).

9. Kim Haines-Eitzen, *Guardians of Letters: Literacy, Power, and the Transmitters of Early Christian Literature* (Oxford: Oxford University Press, 2000).

10. Colin H. Roberts, *Manuscript, Society, and Belief in Early Christian Egypt* (Oxford: Oxford University Press, 1979), 15, 20; T. C. Skeat, "Early Christian Book Production: Papyri and Manuscripts", em *The Cambridge History of the Bible,* org. G.W.H. Lampe (Cambridge: Cambridge University Press, 1969), vol. 2, 54-79; Gamble, *Books and Readers,* 63-66.

11. Agostinho, *Confissões,* 15.

12. Peter Brown, *Late Antiquity* (Cambridge, Massachusetts: Harvard University Press, 1987), 12-15; Robert Kirshner, "The Vocation of Holiness in Late An-

tiquity", *Vigiliae Christianae* 38, 2 (junho de 1984): 105-24, desenvolvendo os argumentos de Brown a respeito dos filósofos e dos homens santos.

13. James W. McKinnon, "Desert Monasticism and the Later Fourth-Century Psalmodic Movement", *Music & Letters* 75, 4 (novembro de 1994): 505-6.

14. Douglas Burton-Christie, "Listening, Reading, Praying: Orality, Literacy, and Early Christian Monastic Spirituality", *Anglican Theological Review* 83, 2 (primavera de 2001): 197-221; idem, *The Word in the Desert: Scripture and the Quest for Holiness in Early Christian Monasticism* (Oxford: Oxford University Press, 1993).

15. Marcia L. Colish, *Medieval Foundations of the Western Intellectual Tradition* (New Haven, Conn.: Yale University Press, 1997), 49. A respeito da influência de Cassiano sobre Cassiodoro, ver James J. O'Donnell, *Cassiodorus* (Berkeley: University of California Press, 1979), 199-204 e 189-93 sobre Vivarium.

16. Cassiodorus Senator, *An Introduction to Divine and Human Readings,* trad. Leslie Webber Jones (Nova York: Columbia University Press, 1946), 67, 70, 110-11.

17. L. D. Reynolds, org. *Texts and Transmission* (Oxford: Oxford University Press, 1983), xv, 434, xvi.

18. L. D. Reynolds e N. G. Wilson, *Scribes and Scholars: A Guide to the Transmission of Greek and Latin Literature* (Oxford: Oxford University Press, 1991), 86; Reynolds, *Texts and Transmission,* 132.

19. *The rule of Saint Benedict,* trad. Anthony C. Meisel e M. L. del Mastro (Nova York: Doubleday, 1975), 63.

20. Há debates acalorados sobre se a Regra Beneditina baseou-se na Regra do Mestre ou vice-versa; ver Joseph Dyer, "Observations on the Divine Office in the Rule of the Master", em *The Divine Office in the Latin Middle Ages: Methodology and Source Studies, Regional Developments, Hagiography,* orgs. Margot E. Fassler e Rebecca A. Baltzer (Oxford: Oxford University Press, 2000), 73-98, esp. 77 ff, para um resumo e uma contribuição recente enfatizando a prioridade da Regra do Mestre.

21. Jean Leclercq, *The Love of Learning and the Desire for God: A Study of Monastic Culture,* trad. Catharine Misrahi, 3ª ed. (Nova York: Fordham University Press, 1982), 11-17, 21.

22. Adaptado de Dom Cuthbert Butler, *Benedictine Monachism: Studies in Benedictine Life and Rule* (Cambridge: Speculum Historiale, 1924), 281; ver também 42.

23. *Regra de São Benedito,* cap. 22, 70.

24. Eviatar Zerubavel, *Hidden Rhythms: Schedules and Calendars in Social Life* (Berkeley: University of California Press, 1981), 32, mencionando *Frère Jacques* e a percepção de Reinhard Bendix a respeito dos monges como profissionais.

NOTAS

25. James W. McKinnon, "The Book of Psalms, Monasticism, and the Western Liturgy", em *The Place of the Psalms in the Intellectual Culture of the Middle Ages,* org. Nancy Van Deusen (Albany: State University of New York Press, 1999), 49-50.

26. Joseph Dyer, "The Psalms in Monastic Prayer", em *Place of the Psalms,* 59-65.

27. Leclercq, *Love of Learning,* 73.

28. Paul Saenger, "Silent Reading: Its Impact on Late Medieval Script and Society", *Viator* 13 (1982): 383; idem, *Space Between Words: The Origins of Silent Reading* (Stanford, Calif.: Stanford University Press, 1997).

29. Scott G. Bruce, "Monastic Sign Language in the Cluniac Customaries", em *From Dead of Night to End of Day,* orgs. Susan Boynton e Isabelle Cochelin (Turnhout: Brepols, 2005), 273-86.

30. *Regra de São Benedito,* 79.

31. Margot Fassler, "The Office of the Cantor in Early Western Monastic Rules and Customaries: A Preliminary Investigation", *Early Music History* 5 (1985): 29-51.

32. Rosamond McKitterick, *History and Memory in the Carolingian World* (Cambridge: Cambridge University Press, 2004), 156-73.

33. Boynton e Cochelin, *From Dead of Night.*

34. Mayke de Jong, *In Samuel's Image: Child Oblation in the Early Medieval West* (Leiden: E. J. Brill, 1996); John Boswell, *"Expositio* and *Oblatio:* The Abandonment of Children and the Ancient and Medieval Family", *American Historical Review* 89 (1984): 10-33.

35. David Hiley, *Western Plainchant* (Oxford: Clarendon, 1993), 10-13.

36. Faith Wallis, *Bede: The Reckoning of Time* (Liverpool: Liverpool University Press, 1999), xx.

37. J. L. Heilbron, *The Sun in the Church: Cathedrals as Solar Observatories* (Cambridge, Massachusetts: Harvard University Press, 1999).

38. Wallis, *Bede,* xxi-xxii, xxvi-xxviii; Charles W. Jones, "Bede's Place in Medieval Schools", em idem, *Bede, the Schools, and the Computus,* org. Wesley M. Stevens (Ashgate: Variorum, 1994), cap. 5, 261-85.

39. Richard Landes, "Lest the Millennium Be Fulfilled: Apocalyptic Expectations and the Pattern of Western Chronography 100-800 C.E.," em *The Use and Abuse of Eschatology in the Middle Ages,* orgs. Werner Verbeke, Daniel Verhelst e Andries Welkenhuysen (Leuven: Leuven University Press, 1988), 137-211.

40. Wallis, *Bede,* 157, 195.

41. *Historia ecclesiastica gentis Anglorum* 5.24, tradução de Colgrave e Mynors, citado em Wallis, *Bede,* xv.

42. Richard Landes, "The Fear of an Apocalyptic Year 1000: Augustinian Historiography, Medieval and Modern", *Speculum* 75, 1 (2000): 123-27. Sobre

A REINVENÇÃO DO CONHECIMENTO

a introdução da datação A.D. no continente, ver ibid., 114-16; McKitterick, *History and Memory,* 86-97.

43. David Pingree, "Astronomy and Astrology in India and Iran", *Isis* 54, 2 (junho de 1963): 229-46; Edward C. Sachau, org., *Alberuni's India* (Delhi: Low Price, 1989 [1910]), caps. 32-62, esp. vol. 2, 10-11.

44. Sheldon Pollock, "The Cosmopolitan Vernacular", *Journal of Asian Studies* 57, 1 (fevereiro de 1998): 6-37. Para comparações entre o latim e sânscrito, idem, "Cosmopolitan and Vernacular in History", *Public Culture* 12, 3 (2000): 591-625, e "The Sanskrit Cosmopolis, 300-1300 C.E.: Transculturation, Vernacularization, and the Question of Ideology", em *Ideology and Status of Sanskrit: Contributions to the History of the Sanskrit Language,* org. Jan E. M. Houben (Leiden: E. J. Brill, 1996), 197-248.

45. Sheldon Pollock, "Mimamsa and the Problem of History in Traditional India", *Journal of the American Oriental Society* 109, 4 (outubro-dezembro de 1989): 603-610; Jan E. M. Houben, "The Brahmin Intellectual: History, Ritual, and 'Time Out of Time'", *Journal of Indian Philosophy* 30 (2002): 463-79.

46. Citado em Sally Hovey Wriggins, *Xuanzang: A Buddhist Pilgrim on the Silk Road* (Boulder, Colorado: Westview, 1996), 126. Ver também Sukumar Dutt, *Buddhist Monks and Monasteries of India: Their History and Their Contribution to Indian Culture* (Nova Délhi: Motilal Banarsidass, 2000 [1962]), 319-48.

3. A UNIVERSIDADE

1. Antony Black, *Guilds and Civil Society in European Political Thought from the Twelfth Century to the Present* (Ítaca: Cornell University Press, 1984), 19-23.

2. Abelardo, "Historia Calamitatum" [A história das minhas calamidades], em *The Letters of Abelard and Heloise,* trad. Betty Radice e M. T. Clanchy (Londres: Penguin, 2003), 3. [*As cartas de Abelardo e Heloísa*, Ed. Villa Rica, s/d]

3. Constant J. Mews, org., *The Lost Love Letters of Heloise and Abelard* (Nova York: St. Martin's, 1999), 207; Abelardo, *Letters,* 86. Ver também Constant J. Mews, *Abelard and Heloise* (Oxford: Oxford University Press, 2005), 62-79. Existem algumas controvérsias quanto à atribuição dessas cartas anônimas a Heloísa e Abelardo.

4. John W. Baldwin, *The Scholastic Culture of the Middle Ages 1000-1300* (Lexington, Mass.: D. C. Heath, 1971), 38; M. T. Clanchy, *Abelard: A Medieval Life* (Oxford: Blackwell, 1997), 169. *Stultilogia* foi a palavra usada por Bernardo.

5. Bernard McGinn, "The Changing Shape of Late Medieval Mysticism", *Church History* 65, 2 (junho de 1996): 197-219; Barbara Newman, "'Sybil of the Rhine':

NOTAS

Hildegard's Life and Times", em *Voice of the Living Light: Hildegard of Bingen and Her World,* org. Barbara Newman (Berkeley: University of California Press, 1998), 11.

6. Stephen C. Ferruolo, *"Parisius-Paradisus:* The City, Its Schools, and the Origins of the University of Paris", em *The University and the City: From Medieval Origins to the Present,* org. Thomas Bender (Oxford: Oxford University Press, 1988), 22-46; Baldwin, *Scholastic Culture,* 47-50.

7. Adaptado de M. Michèle Mulchahey, *"First the Bow Is Bent in Study": Dominican Education before 1350* (Toronto: Pontifical Institute of Medieval Studies, 1998), 518-19.

8. Ver Richard H. Rouse e Mary A. Rouse, *"Statim invenire:* Schools, Preachers, and New Attitudes to the Page", em *Renaissance and Renewal in the Twelfth Century,* orgs. Robert L. Benson e Giles Constable (Cambridge, Mass.: Harvard University Press, 1982), 201-25.

9. Mulchahey, *"First the Bow Is Bent in Study",* 413.

10. Gaines Post, "Alexander III, the *Licentia Docendi,* and the Rise of the Universities", em *Anniversary Essays in Mediaeval History, by Students of Charles Homer Haskins,* org. Charles H. Taylor (Boston: Houghton Mifflin, 1929), 255-77; Olaf Pedersen, *The First Universities:* Studium generale *and the Origins of University Education in Europe* (Cambridge: Cambridge University Press, 1997), 269-70.

11. Por volta de 1250, Paris tinha uma população de cerca de 80 mil pessoas, e Bolonha tinha 40 mil. Ver Baldwin, *Scholastic Culture,* 25-29.

12. H. Koeppler, "Frederick Barbarossa and the Schools of Bologna", *English Historical Review* 54, 216 (outubro de 1939): 577-607, esp. 590-93; J. K. Hyde, "Commune, University, and Society in Early Medieval Bologna", em *Universities in Politics: Case Studies from the Late Middle Ages and Early Modern Period,* orgs. John W. Baldwin e Richard A. Goldthwaite (Baltimore: Johns Hopkins University Press, 1972), 17-46, citação em 32.

13. Lauro Martines, *Power and Imagination: City-States in Renaissance Italy* (Baltimore: Johns Hopkins University Press, 1979), 7-71.

14. J. K. Hyde, "Universities and Cities in Medieval Italy", em Bender, *The University and the City,* 18. Sobre as formas e origens da *universitas,* ver Black, *Guilds and Civil Society,* 44, 49-65.

15. Alan B. Cobban, "Medieval Student Power", *Past and Present* 53 (novembro de 1971): 28-66. Sobre a ameaça de morte, ver Hastings Rashdall, *The Universities of Europe in the Middle Ages,* orgs. F. M. Powicke e A. B. Emden (Oxford: Clarendon, 1936), vol. 1, 171.

16. Hyde, "Universities and Cities", 19-20; Hyde, "Commune, University, and Society."

A REINVENÇÃO DO CONHECIMENTO

17. Lester K. Little, *Religious Poverty and the Profit Economy in Medieval Europe* (Ítaca: Cornell University Press, 1978), 180; John T. Noonan, Jr., *The Scholastic Analysis of Usury* (Cambridge, Massachusetts: Harvard University Press, 1957), 105-7; sobre Dante e multas, James A. Brundage, *Medieval Canon Law* (Londres: Longman, 1995). 77-78.

18. Brian Lawn, *The Salernitan Questions: An Introduction to the History of Medieval and Renaissance Problem Literature* (Oxford: Clarendon, 1963), 171, 163, 173. Ver também p. 40-46.

19. Monica Green, *The* Trotula: *A Medieval Compendium of Women's Medicine* (Filadélfia: University of Pennsylvania Press, 2001), 1-61, esp. 49-50. Green argumenta que apenas um dos três textos *Trotula* foi de fato escrito por uma mulher. Glasgow, na Escócia, e Vratislávia, na Polônia, já tinham alguns dos mais bem preservados manuscritos *Trotula* na época medieval.

20. Benjamin of Tudela, *The World of Benjamin of Tudela: A Medieval Mediterranean Travelogue,* org. Sandra Benjamin (Madison, Nova Jersey: Fairleigh Dickinson University Press, 1995), 97.

21. Citado em Michael R. McVaugh, "The Nature and Limits of Medical Certitude at Fourteenth-Century Montpellier", *Osiris* 6 (1990): 65.

22. Luis García-Ballester, Lola Ferre e Eduard Feliu, "Jewish Appreciation of Fourteenth-Century Scholastic Medicine", *Osiris* 6 (1990): 85-117.

23. Michael R. McVaugh, *Medicine before the Plague: Practitioners and Their Patients in the Crown of Aragon, 1285-1345* (Cambridge: Cambridge University Press, 1993).

24. Jürgen Miethke, "Die mittelalterlichen Universitäten und das gesprochene Wort", *Historische Zeitschrift* 251 (agosto-dezembro de 1990): 35-36. Ver também Brian Stock, *The Implications of Literacy: Written Language and Models of Interpretation in the Eleventh and Twelfth Centuries* (Princeton, Nova Jersey: Princeton University Press, 1983).

25. Nancy Siraisi, *Taddeo Alderotti and His Pupils: Two Generations of Italian Medical Learning* (Princeton, Nova Jersey: Princeton University Press, 1981), 244-45; ver também 237-46.

26. Bohumil Ryba, org., *Magistri Iohannis Hus Quodlibet... Anni 1411 Habitae Enchiridion* (Praga: Orbis, 1948), 218-27.

27. Ver Howard Kaminsky, "The University of Prague in the Hussite Revolution: The Role of the Masters", em Baldwin e Goldthwaite, *Universities in Politics,* 79-106, esp. 90-99.

28. R. N. Swanson, *Universities, Academics, and the Great Schism* (Cambridge: Cambridge University Press, 1979), 2, 18.

NOTAS

29. Tendo florescido sob o califa Al-Mamun (r. 813-833), a Casa da Sabedoria (Bait al-Hikmah) pode de fato ter sido fundada por seu predecessor, o califa Harun Al-Rashid (r. 786-809).

30. A. I. Sabra, "Situating Arabic Science: Locality Versus Essence", *Isis* 87, 4 (dezembro de 1996): 654-70.

31. Scott L. Montgomery, *Science in Translation: Movements of Knowledge through Cultures and Time* (Chicago: University of Chicago Press, 2000), 60-88, 89-137.

32. Ver F. Jamil Ragep, "Tusi and Copernicus: The Earth's Motion in Context", *Science in Context* 14, 1-2 (2001): 145-63; idem, "Copernicus and His Islamic Predecessors: Some Historical Remarks", *Filozofski vestnik* 25, 2 (2004): 125-42. Ver também Richard W. Bulliet, *Islam: The View from the Edge* (Nova York: Columbia University Press, 1994), 81-86, 105-11, 180-83.

33. Geraldine Brooks, *Nine Parts of Desire: The Hidden World of Islamic Women* (Nova York: Anchor, 1995), 41-42. Ver também Richard W. Bulliet, *Islam: The View from the Edge* (Nova York: Columbia University Press, 1994), 81-86, 105-11, 180-83.

34. Brinkley Messick, *The Calligraphic State: Textual Domination and History in a Muslim Society* (Berkeley: University of California Press, 1993), 21-36.

35. Jonathan Berkey, *The Transmission of Knowledge in Medieval Cairo: A Social History of Islamic Education* (Princeton, Nova Jersey: Princeton University Press, 1992), 161-81.

36. Francis Robinson, "Technology and Religious Change: Islam and the Impact of Print", *Modern Asian Studies* 27, 1 (fevereiro de 1993): 229-51; ver também Johannes Pedersen, *The Arabic Book* (Princeton, Nova Jersey: Princeton University Press, 1984); William A. Graham, "Traditionalism in Islam: An Essay in Interpretation", *Journal of Interdisciplinary History* 23, 3 (inverno de 1993): 495-522.

37. Bulliet, *Islam,* 130-31, 141, 146-51, 166-67.

38. George Makdisi, *The Rise of Colleges: Institutions of Learning in Islam and the West* (Edimburgo: Edinburgh University Press, 1981); idem, *The Rise of Humanism in Classical Islam and the Christian West: With Special Reference to Scholasticism* (Edimburgo Edinburgh: University Press, 1990).

39. Jonathan Berkey, *The Formation of Islam* (Cambridge: Cambridge University Press, 2003), 226-27, 241.

40. Ver Graham, "Traditionalism", 501-14; Berkey, *Transmission of Knowledge,* 21-43.

A REINVENÇÃO DO CONHECIMENTO

4. A REPÚBLICA DAS LETRAS

1. Citado de *Histoire de la République des Lettres en France* em Lorraine Daston, "The Ideal and Reality of the Republic of Letters in the Enlightenment", *Science in Context* 4, 2 (1991): 367.

2. Ver Hilde de Ridder-Symoens, "Mobility", em *Universities in Early Modern Europe, 1500-1800,* org. Hilde de Ridder-Symoens (Cambridge: Cambridge University Press, 1996), 416-48.

3. Traduzido em Andrea Nye, *The Princess and the Philosopher: Letters of Elisabeth of the Palatine to René Descartes* (Lanham, Maryland: Rowman & Littlefield, 1999), 21.

4. Maarten Ultee, "The Republic of Letters: Learned Correspondence, 1680-1720", *Seventeenth Century* 2, 1 (1987): 100.

5. Walter Rüegg, "Themes", em *Universities in Early Modern Europe,* 27.

6. M. de Vigneul-Marville em 1699, citado por Paul Dibon, "Communication in the Respublica Literaria of the 17th Century", *Res Publica Litterarum* 1 (1978): 42.

7. Da peroração ao *Discourse on Method* (1637) de Descartes, citado por Marc Fumaroli, "The Republic of Letters", *Diogenes* 143 (1988): 135-36.

8. Como relatado por Plínio, o Velho, citado em Jonathan D. Spence, *The Memory Palace of Matteo Ricci* (Nova York: Viking Penguin, 1984), 157.

9. Ver Giles Constable, "Petrarch and Monasticism", em *Francesco Petrarca: Citizen of the World,* org. Aldo S. Bernardo (Albany: State University of New York Press, 1980), 53-100.

10. Francis Petrarch, *Letters of Old Age,* trad. Aldo S. Bernardo, Saul Levin e Reta A. Bernardo (Baltimore: Johns Hopkins University Press, 1992), vol. 2, 672. Ver também Morris Bishop, *Petrarch and His World* (Bloomington: Indiana University Press, 1963), 229-31.

11. Lisa Jardine, *Erasmus, Man of Letters: The Construction of Charisma in Print* (Princeton, Nova Jersey: Princeton University Press, 1993), 150.

12. Ver Dibon, "Communication in the Respublica Literaria", 46-53, e, para um exemplo mais antigo, Ernest Wilkins, "On the Carriage of Petrarch's Letters", *Speculum* 35, 2 (abril de 1960): 214-23.

13. Daston, "Ideal and Reality", 378.

14. Carta de Henri Justel em Henry Oldenbourg, *Correspondence,* org. e trad. A. upert Hall e Marie Boas Hall (Madison: University of Wisconsin Press, 1965), vol. 4, 173-75 (carta nº 778). Para essa análise, ver David S. Lux e Harold J. Cook, "Closed Circles or Open Networks? Communicating at a Distance During the Scientific Revolution", *History of Science* 36, 2 (1998): 179-211.

NOTAS

15. Peter Burke, "Erasmus and the Republic of Letters", *European Review* 7, 1 (1999): 5-17.

16. Geoffrey Symcox e Blair Sullivan, *Christopher Columbus and the Enterprise of the Indies: A Brief History with Documents* (Nova York: Bedford/St. Martin, 2005), 24-25.

17. Anthony Grafton, April Shelford e Nancy G. Siraisi, *New Worlds, Ancient Texts: The Power of Tradition and the Shock of Discovery* (Cambridge, Massachusetts: Harvard University Press, 1992), 36, 83-85; *Letters from a New World: Amerigo Vespucci's Discovery of America,* org. Luciano Formiasano (Nova York: Marsilio, 1992), 30; David Marsh, resenha bibliográfica, *Renaissance Quarterly* 47, 2 (verão de 1994): 399.

18. Grafton et al., *New Worlds, Ancient Texts,* 18-20, 36.

19. Robert S. Westman, "Proof, Poetics, and Patronage: Copernicus's Preface to *De Revolutionibus*", em *Reappraisals of the Scientific Revolution,* orgs. David C. Lindberg e Robert S. Westman (Cambridge: Cambridge University Press, 1990), 167-206.

20. Nicholas Copernicus, *On the Revolutions,* trad. Edward Rosen (Baltimore: Johns Hopkins University Press, 1992 [1543]), xvi, 3-4.

21. Jane T. Tolbert, "Peiresc and Censorship: The Inquisition and the New Science, 1610-1637", *Catholic Historical Review* 89, 1 (2003): 34-35; ver também Peter N. Miller, *Peiresc's Europe: Learning and Virtue in the Seventeenth Century* (New Haven, Connecticut: Yale University Press, 2000).

22. Carta de 12 de maio de 1635, traduzida por Stillman Drake em http://shl. stanford.edu/Eyes/kircher/galileopeiresc.html, acessado em 30 de novembro de 2005.

23. Walter E. Houghton, "The English Virtuoso in the Seventeenth Century", *Journal of the History of Ideas* 3, 1 (janeiro de 1942): 51-73, e 3, 2 (abril de 1942): 190-219. Ver também William Eamon, "Court, Academy, and Printing House: Patronage and Scientific Careers in Late Renaissance Italy", em *Patronage and Institutions: Science, Technology, and Medicine at the European Court, 1500-1750,* org. Bruce T. Moran (Rochester, Nova York: Boydell, 1991), 25-50; H. G. Koenigsberger, *Politicians and Virtuosi: Essays in Early Modern History* (Londres: Hambledon, 1986).

24. Thomas J. Müller-Bahlke e Klaus E. Goltz, *Die Wunderkammer: Die Kunst-Und Naturalienkammer Der Franckeschen Stiftungen Zu Halle (Saale)* (Halle: Verlag der Franckeschen Stiftungen, 1998).

25. Lorraine Daston e Katharine Park, *Wonders and the Order of Nature, 1150-1750* (Nova York: Zone Books, 1998), 272-73.

A REINVENÇÃO DO CONHECIMENTO

26. Adaptado de Daston e Park, *Wonders,* 266, e, mais genericamente, 255-301. Ver também O. R. Impey e Arthur MacGregor, *The Origins of Museums: The Cabinet of Curiosities in Sixteenth and Seventeenth-Century Europe* (Oxford: Oxford University Press, 1985).

27. Paula Findlen, "Building the House of Knowledge: The Structures of Thought in Late Renaissance Europe", em *The Structure of Knowledge: Classifications of Science and Learning since the Renaissance,* org. Tore Frängsmyr (Berkeley: University of California Press, 2001).

28. Paula Findlen, "Scientific Spectacle in Baroque Rome: Athanasius Kircher and the Roman College Museum", em *Jesuit Science and the Republic of Letters,* org. Mordechai Feingold (Cambridge, Massachusetts: MIT Press, 2003), 256. Sobre *snakestones,* ver Martha Baldwin, "The Snakestone Experiments: An Early Modern Medical Debate", *Isis* 86, 3 (1995): 394-418.

29. Grafton et al., *New Worlds, Ancient Texts.*

30. Daston e Park, *Wonders,* 231, e 215-54 mais genericamente.

31. Lorraine Daston, "Baconian Facts, Academic Civility, and the Pre-history of Objectivity", *Annals of Scholarship* 8 (1991): 337-63.

32. James Hankins, "The Myth of the Platonic Academy of Florence", *Renaissance Quarterly* 44, 3 (1991): 434-35, n 18; Elaine Fantham, *Roman Literary Culture: From Cicero to Apuleius* (Baltimore: Johns Hopkins University Press, 1996), 48-51.

33. Frances Yates, "The Italian Academies", em *Renaissance and Reform: The Italian Contribution* (Londres: Routledge & Kegan Paul, 1983 [1949]), 6-29; Richard S. Samuels, "Benedetto Varchi, the Accademia Degli Infiammati, and the Origins of the Italian Academic Movement," *Renaissance Quarterly* 29, 4 (1976): 599-634.

34. Ian F. McNeely, "The Renaissance Academies between Science and the Humanities," http://hdl.handle.net/1794/2960; Frances Yates, *The French Academies of the Sixteenth Century* (Londres: Warburg Institute/University of London, 1947).

35. Frances Yates, *Giordano Bruno and the Hermetic Tradition* (Chicago: University of Chicago Press, 1964); idem, *The Rosicrucian Enlightenment* (Londres: Routledge & Kegan Paul, 1972).

36. Londa Schiebinger, *The Mind Has No Sex? Woman and the Origins of Modern Science* (Cambridge, Massachusetts: Harvard University Press, 1989), 17-35, 47-58, 82.

37. Dena Goodman, *The Republic of Letters: A Cultural History of the French Enlightenment* (Ítaca: Cornell University Press, 1995), 90.

38. Mario Biagioli, "Etiquette, Interdependence, and Sociability in Seventeenth-Century Science", *Critical Inquiry* 22 (1996): 193-238.

NOTAS

39. Steven Shapin, A *Social History of Truth: Civility and Science in Seventeenth-Century England* (Chicago: University of Chicago Press, 1994). 65-125.

40. Henri Irénée Marrou, *A History of Education in Antiquity* (Madison: University of Wisconsin Press, 1982), 64.

41. John Meskill, *Academies in Ming China: A Historical Essay* (Tucson: University of Arizona Press, 1982), x-xii. As duas designações de Ricci, "academia" (para *shuyuan)* e *"literati"* (for *shi),* foram adotadas por historiadores modernos.

42. John Meskill, "Academies and Politics in the Ming Dynasty," em *Chinese Government in Ming Times: Seven Studies,* org. Charles O. Hucker (Nova York: Columbia University Press, 1969), 149-74; Linda A. Walton, *Academies and Society in Southern Sung China* (Honolulu: University of Hawaii Press, 1999).

43. John W. Dardess, *Blood and History in China: The Donglin Faction and Its Repression, 1620-1627* (Honolulu: University of Hawaii Press, 2002); Charles O. Hucker, "The Tung-Lin Movement of the Late Ming Period", em *Chinese Thought and Institutions,* org. John King Fairbank (Chicago: University of Chicago Press, 1957), 132-62; Benjamin A. Elman, "Imperial Politics and Confucian Societies in Late Imperial China", *Modern China* 15, 4 (outubro de 1989): 379-418.

44. Kai-wing Chow, *Publishing, Culture, and Power in Early Modern China* (Stanford, Califórnia: Stanford University Press, 2004), 233-40.

45. Jerry Dennerline, *The Chia-Ting Loyalists: Confucian Leadership and Social Change in Seventeenth-Century China* (New Haven, Connecticut: Yale University Press, 1981); William S. Atwell, "From Education to Politics: The Fu She", em *The Unfolding of Neo-Confucianism,* org. William T. De Bary (Nova York: Columbia University Press, 1975), 333-68; Chow, *Publishing, Culture, and Power.* Muitos legalistas da dinastia Ming de fato se retiraram para o isolamento, cultivando a poesia, a pintura e a caligrafia e, com frequência, sobrevivendo como ermitães.

46. Benjamin A. Elman, *On Their Own Terms: Science in China, 1550-1900* (Cambridge, Mass.: Harvard University Press, 2005).

5. AS DISCIPLINAS

1. Adam Smith, *An Inquiry into the Nature and Causes of the Wealth of Nations,* org. Lawrence Dickey (Indianápolis: Hackett, 1993 [1776]), 8. Sobre suas reservas a respeito da educação pública compulsória, que ele de fato defendia, embora num sentido limitado, no nível básico, ver 181-92. [*Uma investigação sobre a natureza e as causas da riqueza das nações,* Ed. Martins Fontes, 2003]

A REINVENÇÃO DO CONHECIMENTO

2. Denis Diderot, *Political Writings*, trad. e org. John Hope Mason and Robert Wokler (Cambridge: Cambridge University Press, 1992), 21. Ver também Robert Darnton, *The Business of Enlightenment: A Publishing History of the Encyclopédie, 1775-1800* (Cambridge, Massachusetts: Harvard University Press, 1979).

3. Johann Wolfgang von Goethe, *Fausto*, trad. Stuart Atkins (Princeton, Nova Jersey: Princeton University Press, 1994), 13-14. [*Fausto*, Ed. Martin Claret, s/d]

4. Theodore Ziolkowski, *German Romanticism and Its Institutions* (Princeton, Nova Jersey: Princeton University Press, 1990), 228-37, citação em 229.

5. James van Horn Melton, *Absolutism and the Eighteenth-Century Origins of Compulsory Schooling in Prussia and Austria* (Cambridge: Cambridge University Press, 1988), 23, 41, 52-53.

6. Kuno Francke, *Further Documents Concerning Cotton Mather and August Hermann Francke* (Nova York: s.e., 1897), 64.

7. Wolf Oschlies, *Die Arbeits- und Berufspädagogik August Hermann Franckes (1663-1727)* (Witten: Luther-Verlag, 1969), 25-45; Franz Hofmann, org., *August Hermann Francke: Das Humanistische Erbe des Grossen Erziehers* (Halle: Francke Komitee, 1965), 33, 36-43, 60-64; Renate Wilson, *Pious Traders in Medicine: A German Pharmaceutical Network in Eighteenth-Century North America* (University Park: Pennsylvania State University Press, 2000).

8. Bart Ehrman, *Misquoting Jesus: The Story Behind Who Changed the Bible and Why* (Nova York: HarperCollins, 2005), 78-88, 102-5.

9. Donald F. Lach, "The Sinophilism of Christian Wolff", *Journal of the History of Ideas* 14, 4 (outubro de 1953): 562-65.

10. Jonathan Sheehan, *The Enlightenment Bible: Translation, Scholarship, Culture* (Princeton, Nova Jersey: Princeton University Press, 2005), 98-101.

11. Emil Rössler, *Die Gründung der Universität Göttingen* (Göttingen: Vandenhoeck & Ruprecht, 1855), 8.

12. William Clark, *Academic Charisma and the Origins of the Research University* (Chicago: University of Chicago Press, 2006), 380; R. Steven Turner, "University Reformers and Professional Scholarship in Germany 1760-1806", em *The University in Society*, org. Lawrence Stone (Princeton, Nova Jersey: Princeton University Press, 1974), vol. 2, 509.

13. *Göttingische Anzeigen von gelehrten Sachen*, 2 de setembro de 1775, 897-912; 24 de março de 1785, 449-64.

14. Clark, *Academic Charisma*, 53-63; Luigi Marino, *Praeceptores Germaniae: Göttingen 1770-1820* (Göttingen: Vandenhoeck & Ruprecht, 1995 [1975])) 259-62. Anúncios falsos, nos quais professores universitários apregoavam cursos que nunca haviam dado, tornaram-se um sério problema para os catálogos de preleção.

NOTAS

15. Sheehan, *Enlightenment Bible,* 184-85.
16. David Sorkin, "Reclaiming Theology for the Enlightenment: The Case of Siegmund Jacob Baumgarten (1706-1757)", *Central European History* 36, 4 (dezembro de 2003): 503-30, 511-13; Marino, *Praeceptores Germaniae,* 283-88, 292-93. Os teólogos S. J. Baumgarten e J. S. Semler, de Halle, desenvolveram a teoria da "acomodação".
17. Sheehan, *Enlightenment Bible,* 186-211, citado em 205.
18. Anthony J. La Vopa, *Grace, Talent, and Merit: Poor Students, Clerical Careers, and Professional Ideology in Eighteenth-Century Germany* (Cambridge: Cambridge University Press, 1988), 209-15, 239, 307-24. Essas inovações estão associadas ao primeiro diretor do seminário (1737-1762), J. M. Gesner.
19. Clark, *Academic Charisma,* 159, 166-77; idem, "On the Dialectical Origins of the Research Seminar", *History of Science* 27 (1989): 111-54, esp. 132-33. Essas inovações estão associadas ao terceiro diretor do seminário (1763-1812), C. G. Heyne.
20. Anthony Grafton, "Polyhistor into *Philolog:* Notes on the Transformation of German Classical Scholarship, 1780-1850", *History of Universities* 3 (1983): 159-92, esp. 179-83. J. G. Eichhorn, outro discípulo de Michaelis e seminarista em Göttingen sob a direção de Heyne, desenvolveu os métodos que Wolf aplicou à obra de Homero. Ver Anthony Grafton, "*Prolegomena* to Friedrich August Wolf", *Journal of the Warburg and Courtauld Institutes* 44 (1981): 101-29, esp. 121-24, mostrando como, na *Introduction to the Old Testament,* de Eichhorn, os editores do Antigo Testamento em hebraico (Texto Massorético) aparecem como equivalentes aos editores alexandrinos de Homero.
21. Wilhelm von Humboldt, *Briefe an Friedrich August Wolf* (Berlim: W. de Gruyter, 1990), 52-53.
22. Wilhelm von Humboldt, *On Language* (Cambridge: Cambridge University Press, 1999), 24.
23. Brian Hatcher, "Indigent Brahmans, Industrious Pandits: Bourgeois Ideology and Sanskrit Pandits in Colonial Calcutta", *Comparative Studies of South Asia, Africa, and the Middle East* 16, 1 (1996): 15-26, esp. 18-20.
24. Sheldon Pollock, "The Theory of Practice and the Practice of Theory in Indian Intellectual History", *Journal of the American Oriental Society* 105, 3 (julho-setembro de 1985): 499-519, esp. 502, 506-7, 514-16.
25. A. Berriedale Keith, *A History of Sanskrit Literature* (Oxford: Oxford University Press, 1920), 403-11; A. S. Altekar, *Education in Ancient India,* 6ª ed. (Varanasi: Nand Kishore & Bros., 1965), 17-18, 147-53, 162-64; Axel Michaels, org., *The Pandit: Traditional Scholarship in India* (Nova Délhi: Manohar, 2001); Jonathan

A REINVENÇÃO DO CONHECIMENTO

Parry, "The Brahmanical Tradition and the Technology of the Intellect," em *Reason and Morality,* org. Joanna Overing (Londres: Tavistock, 1985), 200-25.

26. *Mahabharata* 12.59, discutido em Pollock, "Theory of Practice", 512.

27. William Ward, *A View of the History, Literature, and Religion of the Hindoos: Including a Minute Description of Their Manners and Customs* (Londres: Black, Parbury, and Allen, 1817), vol. 1, 282.

28. Pierre-Sylvain Filliozat, *The Sanskrit Language: An Overview* (Varanasi: Indica Books, 2000), 98-99.

29. Richard Lariviere, "Justices and *Panditas:* Some Ironies in Contemporary Readings of the Hindu Legal Past", *Journal of Asian Studies* 48, 4 (novembro de 1989): 757-69, esp. 759-62.

30. J. Duncan M. Derrett, "The British as Patrons of the *Sastra*", em *Religion, Law, and the State in India* (Nova York: Free Press, 1968), 225-73, esp. 228, 247, 265-67 sobre o aparentemente espúrio *Mahanirvana-Tantra.* Sobre isso, ver também Hugh B. Urban, *Tantra: Sex, Secrecy, Politics, and Power in the Study of Religion* (Berkeley: University of California Press, 2003), 63-69. Para o contexto, ver David Kopf, *British Orientalism and the Bengal Renaissance* (Berkeley: University of California Press, 1969).

31. *Friend of India* nº 1 (1820, ênfase minha), citado em M. A. Laird, "The Contribution of the Serampore Missionaries to Education in Bengal", *Bulletin of the School of Oriental and African Studies* 31, 1 (1968): 107; também ver p. 93-94, 98.

32. Hatcher, "Indigent Brahmans", 18-22, referindo-se a Sumanta Banerjee, *The Parlour and the Streets: Elite and Popular Culture in Nineteenth-Century Calcutta* (Calcutá: Seagull Books, 1989), 189; Brian Hatcher, *Idioms of Improvement: Vidyasagar and Cultural Encounter in Bengal* (Calcutá: Oxford University Press, 1966), 49-52, 117-37; Samita Sinha, *Pandits in a Changing Environment: Centres of Sanskrit Learning in Nineteenth Century Bengal* (Calcutá: Sarat Book House, 1993).

33. Ver Ian F. McNeely, "The Humboldts' Marriage and the Gendering of Intellectual Space", http://hdl.handle.net/1794/1439, acessado em 26 de julho de 2007.

34. Anna von Sydow, org., *Wilhelm und Caroline von Humboldt in ihren Briefen* (Berlim, 1909), vol. 3, 64.

35. Este é o argumento central de *The Conflict of the Faculties,* trad. Mary. J. Gregor (Lincoln: University of Nebraska Press, 1992).

36. Grande parte disso foi parafraseado de Terry P. Pinkard, *Hegel: A Biography* (Cambridge: Cambridge University Press, 2000), 371, 456, 611-12.

NOTAS

37. Daniel Breazeale, org., *Fichte: Early Philosophical Writings* (Ítaca: Cornell University Press, 1988), 19-20, 147; Ziolkowski, *German Romanticism,* 232-36, 240-46.

38. J. G. Fichte, "Deduced Scheme for an Academy to Be Established in Berlin", em *The Educational Theory of J. G. Fichte,* org. G. H. Turnbull (Londres: University Press of Liverpool, 1926), 170-259; ver esp. 191, 199, 208-11, 227-29.

39. O catálogo de preleções de Göttingen listava *Privatdozenten* a partir de 1756, mas Berlim foi a primeira a fornecer salões de apresentações públicas. Berlim também foi pioneira ao exigir que os preletores apresentassem uma segunda dissertação *(Habilitationsschrift)* para obter a licença para lecionar. Ver Alexander Busch, *Die Geschichte des Privatdozenten: Eine soziologische Studie zur großbetrieblichen Entwicklung der deutschen Universitäten* (Stuttgart: Ferdinand Enke Verlag, 1959), 1, 17n45, 29.

40. Rüdiger Safranski, *Schopenhauer and the Wild Years of Philosophy* (Cambridge, Massachusetts: Harvard University Press, 1990), 252.

41. Busch, *Geschichte des Privatdozenten,* 42.

42. Karl Marx, "A Contribution to the Critique of Hegel's *Philosophy of Righ,*", em *Early Writings,* trad. Rodney Livingstone e Gregor Benton (Nova York: Vintage, 1975), 250. [*Crítica da filosofia do direito: introdução*; SP, Editorial Grijalbo, 1972]

43. Busch, *Geschichte des Privatdozenten,* 21n60.

44. Joseph Ben-David e Randall Collins, "Social Factors in the Origins of a New Science: The Case of Psychology," *American Sociological Review* 31 (1966): 451-65.

45. Gert Schubring, "Kabinett-Seminar-Institut: Raum und Rahmen des forschenden Lernens", *Berichte zur Wissenschaftsgeschichte* 23 (2000): 269-85; idem, "The Rise and Decline of the Bonn Natural Sciences Seminar", *Osiris* 5, 2ª ser. (1989): 57-93.

46. Gino Benzoni, "Ranke's Favorite Source: The Venetian *Relazioni*", em *Leopold von Ranke and the Shaping of the Historical Discipline,* orgs. Georg Iggers e James Powell (Siracusa, Nova York: Syracuse University Press, 1990), 45-58.

47. Citado em Bonnie G. Smith, *The Gender of History: Men, Women, and Historical Practice* (Cambridge, Massachusetts: Harvard University Press, 1998), 119; ver também 103-29.

48. Walter Prescott Webb, "The Historical Seminar: Its Outer Shell and Its Inner Spirit", *Mississippi Valley Historical Review* 42, 1 (junho de 1955): 9-10, 20. Ver também Carl Diehl, *Americans and German Scholarship 1770-1870* (New Haven, Connecticut: Yale University Press, 1978); Caroline Winterer, *The Culture of Classicism: Ancient Greece and Rome in American Intellectual Life, 1780-1910* (Baltimore: Johns Hopkins University Press, 2002.).

A REINVENÇÃO DO CONHECIMENTO

49. Ernest Gellner, *Nations and Nationalism* (Ítaca, Nova York: Cornell University Press, 1983), 34-38; Bill Readings, *The University in Ruins* (Cambridge, Massachusetts: Harvard University Press, 1996), 12, 54-69.

6. O LABORATÓRIO

1. Helena M. Pycior, "Pierre Curie and 'His Eminent Collaborator Mme. Curie': Complementary Partners", em *Creative Couples in the Sciences,* orgs. Helena M. Pycior, Nancy G. Slack e Pnina G. Abir-Am (New Brunswick, N.J.: Rutgers University Press, 1995), 48. Ver também Helena M. Pycior, "Marie Curie's 'Anti-Natural Path': Time Only for Science and Family", em *Uneasy Careers and Intimate Lives: Women in Science, 1789-1979,* orgs. Pnima Abir-Am e Dorinda Outram (New Brunswick, Nova Jersey: Rutgers University Press, 1987), 191-214.

2. Bernadette Bensaude Vincent, "Star Scientists in a Nobelist Family: Irene and Frederic Joliot-Curie", em *Creative Couples,* 57-71, esp. 59, 61, 64.

3. Londa Schiebinger, *The Mind Has No Sex? Women in the Origins of Modern Science* (Cambridge, Massachusetts: Harvard University Press, 1991), 66-101.

4. Citado em Malcolm Nicholson, "Introduction", em Alexander von Humboldt, *Personal Narrative of a Journey to the Equinoctial Regions of the New Continent* (Londres: Penguin, 1995), xxxviii.

5. Humboldt, *Personal Narrative,* 129-30; idem, *Views of Nature: Or Contemplations on the Sublime Phenomena of Creation,* trad. E. C. Otte e Henry G. Bohn (Londres: Henry G. Bohn, 1850), 2; Humboldt, *Personal Narrative,* 225.

6. Andreas Daum, "Alexander von Humboldt, die Natur als 'Kosmos' und die Suche nach Einheit: Zur Geschichte von Wissen und seiner Wirkung als Raumgeschichte", *Berichte zur Wissenschaftsgeschichte* 23 (2000): 247. Devo a esse artigo a concepção que desenvolvi aqui do trabalho de Humboldt em termos de espaço.

7. Susan Faye Cannon, *Science in Culture: The Early Victorian Period* (Nova York: Dawson and Science History Publications, 1978), 73-110.

8. Daum, "Alexander von Humboldt", 247, 250, 254.

9. Jean Pierre Poirier, *Lavoisier: Chemist, Biologist, Economist* (Filadélfia: University of Pennsylvania Press, 1996), 94-96, 390-95, 401-5.

10. Lissa Roberts, "The Death of the Sensuous Chemist: The ,New' Chemistry and the Transformation of Sensuous Technology," *Studies in History and Philosophy of Science* 26, 4 (1995): 503-29, citado em 512.

11. Jan Golinski, "The Chemical Revolution and the Politics of Language", *The Eighteenth Century* 33, 3 (1992): 238-51; Roberts, "Death of the Sensuous Chemist."

NOTAS

12. Golinski, "Chemical Revolution", 245.
13. Esses, pelo menos, são seus nomes modernos. Ver William H. Brock, *Justus von Liebig: The Chemical Gatekeeper* (Cambridge: Cambridge University Press, 1997), 215-49.
14. Frederic L. Holmes, "The Complementarity of Teaching and Research in Liebig's Laboratory", *Osiris* 5, 2ª ser. (1989): 121-64.
15. Brock, *Liebig,* 63.
16. Comunicação pessoal, Dr. Dietmar Linder, Liebig-Museum, Universität Gießen, 29 de junho de 2006.
17. A. W. von Hofmann em 1875, citado por J. B. Morrell, "The Chemist Breeders: The Research Schools of Liebig and Thomas Thomson", *Ambix* 19 (março de 1972): 36.
18. R. Steven Turner, "Justus Liebig versus Prussian Chemistry: Reflections on Early Institute-Building in Germany", *Historical Studies in the Physical and Biological Sciences* 13, 1 (1982): 131, 136, 137-38.
19. Brock, *Liebig* 48-51; Alan J. Rocke, *Nationalizing Science: Adolphe Wurtz and the Battle for French Chemistry* (Cambridge, Massachusetts: MIT Press, 2001), 36-41, 51, 65, 84.
20. Ver Randall Collins, *The Sociology of Philosophies: A Global Theory of Intellectual Change* (Cambridge, Mass.: Harvard University Press, 1998), 524, 533-35.
21. Bruno Latour, "Give Me a Laboratory and I Will Raise the World", em *Science Observed: Perspectives on the Social Study of Science,* orgs. Karen Knorr-Cetina e Michael Mulkay (Beverly Hills: Sage, 1983): 141-70. Citações ilustrativas desse artigo diretamente parafraseadas neste parágrafo aparecem nas p. 261, 262, 263, 264, 268, 271 e 272. Esse artigo é uma condensação do livro de Latour, *The Pasteurization of France* (Cambridge, Massachusetts: Harvard University Press, 1988).
22. Nancy Elizabeth Gallagher, *Medicine and Power in Tunisia, 1780-1900* (Cambridge: Cambridge University Press, 1983), 7-8, 12, 24-41, 83-88, 98.
23. Kim Pelis, *Charles Nicolle: Pasteur's Imperial Missionary* (Rochester, N.Y: University of Rochester Press, 2006), 39, 66-73, 248 (para citação); também Anne Marie Moulin, "Patriarchal Science: The Network of the Overseas Pasteur Institutes" em *Science and Empires: Historical Studies about Scientific Development and European Expansion,* orgs. Patrick Petitjean et al. (Dordrecht: Kluwer, 1992), 307-22.
24. Gerald Geison, *The Private Science of Louis Pasteur* (Princeton, Nova Jersey: Princeton University Press, 1995).
25. John Carson, *The Measure of Merit: Talents, Intelligence, and Inequality in the French and American Republics, 1750-1940* (Princeton, Nova Jersey: Princeton

University Press, 2007), 131-44; Theta H. Wolf, *Alfred Binet* (Chicago: University of Chicago Press, 1973), 90-91, 153-58, 167-81, 329.

26. Leila Zenderland, *Measuring Minds: Henry Herbert Goddard and the Origins of American Intelligence Testing* (Cambridge: Cambridge University Press, 1998), 66.

27. Ibid., 50-51. A citação é de Hugo Munsterberg, um emigrado alemão, aluno de Wundt e professor em Harvard.

28. Carson, *Measure of Merit*, 180-82.

29. Zenderland, *Measuring Minds*, 121-22, 131, 138-41.

30. Carson, *Measure of Merit*, 162.

31. Paul D. Chapman, *Schools as Sorters: Lewis M. Terman, Applied Psychology, and the Intelligence Testing Movement, 1890-1930* (Nova York: New York University Press, 1988).

32. Andrew Dawson, "Origin of Scientific Management: Why Fred Taylor? Why (Not) Philadelphia?" Manuscrito em preparação, http://www.gre.ac.uk/~dao7/6--Research/taylor.doc, acessado em 22 de julho de 2006.

33. Thomas P. Hughes, *American Genesis: A Century of Innovation and Technological Enthusiasm* (Chicago: University of Chicago Press, 1989), 250-60.

34. Nas décadas após sua morte, o taylorismo chegou a cruzar o Atlântico para se tornar uma moda europeia, desbancando alternativas locais; ver Anson Rabinbach, *The Human Motor: Energy, Fatigue, and the Origins of Modernity* (Nova York: Basic Books, 1990), 254, 274-76.

35. Jane Lancaster, *Making Time: Lillian Moller Gilbreth — A Life Beyond "Cheaper by the Dozen"* (Boston: Northeastern University Press, 2006), in, 119, 126.

36. Peter Liebhold, "Seeking 'The One Best Way': Frank and Lillian Gilbreth's Time-Motion Photographs 1910-1924", *Labor's Heritage* 17, 2 (1995): 61n19.

37. Richard Lindstrom, "'They All Believe They Are Undiscovered Mary Pickfords': Workers, Photography, and Scientific Management", *Technology and Culture* 41, 4 (2000): 725-51, citação em 739.

38. Lancaster, *Making Time*, 156.

39. Sobre os últimos três parágrafos, ver Richard Gillespie, *Manufacturing Knowledge: A History of the Hawthorne Experiments* (Cambridge: Cambridge University Press, 1991), 133-63.

40. Kathryn Kish Sklar, "Hull-House Maps and Papers: Social Science as Women's Work in the 1890s", em *The Social Survey in Historical Perspective, 1880-1940*, orgs. Martin Bulmer et al. (Cambridge: Cambridge University Press, 1991), 111-47.

41. Mary Jo Deegan, *Jane Addams and the Men of the Chicago School, 1891-1918* (New Brunswick, Nova Jersey: Transaction, 1988), 35. Também ver o trata-

NOTAS

mento crítico dado ao tema por Rivka Shpak Lissak em *Pluralism & Progressives: Hull House and the New Immigrants, 1890-1919* (Chicago: University of Chicago Press, 1989), esp. 4-7.

42. Shannon Jackson, *Lines of Activity: Performance, Historiography, Hull-House Domesticity* (Ann Arbor: University of Michigan Press, 2001), 75.

43. Ellen Condliffe Lagemann, *The Politics of Knowledge: The Carnegie Corporation, Philanthropy, and Public Policy* (Middletown, Connecticut: Wesleyan University Press, 1989), 67-68.

44. Sobre bolsas e financiamentos nas ciências naturais, ver Robert Kohler, *Partners in Science: Foundations and Natural Scientists, 1900-1945* (Chicago: University of Chicago Press, 1991), 15-40.

45. Martin Bulmer, "The Decline of the Social Survey Movement and the Rise of American Empirical Sociology," in *Social Survey*, org. Bulmer, 300-304.

46. John H. Stanfield, *Philanthropy and Jim Crow in American Social Science* (Westport, Connecticut: Greenwood, 1985), 53-54, 120.

47. Martin Bulmer e Joan Bulmer, "Philanthropy and Social Science in the 1920s: Beardsley Ruml and the Laura Spelman Rockefeller Memorial, 1922-29", *Minerva* 19 (1981): 347-407. Em geral, ver Sarah E. Igo, *The Averaged American: Surveys, Citizens, and the Making of a Mass Public* (Cambridge, Massachusetts: Harvard University Press, 2007), 25-30.

48. Alexei B. Kojevnikov, *Stalin's Great Science: The Times and Adventures of Soviet Physicists* (Londres: Imperial College, 2004), 80-85.

49. Donald Fisher, "Rockefeller Philanthropy and the Rise of Social Anthropology", *Anthropology Today* 2, 1 (fevereiro de 1986): 5-8.

50. James E. Webb, *Space Age Management: The Large-Scale Approach* (Nova York: McGraw-Hill, 1969), 15-16, 6-7, 29 (Webb cita Warren G. Bennis). Sobre Webb, ver Walter A. McDougall,... *The Heavens and the Earth: A Political History of the Space Age* (Nova York: Basic Books, 1985), 361-88. Sobre a administração da NASA, ver Stephen B. Johnson, *The Secret of Apollo: Systems Management in American and European Space Programs* (Baltimore: Johns Hopkins University Press, 2002).

51. Sobre a ligação de Bush com os experimentos na Hawthorne, ver Gillespie, *Manufacturing Knowledge,* 42; também ver Daniel Lee Kleinman, *Politics on the Endless Frontier: Postwar Research Policy in the United States* (Durham, Carolina do Norte: Duke University Press, 1995), 56-58.

52. Loren R. Graham, "Big Science in the Last Years of the Big Soviet Union", *Osiris,* 2ª ser., 7 (1991): 49-71; Mark R. Beissinger, *Scientific Management, Socialist Discipline, and Soviet Power* (Cambridge, Massachusetts: Harvard University Press, 1988). Para um estudo de caso de intriga intra-administrativa dentro de

A REINVENÇÃO DO CONHECIMENTO

um estabelecimento científico altamente burocratizado, ver Slava Gerovitch, *From Newspeak to Cyberspeak: A History of Soviet Cybernetics* (Cambridge, Massachusetts: MIT Press, 2002).

53. Paul Dickson, *Think Tanks* (Nova York: Atheneum, 1971); William Poundstone, *Prisoner's Dilemma* (Nova York: Anchor, 1993), 84-96; David Hounshell, "The Cold War, RAND, and the Generation of Knowledge, 1946-1962", *Historical Studies in the Physical Sciences* 27, 2 (1997): 137-67.

54. David Jardini, "Out of the Blue Yonder: The RAND Corporation's Diversification into Social Welfare Research, 1946-1968", tese de doutorado, Carnegie--Mellon University, 1996, 190-232, 304-43; Jennifer S. Light, *From Warfare to Welfare: Defense Intellectuals and Urban Problems in Cold War America* (Baltimore: Johns Hopkins University Press, 2003), 37-45, 108-13.

55. M. Fortun e S. S. Schweber, "Scientists and the Legacy of World War II: The Case of Operations Research (OR)", *Social Studies of Science* 23, 4 (novembro de 1993): 612-13, 620-28. Stephen Johnson, "Three Approaches to Big Technology: Operations Research, Systems Engineering, and Project Management", *Technology and Culture* 38, 4 (outubro de 1997): 891-919; Agatha C. Hughes e Thomas P. Hughes, orgs., *Systems, Experts, and Computers: The Systems Approach in Management and Engineering, World War II and After* (Cambridge, Massachusetts: MIT Press, 2000).

CONCLUSÃO

1. Walter M. Miller, *A Canticle for Leibowitz* (Nova York: HarperCollins, 2006 [1959]), 26. [*Um cântico para Leibowitz*, Ed. Círculo do Livro, s/d]

2. *The Bulletin of Atomic Scientists,* inventor e mantenedor do Relógio do Apocalipse, incluía Oppenheimer como colaborador e é publicado até hoje.

3. Ver Katie Hafner e Matthew Lyon, *Where Wizards Stay Up Late: The Origins of the Internet* (Nova York: Simon & Schuster, 1996), 54-56, 62-63.

4. Ver, além da discussão sobre Santo Agostinho no capítulo 2, Anthony Grafton e Megan Williams, *Christianity and the Transformation of the Book: Origen, Eusebius, and the Library of Caesarea* (Cambridge, Massachusetts: Harvard University Press, 2006).

5. Daniel Bell, *The Coming of Post-Industrial Society: A Venture in Social Forecasting* (Nova York: Basic Books, 1973), 212-50. [*O advento da sociedade industrial*, Ed. Cultrix, 1973] Peter Drucker foi outro notável teórico que antecipou os "trabalhadores do conhecimento" e a "sociedade do conhecimento".

NOTAS

6. Clark Kerr, *The Uses of the University,* 4ª ed. (Cambridge, Massachusetts: Harvard University Press, 1995 [1963]), 6, 15.

7. Steven Lubar, "'Do Not Fold, Spindle or Mutilate': A Cultural History of the Punch Card", *Journal of American Culture* 15, 4 (inverno de 1992): 43-55; para o contexto, ver C. Michael Otten, *University Authority and the Student: The Berkeley Experience* (Berkeley: University of California Press, 1970), 159-88.

8. Nicholas Lemann, *The Big Test: The Secret History of the American Meritocracy* (Nova York: Farrar, Straus and Giroux, 1999), 125-40, 166-73; ver também 5-9, 27-29, 39-56.

9. Louis Menand, "College: The End of the Golden Age", *New York Review of Books* 48, 16 (18 de outubro de 2001): 44-47; John Hardin Best, "The Revolution of Markets and Management: Toward a History of American Higher Education since 1945", *History of Education Quarterly* 28, 2 (verão de 1988): 177-89, esp. 185-86; Roger Geiger, "The College Curriculum and the Marketplace: What Place for Disciplines in the Trend toward Vocationalism?", *Change* 12, 8 (novembro-dezembro de 1980): 16-23, 53-54.

10. Russell Jacoby, *The Last Intellectuals: American Culture in the Age of Academe* (Nova York: Basic Books, 1987), 140-90. A melhor maneira de abordar este fenômeno é conhecendo as muitas jeremiadas contra ele: p.ex., Allan Bloom, *The Closing of the American Mind* (Nova York: Simon and Schuster, 1987) e E. D. Hirsch, *Cultural Literacy: What Every American Needs to Know* (Boston: Houghton Mifflin, 1987), e, mais tendenciosamente ainda, Roger Kimball, *Tenured Radicals: How Politics Has Corrupted Higher Education* (Nova York: Harper & Row, 1990) e Dinesh D'Souza, *Illiberal Education: The Politics of Race and Sex on Campus* (Nova York: Free Press, 1991).

11. Ellen Condliffe Lagemann, *An Elusive Science: The Troubling History of Education Research* (Chicago: University of Chicago Press, 2000), esp. 165-83.

12. Daniel Lee Kleinman, *Politics on the Endless Frontier: Postwar Research Policy in the United States* (Durham, Carolina do Norte: Duke University Press, 1995).

13. Rebecca S. Lowen, *Creating the Cold War University: The Transformation of Stanford* (Berkeley: University of California Press, 1997); AnnaLee Saxenian, *Regional Advantage: Culture and Competition in Silicon Valley and Route 128* (Cambridge, Massachusetts: Harvard University Press, 1994), 14-15, 20-25.

14. Margaret Pugh O'Mara, *Cities of Knowledge: Cold War Science and the Search for the Next Silicon Valley* (Princeton, Nova Jersey: Princeton University Press, 2005); Roger Geiger, *Knowledge and Money: Research Universities and the Paradox of the Marketplace* (Stanford, Califórnia: Stanford University Press, 2004).

15. Até 2007, Harvard informou que havia 2.497 professores não médicos e 10.674 professores médicos; ver http://www.news.harvard.edu/glance/, acessado em

A REINVENÇÃO DO CONHECIMENTO

18 de agosto de 2007. Seu complexo de escolas de medicina fica em Boston, a muitos quilômetros de distância do campus principal em Cambridge.

16. Sheila Slaughter e Larry L. Leslie, *Academic Capitalism: Politics, Policies, and the Entrepreneurial University* (Baltimore: Johns Hopkins University Press, 1997); Sheila Slaughter e Gary Rhoades, *Academic Capitalism and the New Economy* (Baltimore: Johns Hopkins University Press, 2004).

17. Daniel Lee Kleinman e Steven P. Vallas, "Science, Capitalism, and the Rise of the 'Knowledge Worker': The Changing Structure of Knowledge Production in the United States", *Theory and Society* 30 (2001): 451-92; comunicação pessoal, prof. Itay Neeman, Departamento de Matemática, Universidade da Califórnia em Los Angeles, 25 de agosto de 2007.

18. Christopher D. McKenna, *The World's Newest Profession: Management Consulting in the Twentieth Century* (Cambridge: Cambridge University Press, 2006); Lowell L. Bryan e Claudia I. Joyce, *Mobilizing Minds: Creating Wealth from Talent in the 21st-Century Organization* (Nova York: McGraw-Hill, 2007).

19. Vannevar Bush, "As We May Think", *Atlantic Monthly* 176, 1 (julho de 1945): 101-8. Ver também James M. Nyce e Paul Kahn, orgs., *From Memex to Hypertext: Vannevar Bush and the Minds Machine* (Boston: Academic, 1991), 39-66, 113-44.

20. Jennifer S. Light, "When Computers Were Women", *Technology and Culture* 40, 3 (1999): 455-83.

21. Jay Hauben, "Vannevar Bush and J.C.R. Licklider: Libraries of the Future, 1945-1956," http://www.ais.org/~jrh/acn/acn15-2.articles/jhauben.pdf, acessado em 1 de setembro de 2007.

22. Paul N. Edwards, *The Closed World: Computers and the Politics of Discourse in Cold War America* (Cambridge, Massachusetts: MIT Press, 1997).

23. Norbert Wiener, *The Human Use of Human Beings: Cybernetics and Society* (Cambridge, Mass.: DaCapo, 1988 [1954]). [*Cibernética e sociedade: o uso humano de seres humanos*, Ed. Cultrix, 1953] Sobre a conexão Bush-Wiener, ver Howard Rheingold, *Tools for Thought: The People and Ideas Behind the Next Computer Revolution* (Nova York: Simon & Schuster, 1985), 101-3.

24. "Man-Computer Symbiosis", de Licklider, está reproduzido em *In Memoriam: J.C.R. Licklider, 1915-1990*, org. Robert W. Taylor (Palo Alto, Califórnia: Digital Systems Research Center, 1990).

25. Fred Turner, *From Counterculture to Cyberculture: Stewart Brand, the Whole Earth Network, and the Rise of Digital Utopianism* (Chicago: University of Chicago Press, 2006), 1-28, 54, 71-78, 91, 104-18, 136, 141-53, e figura 10.

26. Alfred D. Chandler Jr. e James W. Cortada, orgs., *A Nation Transformed by Information: How Information Has Shaped the United States from Colonial Times to the Present* (Oxford: Oxford University Press, 2000).

NOTAS

27. Ver Vinton Cerf, "How the Internet Came to Be", em *The Online User's Encyclopedia: Bulletin Boards and Beyond,* org. Bernard Aboba (Reading, Massachusetts: Addison-Wesley, 1993), cap. 33. Para uma perspectiva mais crítica, ver Rajiv C. Shah e Jay P. Kesan, "The Privatization of the Internet's Backbone Network", *Journal of Broadcasting and Electronic Media* (março de 2007): 93-109.

28. http://en.wikipedia.org/wiki/Wikipedia:About, acessado em 25 de julho de 2007.

29. http://www.google.com/technology, acessado em 18 de julho de 2007.

30. James Surowiecki, *The Wisdom of Crowds: Why the Many Are Smarter than the Few and How Collective Wisdom Shapes Business, Economies, Societies, and Nations* (Nova York: Doubleday, 2004).

31. Ver Robert W. Hefner e Muhammad Qasim Zaman, orgs., *Schooling Islam: Modern Muslim Education* (Princeton, Nova Jersey: Princeton University Press, 2007).

32. Ver Timothy B. Weston, *The Power of Position: Beijing University, Intellectuals, and Chinese Political Culture, 1898-1929* (Berkeley: University of California Press, 2004).

33. Joseph S. Alter, *Yoga in Modern India: The Body Between Science and Philosophy* (Princeton, Nova Jersey: Princeton University Press, 2004), 73-108.

34. Richard Florida, *The Flight of the Creative Class: The New Global Competition for Talent* (Nova York: HarperCollins, 2005), 107-8, citando o trabalho de AnnaLee Saxenian. Ver Saxenian, "Silicon Valley's New Immigrant High--Growth Entrepreneurs", *Economic Development Quarterly* 16, 1 (2002): 20-31, esp. 24-25 e tabela 7.

35. Florida, *Flight of the Creative Class,* argumenta que Europa, Nova Zelândia e Austrália, não tanto Índia e China, serão, provavelmente, os primeiros beneficiários da globalização do trabalho do conhecimento.

36. Para um tratamento polêmico, ver Andrew Keen, *The Cult of the Amateur: How Today's Internet Is Killing Our Culture* (Nova York: Doubleday, 2007).

37. Lily Kay, *Who Wrote the Book of Life? A History of the Genetic Code* (Stanford, Califórnia: Stanford University Press, 2000), 1.

38. Philip Mirowski, *Machine Dreams: Economics Becomes a Cyborg Science* (Cambridge: Cambridge University Press, 2002). Ver também Thomas Bender e Carl E. Schorske, *American Academic Culture in Transformation: Fifty Years, Four Disciplines* (Princeton, Nova Jersey: Princeton University Press, 1997).

Índice Remissivo

À dúzia, é mais barato (Gilbreth e Carey), 223
A.D., sistema de calendário, 53, 79
Abbon de Fleury, 80, 238
Abbott, Edith, 230
Abelardo, Pedro, 11, 88-92, 93, 95, 96,102, 106, 110, 117, 118, 129, 134, 241, 266
  "capitalismo acadêmico", 249
  "mercantilismo acadêmico", 169#"proletariado acadêmico", 188
  academia, 148, 149
  estados absolutistas, 123
Academia de Ciências de Berlim, 152
Academia de Ciências, 152
Academia de Platão, 12, 28-29, 51, 148, 153
Academia Donglin, 154
Academia dos "Alterados", 151
Academia Francesa, 152
  academias, 147-156, 191, 205, 191, 205, 239, 242
  chinesas, 153-159

  descrição das, 147-148
  literati e virtuosi e, 148-151
  mulheres e, 151-153
Academia Nacional (Chinesa), 43
Academia Parisiense de Ciências, 150, 152
Accademia della Crusca, 149
accademia di letterati, 154
Addams, Jane, 227, 228
"administração científica", 222-226, 234
Administração da era espacial (Webb), 232
Advento, 74
África, 232
Agência de Projetos de Pesquisa Avançada (ARPA), 252
Agostinho, Santo, 14, 54, 58-59, 60, 61, 63, 64, 77, 240
Al-Biruni, 80
Alcorão, 46, 113, 114, 117, 213
Alderotti, Taddeo, 107
alemã, 186-187
  Islã e, 46

A REINVENÇÃO DO CONHECIMENTO

natural, 150, 189
neoplatônica, 47, 58
platonismo, 58
Alemanha, 98, 99,128-29,143, 147, 161, 162, 178, 223
seminários da, 162-177, 183, 191
sistema de educação prussiano, 183-194
Alexandre, o Grande, 21, 23, 29, 30, 38
Alexandria, 24, 30-31, 38, 46, 47, 59, 61, 172, 175
alfabetização, 160
alfabetos, 40
algarismos romanos, 76
algarismos, 28
arábicos, 113, 206
romanos, 76, 206
Algazali, 117
álgebra, 113
Almagesto (Ptolomeu), 137
almanaques, 76
alquimia, 47, 113, 151
América, 135, 200
amor, 90
amor, formas de, 89-90, 91
anatomia, 154
anno Domini (A.D., sistema de calendário), 51, 78
anno mundi (AM, ano do mundo), 78
ano litúrgico, 73-77
ano solar, 75
Ano
bissexto, 75
calendário, 75
litúrgico, 73-77
solar, 75
anos bissextos, 75
Anticristo, 78, 80
Antióquia, 31

Antônio, Santo, 61, 67, 73
antrax, 211-212
antropologia, 216
"aparato Kali", 209-210
aprendizado viva voce, 106
árabes, 46, 52#*ver também* Islã
Arábia, 171
Aragão, 104, 105
Aristeias, Carta de, 35
aristocracia, 111-112
Aristóteles, 21, 23, 29-30, 31, 32, 35, 45, 96, 104, 107, 127, 130, 142, 144, 145, 146
aritmética, 76, 78, 108, 166
ARPANET, 252
Arquimedes, 32
arquitetura, 16, 37, 92, 174
ars, scientia vs., 105, 106
artes "herméticas", 47
artes liberais, 92, 93, 98, 108, 137-138, 245
arthasastra, 176
Ásia Menor, 23
astronomia, 34, 75, 76, 77, 108, 145
islâmica, 113
na Índia, 80, 178
República das Letras e, 133, 156
ver também sistema solar
Atenas, 26, 32, 37, 45, 48, 51, 58, 148
bomba atômica, 233, 237
escolas em, 21, 22, 28-29
surgimento do conhecimento acadêmico em, 23-24, 28
átomos, 28
Avignon, 110
Azo de Bolonha, 101

Babilônia, 34
Bacon, Francis, 123, 146

288

ÍNDICE REMISSIVO

Bagdá, 46, 112
balé, 150, 151
Baran, Paul, 239
Barba Roxa, Frederico, 98
"bárbaros", 59
batistas, 181-182
Bayle, Pierre, 160
Becquerel, Henri, 197
Bede, 78-79, 238
benefícios, 100
Bengel J. A., 168
Benjamim de Tudela, 104
Bento de Núrsia, 51, 65, 66, 67, 80
Bernardo de Clairvaux, 90-92, 95, 104,
    117, 118, 241
Bhagavad Gita, 182
Bíblia, 61, 91, 145, 163
    Antigo Testamento da, 70, 175-76,
        177, 180
    como objeto de culto, 64
    como volume encadernado portátil, 96
    concordâncias da, 96
    discrepâncias entre traduções da, 165-
        167
    "distinções" na, 95
    em vernaculares regionais, 57
    evangelhos da, 55
    formato de códice da, 56-57
    Hebraica, 54, 56, 57-58
    na Índia, 182
    Novo Testamento da, 54-55, 57, 166,
        168, 170, 171
    pietistas e, 168-170
    tradução grega da, 35-36, 54-55, 57
    tradução latina da, 58
    vendas de, na livraria em Halle, 170
    ver também escrituras; *livros específicos*
Biblioteca de Alexandria, 16, 38, 42, 57,
    130, 142, 168

como modelo para outras civilizações
    mediterrâneas antigas, 23-24
como repositório do conhecimento do
    mundo, 22
declínio da, 48, 52
erudição helenística e, 33-37
fundação e crescimento da, 21, 22,
    32-33
governantes islâmicos e, 46
primeiro catálogo da, 35, 36
queimas da, 44-45, 46, 112
Biblioteca de Dez Mil Anos, 9-10, 253
Bibliotecas do futuro (Licklider), 251
bibliotecas, 10, 13, 19-48, 52, 53
    da antiga Mesopotâmia, 22
    da China antiga, 41, 43-44
    doutrinas contraditórias nas, 29-30
    helenísticas, *ver* Grécia antiga
    império e, 29-30, 32, 35, 240
    Islã e, 46-47
    longevidade institucional das, 22-23
    transição institucional das, para os
        mosteiros, 239-241
    três abordagens à história das, 22-23
    ver também livros; *bibliotecas específicas*
Binet, Alfred, 217
Bobbio, 63, 64
Boccaccio, Giovanni, 149
Boêmia, 108
bordéis, 85, 181
Boyle, Robert, 146
Brahe,Tycho, 138
Brahma, o Criador, 80, 180
Brahmo Samaj, 182
brâmane, casta, 112, 178
Brand, Stewart, 252
Brandeis, Louis, 222
Breckenridge, Sophonisba, 230
budismo, 80, 82

289

A REINVENÇÃO DO CONHECIMENTO

bug do milênio, 80
Bulgária, 95
Burgundy, 91
Bush, Vannevar, 14, 233, 237, 238, 245, 247, 248,250-252, 253
Byron, George Gordon, Lorde, 201, 202

cálculo, 166
calendários:
    A.D., sistema de datação, 53, 79
    alternativo, 79
    ano calendário, 75
    romano juliano, 74
califados, 111
caligrafia, 40
Calímaco, 35,3 6, 136, 144
calorímetro, 204
calvinismo, 125, 186
Cânone de Avicena, 103, 117
cânones, textuais, 43, 55-56, 93, 165, 180, 216, 242, 246, 255
Cântico dos Cânticos, 91
Cântico para Leibowitz, Um (Miller), 237-238
canto gregoriano, 71
Capela de Belém (Praga), 110
capitalismo *laissez-faire*, 160
capitalismo, 159,160, 222, 249
caritas, 90
Carlos IV, Sacro Imperador Romano, 108
Carlos Magno, 66
Carnegie, Andrew, 229
cartas, 13, 241
    Alexander von Humboldt e, 202-203
    censura evitada por, 139
    como prefácios de livros, 137-138
    de recomendação, 132-133
    ditadas na Grécia e na Roma antigas, 130-131

humanismo e, 129-131
    retórica da descoberta e, 135-137
    ver também República das Letras
cartografia, 37, 135, 154
Casa da Sabedoria, 46, 112
casas de acolhimento, 226-228
Cassiano, João, 61, 66
Cassiodoro, Flávio Magno Aurélio, 62-63, 65, 66, 72
cátaros, 95
catedrais, como observatórios astronômicos, 76
Catedral de Notre Dame, 92
católicos romanos, 11, 109, 126, 128, 150, 166, 186
causas, tipologia das, de Aristóteles, 28-29
Cavendish, Margaret, 127, 152
censura, 138-40, 160
César, 45-46
César, Júlio, 44-45, 75, 124, 131, 134, 153
Chambers, Ephraim, 160
Chartres, 92
Chicago, 224-231
Child Study, movement, 219
Chin, imperador da China, 39, 41
China lllustrata (Kircher), 145
China, 18, 39-44, 80, 112, 115, 145, 255
    academias na, 152-156
    ativismo político dos eruditos na, 254
    bibliotecas helenísticas em comparação com bibliotecas da, 23
    escrita como unificadora da região cultural mais ampla da, 40-42
    "Estados Guerreiros" na, 37, 39
    O Ocidente comparado à, 13
    orientada para o passado na, 29
    primeiras bibliotecas imperiais na, 41-43

290

ÍNDICE REMISSIVO

queima de livros durante a dinastia Chin na, 39-41, 42
sistema de exames de funcionários públicos na, 43, 154, 155, 254
unificação da, 39
cibernética, 251
Cícero, 52, 58, 62, 64, 108, 124, 129, 130, 131, 134, 142, 148, 149, 153, 156
Cidade de Deus (Agostinho), 59
Cidades
   cidadania e, 127
   crescimento das, 87, 92, 216, 220
   persas, 116
   problemas sociais e, 216
   universidades e, 85-86, 92, 99
Ciência (Bush), 247
ciência, 10, 12
   academias e, 150-153
   como ofício e técnica artesanal, 206-210
   computus e, 76-77
   consenso e, 210-211
   grega, 47
   humanidades e, 215
   humboldtiana, 200-204, 214-215, 219
   Islã e, 18, 88, 102-103
   mulheres na, 11, 151
   pasteuriana, 211-215
   religião e, 18
   social, 199, 216-232, 242
   ver também laboratório, ciência de laboratório
"ciências estrangeiras", 116
ciências sociais, 199, 216-232, 242
cínicos, 58
Cirilo, bispo de Alexandria, 47
cistercienses, 90-91, 94
classe operária, 228

Clemente de Alexandria, 35, 58
Cleópatra, 44
Clube da Ciência Social dos Trabalhadores (WPSSC), 228
Cluny, 71, 92
códice, formato dos livros, 56-57, 63
Código Justiniano, 99
coletores de impostos, 129, 204
Collegium Orientale Theologicum, 172-73
Colombo, Cristóvão, 124, 135, 142
combustão, 204-205
como centro teológico, 93-97
"computadora", origem do termo, 251
computadores Apple, 248-249
computadores, 248, 249, 250-254, 255
computus, 76-77, 78
comunas, 99
Conant, James, 245
conciliarismo, 110
Concordância de cânones discordantes (Graciano), 102
Conferências (Cassiano), 62
Confissões (Agostinho), 54,5 8
Conforme podemos pensar (Bush), 250
Confúcio, 39
confucionismo, 39, 42, 141, 154, 156, 166
Conhecimento
   abordagem da história do conhecimento baseada em instituições, 10-11, 239-242
   Biblioteca de 10.000 Anos e, 9-10, 253
   Biblioteca de Alexandria como repositório de todo o, 22
   comercialização do, 239, 247-250
   como uma mercadoria, 159
   democratização do, 238-239, 242
   escrita vs. fala na organização do, 22-23; *ver também* culturas orais; escrita

291

A REINVENÇÃO DO CONHECIMENTO

hoje, 254-258
informação identificada com, 223, 256
informal vs. formal, 12
Internet como repositório de todo o, 9
novo, 146-147
organização do, 16-17
períodos de transição do, 10-11, 13-18, 239-240
política e, 125, 153-154
produção do, 156
puro vs. aplicado, 96
sistemas de classificação do, 36-37
soluções ocidentais para problemas do, 13-14
"tradição intelectual ocidental" de, 11-13
ver também disciplinas; laboratório; ciência de laboratório; bibliotecas; mosteiros; República das Letras; universidades
Constantino, Imperador, 60
Constantino, o Africano, 104
Constanza, Concílio de (1415), 110-111
Cook, James, 171
Copérnico, Nicolau, 32, 123, 137-138, 142
coríntios, cartas de Paulo aos, 55
Corporação Carnegie, 229
corporações, 98, 100, 102, 250
"corrupção ortodoxa", 56
Corte Suprema, EEUU, 222
cortes aristocráticas, 149, 150
cortesãos, 150
"costumeiros," 72
craniometria, 217, 218
criação, 77-78
crianças, como oblatos, 73, 79-80
cristandade, 24, 51, 87

festas como fator de unificação na, 74
Islã e, 111-119, 136
cristãos, 47-48, 104, 113
como ascetas, 59, 61, 62, 66-67, 73, 82
martírio de, 60
cristianismo, 12-13, 87
ano litúrgico e, 73-77
conversão de Agostinho ao, 54, 58, 60-61
conversão de Constantino no campo de batalha, 60
crescimento do, 55, 57-58, 60
milenarismo e, 78-81
origens do, 54
ortodoxia e, 97
palavra escrita enfatizada no, 53-59;
política e, 110
ver também Bíblia; escrituras
ver também Igreja Ortodoxa Oriental; mosteiros; protestantes; Igreja Católica Romana; católicos romanos
vida e morte de Jesus como base para o sentido de tempo no, 52-53
visão de mundo do, 73
criticismo, superior e inferior, 170
Crônica de Nuremberg, 136
culturas orais:
antiga Grécia como, 21, 22-23, 24-30
Império Romano como, 54, 55, 63
Islã como, 112-116
na Índia, 81, 179-180
ver também fala
cuneiforme, 43
Curie, Marie, 11, 12, 14, 197, 229
Curie, Pierre, 110
Curie-Joliot, Irène, 197-198

Da revolução de esferas celestes (Copérnico), 137-138

292

ÍNDICE REMISSIVO

Dante Alighieri, 101, 149

Dar al-Islam (Terra do Islã), *ver* Islã, domínio do

Darwin, Sir Charles, 14, 203

*De temporum ratione (A contagem do tempo) (*Bede), 78

deístas, 126, 170

Demétrio de Falero, 21-22, 23, 32, 34

democracia, 12
  na Grécia antiga, 25, 26, 27, 30, 48

demônio, 80

Departamento de Defesa, EUA 234, 252

Descartes, René, 14, 123, 127-128

Descobertas
  era das, 135
  retórica das, 135-137
  viagens de, 123, 135-137, 142, 142, 144, 171, 200

Deus, 11, 60, 61, 67, 81, 91-92, 96, 104, 126
  como Trindade, 89, 90
  Jesus como Filho de, 56, 90
  oblatos como oferendas a, 73, 78

Dewey, John, 228

Dez Mandamentos, 67

dharmasastra (lei), 179, 181

dialética
  nas universidades medievais, 89, 90, 93, 106
  no *trivium*, 53, 63

Diálogo sobre os dois máximos sistemas do mundo (Galileu), 138

dias de jejum, 67-69

dias santos, 77

dicionários, 149-150

Diderot, Denis, 160

dilectio (devoção abnegada), 90

Dinamarca, 171

dinastia manchu, 155

dinastia Ming, 154, 155, 156

direito, 186
  alemão, 99
  canônico, 101
  dharma, 179, 181
  escolástico, 102
  islâmico, 114-115, 117, 213
  na Universidade de Bologna, 92, 97-102
  precedente e razão no, 102-103
  romano, 99, 102

disciplinas, 13, 157-194, 207, 239, 241-242, 249-247
  ciências sociais, 216
  definição e origem das, 159-162
  especialização e, 177-194
  filologia, 171-177
  na Índia, os *sastras,* 179-184
  relações humanas 225
  seminários e, 162-177

disputas verbais, 18, 106-107, 108, 172, 192

ditado, escrita como, 30

doenças, 211-215

Domingos de Gusmão, São, 94, 96

Don Juan (Byron), 201

"duas culturas", 215

DuPont, Pierre-Samuel, 204

Durkheim, Émile, 216

economia de livre mercado, 159, 184

editores, 135-138, 150

educação moral, 155

Educação universal numa sociedade livre (Conant), 245

educação, 10, 13, 57, 64
  mercado de massa para, 16, 159, 162
  moral, 155

na Alemanha, 184-194
na Grécia antiga, 24-30
romana, 53
ver também academias; disciplinas; pedagogia;
Egito antigo, 21-22, 23, 43, 47, 48, 112, 145-146
ascetas cristãos no, 60, 73
conquista pelos romanos do, 45
dinastia grega no, *ver* Ptolomeus
faraós do, 37, 44
mosteiros cristãos no, 61, 69-70
ver também Alexandria; Biblioteca de Alexandria
Einstein, Albert, 14, 198
elementos, 28
Elisabeth, princesa palatina, 127
empréstimo de dinheiro, 101
enciclopédias, 134, 160-161, 168, 170
Encyclopédie, 160
Eneida (Virgílio), 58, 63
Engelbart, Douglas, 251, 252
Engels, Friedrich, 189
equinócio de primavera, 75
era da informação, 10, 17, 255
Erasmo, 123, 132, 134, 166
Eratóstenes, 32
erudição textual, 26-27, 28, 33-34
eruditos (estudiosos, acadêmicos, intelectuais), 11, 22
academias e, 146-156
aristocracia e, 112
cartas de recomendação e, 132-133
em Alexandria, 31-32, 33-37, 43, 44
fundações e, 230
interfaces institucionais entre a sociedade e, 13
islâmicos, 111-119
linguagens de poder e comércio, 37-38

línguas vernaculares e, 160
na China antiga, 41, 43
proteções legais para, 93
questões fundamentais respondidas por, 15
tempo livre dos aristocratas e, 18
ver também academias; educação; República das Letras; professores; universidades
verdade e conhecimento como metas de, 156
eruditos; universidades
Escola de Negócios de Harvard, 225
Escola de Treinamento para Meninos e Meninas Retardados, 219
escolas catedrais, 88, 92
escolas latinas, 164
escolas primárias, 164
escolasticismo, 93
Escoteiras, 229
escravos, na Grécia antiga, 30, 56
Escrita
como ato devocional, 131
ênfase do cristianismo na, 53, 53-58
ênfase monástica na, 71-72
materiais para a, 41, 43, 64
na China antiga, 40-42
na Grécia antiga, 24-30, 31
nas línguas árabe e hebraica, 113, 168
Regra Beneditina e, 65-73
ver também livros; eruditos
escrituras, 13, 53, 54, 57-58, 61, 64, 67, 240
corrupção ortodoxa das, 56
védicas, 81
ver também Bíblia
Espanha, 46, 104, 105, 112
especialistas em eficiência, 221-226
espírito do mundo, 90

ÍNDICE REMISSIVO

Espírito Santo, 74, 90
Estados-nação, 161
estoicos, 58, 127
estudos de tempos e movimentos, 223
estudos sobre comportamento sexual, 232
ética do trabalho, 222
ética protestante do trabalho, 165
Euclides, 32, 36
Europa
    em contraste com Dar al-Islam, 111, 117-119
    experimentos, científicos, 146, 147, 151, 152, 206
    período de guerras religiosas na, 125-126
    protestantes evangélicos, 159, 161, 164, 192
    ver também República das Letras
Evangelhos de Lindisfarne, 64
evangelhos, 170#canônico, 55#gnóstico, 55
Exército da Salvação, 229
Ezequiel, Livro de, 88

Faculdade Fort William, 181
faculdades, 116, 125#origens e descrições das, 167-168
faculdades", significado original de, 92
Fala
    nos mosteiros, 70
    retórica romana, 53, 54
    ver também culturas orais
falasifa, 46, 116
Fenícia, 41
Ferme Générale, 204
ficção científica, 127, 152
Fichte, Johann Gottlieb, 187-188, 241

Filadélfia, distrito de "Nicetown" (Cidade Agradável), 222
filantropia científica, 226-232, 242
filantropia, 249
    científica, 226-237, 242
Filo, 35
filologia, 181, 183, 186, 201, 208, 216
    como primeira disciplina do seminário, 171-177
    definição de, 172
    em Alexandria, 33, 34
    na Grécia antiga, 27, 28-29, 178
filosofia natural, 151, 189
filosofia, 13, 58, 60, 116, 198, 257
    Agostinho e, 59
    em Alexandria, 33, 57
    na China, 38-39
física, 156, 197
flogístico, 204, 205
Florença, 149, 150, 151
fotografia, 223-224
frades, 95-96
França, 95, 109, 126, 151, 152-153, 162, 166, 187, 204, 213, 223
Francisco de Assis, São, 95, 96
Francke, A. H., 143, 163-167, 167, 182, 185
Franklin, Benjamin, 160, 176
Frederico Barba Roxa, Sacro Imperador Romano, 98
Frederico, o Grande, 177, 186
freiras, 72, 73, 89
Fröbel, Friedrich, 190
Fundação Laura Spelman Rockefeller (LSRM), 229
Fundação Rockefeller, 226, 230, 231-232
fundações filantrópicas, 229-232
Fundações Francke, 165, 167, 227

Gabinete de curiosidades *(Wunderkammer)*, 142, 144, 147, 165
Galeno, 32, 104
Gália, 64
Galileu Galilei, 14, 123, 138-140, 142
Gates, Bill, 249
Geographica (Ptolemeu), 135
geometria, 32, 36, 76, 108, 145
Gilbert, Walter, 256
Gilbreth, Frank e Lillian, 223-224
ginásios, 32
  academias e, 148
  na Alemanha, 185-186, 188, 192
  na Grécia antiga, 26, 29
ginástica, derivação da palavra, 25
Goddard, Henry Herbert, 219-221
Goethe, Johann Wolfgang von, 162, 163
Google, 9, 253
Göttingen Learned Newspaper, 169
Grã-Bretanha, 62, 78, 109, 147, 152, 168, 181
Graciano, 102
gramática, 53, 58, 108, 130, 179
Grande Depressão, 225
gravuras em cobre, 145
Great Society, 234, 235
Grécia, antiga, 13, 16, 42, 116, 130, 148, 155, 172
  Alexandria e, 24, 31
  dinastias na, 30
  bibliotecas da, 22-24, 30, 43, 53, 240
  papel do Islã na sobrevivência do conhecimento da, 22, 46, 96, 112-113
  cidades-Estado da, 23, 25, 26, 30, 38, 130
  vida pública centrada no macho como forma dominante na, 24-25, 28-29

Gregório, o Grande, papa, 51-52, 63, 66
Guerra do Vietnã, 234, 235, 244
Guerra dos Sete Anos, 133
guerras religiosas, 125-126
guildas, 86-87, 100, 128
gurus, 81
Gutenberg, Johannes, 134

Habsburgos, 149
hadith, 114, 213
Haibt, Lois, 251
Hall, G. Stanley, 219
Hamburgo, 128
Hanôver, 163
Harran, 113
Harvard, John, 86
Hastings, Warren, 181
Hawthorne Works (em Cicero, Illinois, 224-224, 230, 233
Hegel, G.W.F., 187, 188, 189
Helmholtz, Hermann, 190
Heloísa, 11, 88-90, 92, 134
hereges arianos, 56
Heródoto, 44, 136
Hewlett, David, 248
Heyne, Christian Gottlob, 174
hieróglifos, 43, 145
Hildegard de Bingen, 91-92
hinários, 71
hindus, 118, 181, 182
  ver também tradição sânscrita
Hipácia de Alexandria, 47, 48, 59
Hipócrates, 104
Hipona, 59
Hiroshima, 237
História de minhas calamidades (Abelardo), 88
História eclesiástica do povo inglês, A (Bede), 78-79

ÍNDICE REMISSIVO

história natural, 156

história, disciplina de, 191

historiadores, na Grécia antiga, 43-44

Hogarth, William, *162*

Holanda, 168

Homero, 13, 25-26, 28, 33-34, 131, 168, 174-176, 177, 181, 257

Hopper, Grace, 251

Horas (Ofício Divino), 69-70, 71, 72, 73-74

huguenotes, 126

Hull-House, 227-229, 230

humanidades, 215, 242

humanismo, 124, 136, 148, 193, 216, 241, 243
  contracultural, 252
  disciplinas e, 159, 160
  na China, 154
  República das Letras e, 129-132, 155

humanistas seculares, *ver* humanismo

Humboldt, Alexander von, 184, 200-203, 207, 214-215, 242

Humboldt, Caroline von, 184, 201

Humboldt, Wilhelm von, 14, 175, 184-186, 200-201, 215, 242

humildade, 68

humores, 105

Hus, Jan, 108, 110, 118, 125

I Ching, 166

Ibn Rushd (Averroes), 18, 117

Ibn Sina (Avicena), 103, 108, 117

Igreja Católica Romana:
  cisma na, 110, 129
  Galileu e, 138-140
  Inquisição e, 139
  Reforma Protestante e, 119

Igreja Luterana, 118, 125, 162, 166, 185

Igreja Ortodoxa Oriental, 118

Ijazas, 115, 213

ilhéus caribenhos, 136

*Ilíada (*Homero*), 22, 25-26, 34, 175*

Iluminismo, 22, 124, 160, 162, 166-167, 168, 194

imigrantes, 220, 226, 230

imperialismo e, 213
  surgimento da, 102-108

Império Bizantino, 46, 47, 52, 118, 130

Império Romano, 11, 24, 32, 149, 156, 172
  bibliotecas do, 45
  cisão do, 48
  como cultura oral, 54, 55, 63
  crescimento do cristianismo no, 55, 57-58, 60
  declínio do, 47, 48, 51, 52-53, 59, 60, 62, 65, 87, 131, 233-240
  direito no, 99, 102
  ditado de cartas no, 130-131
  filosofia no, 58-59
  interesse humanista em escritores do, 129-130

Índia, 13, 17, 112, 255
  cultura oral na, 81, 179-180
  império Mughal na, 118
  matemática na, 113
  milenarismo na, 80-82
  panditas da, 178, 254
  sastras da, 178-184, 255
  tradição sânscrita da, 13, 80-82, 141, 178

índice, 37

individualismo, 12

indústria ferroviária, 222

industrialização, 216

inferno, 101

Inquisição Romana, 139

Inquisição, romana, 139

ins ubique docendi, 97
Instituições (Cassiano), 62, 66
Instituições (Cassiodoro), 62, 63, 72
Instituto de Tecnologia de Massachusetts
   (MIT), 255
Instituto do Rádio, 197
Instituto Tuskegee, 230
Institutos Pasteur, 213, 214, 242
"interesse", origem do termo, 101
Internet, 9, 17, 239, 250-254, 255-256
inundação, 80
Iona, 65
Irã, *ver* Pérsia
Irlanda, 64
irmãos Grimm, 191
Islã sunita, 111, 114
Islã xiita, 111, 114
Islã, 13, 24, 80, 111-119, 136, 141, 182
   bibliotecas e, 46-47
   ciência e, 18, 87, 103, 214
   como cultura oral, 112-116
   conhecimento do mundo clássico
      transmitido e expandido por eru-
      ditos do, 21-22, 46, 92, 112-113
   divisões no, 111
   domínio do, 111-112, 116, 118
   erudição no, 111-119
   lei e, 114-115, 213
   madrasas do, 116-117, 254
   misticismo e, 117
   mulheres e, 111, 115
   origens partilhadas do Ocidente e do,
      13
   ver também árabes
Itália, 64, 67, 95, 126, 147, 177, 223
   domínio ostrogodo sobre a, 62
   na Renascença, 37, 46, 129, 149, 151,
      152
   universidades na, 97-107

Japão, 237, 254
jardins de infância, 190
Jefferson, Thomas, 202
Jena, batalha de, 177, 184
Jenner, Edward, 212
Jerônimo, 58, 63
jesuíta, 126, 128, 145, 154, 156, 166
Jesus, 58, 60, 73, 74, 166, 177
   ano do nascimento de, 79
   como Filho de Deus, 56, 90
   Judas e, 55
   livros do evangelho sobre a vida de,
      54-55
   retorno antecipado de, 52; *ver também*
      milenarismo
   sentido de tempo da cristandade ba-
      seado na vida e morte de, 52-53
João Batista, 171
João, Evangelho de, 55
Jobs, Steve, 248
Johnson, Charles S., 231
Joliot, Frederic, 197
judaísmo, 54, 57, 75, 81, 113
   ver também Bíblia, Hebraica
Judas, Evangelho de, 55
judeus, 59, 104
   como emprestadores de dinheiro, 101
   domínio islâmico e, 105, 112-113,
      118-119
   em Alexandria, 34, 47, 48
   na República das Letras, 127
Juízo Final, 78
Justino, o Mártir, 56

kaliyuga, 80
kamasastra, 179
Kamasutra, 176
Kant, Immanuel, 186
Kepler, Johannes, 138

ÍNDICE REMISSIVO

Kerr, Clark, 244
Kircher, Atanásio, 145

laboratório, ciência de laboratório, 10, 13, 17, 195-235, 248
  ciência social e, 214-232
  como o mundo, 200-204
  como oficina, 204-207
  como seminário, 207-211
  espaços do, 200-215
  "grande ciência" e, 230, 233-235
  mulheres e, 67, 197-199
  mundo como, 211-215
  status dominante do, 237-239, 243, 249, 254-258
Langevin, Hélène, 197-198
Langevin, Michel, 197
Laon, 92
Laplace, Pierre-Simon, 138, 204-204
Lathrop, Julia, 229
Latour, Bruno, 212, 214
Lavoisier, Antoine, 203-207, 209, 211, 215
lecionários, 71
lectio divina, 61, 76
Leeuwenhoek, Antonie van, 133
Left Behind, série de livros, 80
Leibniz, G. W, 166
leitura crítica, 37
Leitura
  devocional *(lectio divina),* 62, 76
  Regra Beneditina e, 66, 70-71
  silenciosa, 70
Lenin, V. I., 223
Lent, 68-69, 70-71, 74
Lesbos, 25
Li Si, 39-40
liceu, 21, 22, 28
Licklider, J.C.R., 251, 253
Liebig, Justus, 207-211, 215

língua árabe, 57, 87, 103, 105, 112-113, 143
língua aramaica, 34, 38
língua chinesa, 40-41
língua francesa, 149, 160, 193, 202
língua grega, 31, 34-35, 37-38, 40, 45, 46, 54-55, 57, 58, 112, 166, 172, 174, 175-176, 185
língua hebraica, 34-35, 57, 58, 105, 113, 168
língua inglesa, 149, 160, 194
língua italiana, 149
língua sânscrita, 178, 180, 181, 184, 237
linguagem dos sinais, 71
línguas indo-europeias, 181n
línguas semitas, 113
línguas vernaculares, 52, 149, 160, 194
linguística, 27
  ver também filologia
literati, 149-151, 154, 155, 156
livros litúrgicos, 72, 240
livros, 22, 239, 241
  ascetas cristãos e, 59-65
  cartas de abertura e, 159-160
  censura e, 138-140
  como museus, 144-146#rolos de papiro, 30, 32
  cópias monásticas de, 52-54, 62-64
  cópias monásticas em comparação com a publicação de, 141
  disseminada influência dos, 140
  forma de códice, 56-57, 63
  litúrgicos, 71, 240
  na China antiga, 39-41, 41-42
  posteridade e, 140
  pré-século IX, 63-64
  República das Letras e, 134-141
  sofistas e, 27
  ver também bibliotecas; escrita

lógica, 108, 130, 179
Lombardia, 98
Londres, 189
Lucano, 63
Lucas, Evangelho de, 55
Lucrécio, 130
Luoyang, 43
Lutero, Martinho, 118, 124, 125, 163, 166

Macedônia, 21, 23, 32
maçons, 151, 155n
madrasas, 116, 117, 254
magia, 48, 146, 150
magnatas, 222
Mahabharata, 180
mandarins, 155
manuscritos, cópia de, 13
Maomé, 114, 118
Mapas e Ensaios sobre a Hull-House, 228
Maquiavel, Nicolau, 142
Marco Antônio, 45, 124
Marcos, Evangelho de, 55
Marie, Mileva, 197
Marselha, 62
Marx, Karl, 189-190
masculinidade, 208
    academias e, 148-151
    cultura universitária de, 88, 103, 128, 192-193, 209
    na Grécia antiga, 24-25, 28-29, 148-149
    nos seminários, 191, 197
massacre do Dia de São Bartolomeu, 150
matemática, 88, 103, 129, 192-193, 209
    ver também quadrivium
Mateus, Evangelho de, 55, 171
Mather, Cotton, 164
Mayo, Elton, 225

McNamara, Robert, 234
Médici, Catarina de, 151
medicina, 32, 77, 92, 186, 254-255
    como *ars* vs. *scientia,* 105
    doença e, 211-215
    greco-romana, 104
Médicis, 37, 149, 151
médicos, 105-106
Meitner, Lise, 198
mendicantes, ordens 95, 128
mente-corpo, distinção, 127
mercenários, 129
mês lunar, 75
Mesopotâmia, 22, 34, 43, 113
metodistas, 164
método científico, 139, 147, 151, 152
método indutivo, 147
método socrático, 27
Michaelis, Johann David, 167-171, 174, 175
micróbios, 211, 212
microscópio, 133
Microsoft, 249
mídia digital, 10, 11, 17
Midvale Steel Company, 222
milenarismo, 77-81
Miller, Walter M., Jr., 237-238, 241
missais, 71
missionários, 126, 128, 145, 154, 165, 166, 181-182
misticismo, 47, 54, 91, 117
modernidade, 128, 134, 180, 198, 216
Moisés, 57
moksa, 81
Mondeville, Henri de, 104-105
"monge", derivação da palavra, 60
mongóis, 116
monoteísmo, 13, 35
Monte Cassino, 51-52, 104, 237

INDICE REMISSIVO

Montpellier, 104, 105
Morávia, 108
"*moron*", cunhagem da palavra, 220
mosteiros, 11, 13, 49-82, 90, 130, 237,
  239, 253
  crianças em, 73
  dependência de doações, 73
  escrita como ato devocional em, 131
  fala vista com desprezo nos, 71
  legado dos, 54, 53-54
  livros copiados em, 52-53, 62-65
  longevidade institucional dos, 52-53,
    72, 87
  marginalização dos, 239, 240-241
  mulheres e, 72, 73, 89, 90
  na Índia, 81-82
  orientados para o presente e o futuro,
    65
  primeiros, 51-65
  publicação de livros em comparação
    com trabalho dos, 141
  regime devocional dos, *ver* Regra Be-
    neditina
  riqueza dos, 91
  tempo e, 51, 53, 65-80, 131
  transição institucional de bibliotecas
    a, 240
  ver também mosteiros específicos
movimento arcádico, 152
Movimento pela Liberdade de Expressão
  (em Berkeley), 244
Mughals, 118
mulheres, 15, 55, 165
  academias e, 151-153
  casas de acolhimento e, 227-229
  ciência de laboratório e, 67, 197-199
  cientistas sociais, 226, 231
  como copistas de manuscritos cris-
    tãos, 56

como freiras, 72, 73, 74, 88, 89
em universidades, 89, 90, 198, 230, 245
excluídas das escolas catedrais, 89
Islã e, 111, 115
na ciência, 11, 151-152
na República das Letras, 67, 124, 127
nas bibliotecas romanas, 45
Regra Beneditina e, 67, 72, 90
sobre Lesbos, 25
"multiversidade", 244
Mundo resplandecente (Cavendish), 127
muralha de Adriano, 64
Musas, 31
Museu de Alexandria, 22, 31, 38, 44,
  45, 48, 112, 142
Museu do Colégio Romano, 145
Museu Liebig, 208
Museum Wormianum (Worm), 144
Museus, 141-147, 191, 238, 241
  coleções dos *virtuosi* como, 141-142
  como livros, 144-145
  novos conhecimentos e, 145-147
  Wunderkammer como, 142-145
música, 76-77, 108, 145, 148-149, 150

nacionalismo, 108, 161, 184, 187, 194
Nagasaki, 237
Nalanda, 81-82
Napoleão I, imperador da França, 160,
  177, 179, 181, 185, 186, 189
NASA (National Aeronautics and Space
  Administration), 232
Natal, 74
Natural Magick (Porta), 146
Negro em Chicago, O (Park), 231
negros, 230-232, 246
neoconfucianos, 155
neo-humanismo, 173, 174, 185, 186,
  193, 215

301

A REINVENÇÃO DO CONHECIMENTO

neoplatônicos, 47, 58, 130, 150
Newton, sir Isaac, 14, 123, 138, 151
Nicolle, Charles, 214
Niebuhr, Carsten, 171
nitisastra, 183
Noé, 145
notação musical, 72
Nova Jersey, 220
Novus mundus (Vespúcio), 136

objetividade, 156, 199, 203, 215, 217, 224, 226
oblatos, 74, 79
Ocidente
  definido pela República das Letras, 110
  definido por instituições do saber, 12
  origens gregas e helênicas do, 44, 176
  outras culturas letradas em comparação com o, 13-14
  seis instituições intelectuais dominantes no, 13
  tradição intelectual do, 11-13
oculto, 145, 150-151
Odisseia (Homero), 22, 26, 175
Ofício Divino (Horas), 69-70, 71, 72, 73
Omar, Califa, 46, 112
ópera, 150
Operação tartaruga, 225-226
Oppenheimer, J. Robert, 237, 238
ordem alfabética, 96
Ordem Dominicana, 93
Ordem Franciscana, 95
origem da, 85
Orígenes, 35, 58
Osiander, Andreas, 137
ostrogodos, 62
Ovídio, 52
oxigênio, 204, 206, 209, 211

Packard, William, 248
paideia, 48
panditas, 177-184, 255
papel, 115
paradoxografia, 36, 136, 144
Paris, 150
  escolas catedrais de, 92
Park, Robert E., 230-231
Páscoa, 74-76, 78, 81
Páscoa, 75
Pasteur, Louis, 211-215, 242
patrocínios, 31-32, 37, 37-38, 46, 52
Paulo III, Papa, 137
Paulo, Epístolas de, 55
pecado, 67, 71
pedagogia, 164, 247
  avanço científico e, 210
  debates e, 18, 106-107, 109, 172
  forma escolástica de, 93
  Islã e, 114
  na Grécia antiga, 25, 26, 27, 28-30
  viva voce, 106
Pedro, Segundo Livro de, 77
Peiresc, Nicholas Claude Fabri de, 139
Pentecostes, 74
peregrinos, 61, 87
pergaminho, 64
Pérgamo, 30, 32, 33, 45
Péricles, 172
Pérsia, 34, 35, 116, 118
peste negra, *ver* praga
Petrarca, 131, 141, 148, 149
pietismo, 163-168, 172, 176, 192
pietistas, 163-171, 174, 176
Pinakes (catálogo da Biblioteca de Alexandria), 35, 36
Pitágoras, 150
Platão, 12, 22, 27-28, 29, 39, 47, 51, 60, 90, 91, 107, 108, 148, 150, 153

ÍNDICE REMISSIVO

platonismo, 58

poesia, 151

pogroms, 47

pólis, 23, 24 26, 27, 30-32, 130

política
  conhecimento e, 124, 153
  derivação de, 23
  na Grécia antiga, 25, 26, 27, 30

popolo, 99, 100

Porta, Giambattista della, 147

praga (peste negra), 52, 87, 108, 129

prece, 61, 66, 68-70, 72

Prêmio Nobel, 147, 197, 208, 214

prensa tipográfica, 115, 134, 135, 140,
  144, 145, 182

pré-socráticos, 28

Priestly, Joseph, 205

Primeira Guerra Mundial, 220

princípio da incerteza de Heisenberg,
  224

professores universitários, viagens de,
  88, 96

Programa Espacial Apolo, 234

programa espacial, 232-235

progresso, 128

Projeto Manhattan, 233, 237

Prolegomena a Homero (Wolf), 174

protestantes, 11, 118-119, 120, 127, 128,
  143, 150, 159, 161, 163, 169, 186,
  194

Prússia, 163, 165, 169, 174, 177, 184-
  194, 200, 208

psicologia, 217-221

Ptolomeu (Cláudio Ptolomeu), 23, 113,
  135, 137, 138, 142, 146

Ptolomeus, 23, 31-32, 34, 38, 39, 40,
  46, 48, 151
  Cleópatra, 44
  Ptolomeu I, 21, 35

Ptolomeu II, 22

pundits, 178, 184
  ver também panditas

puritanos, 164, 165

quadrivium, 76, 108, 144

questões raciais, 217, 230

química, 113, 198, 203-211, 217

Quociente de Inteligência (QI), teste,
  217-221

quod inter est (interesse), 101

quodlibets, 106, 108

racionalismo, 167

Ramayana, 182

RAND, 234, 239

Ranke, Leopold von, 192

Ray, Rammohan, 182

Real Academia Sueca de Ciências, 147

reencarnação, 81

Reforma Protestante, 119, 123, 125, 128,
  186

Reforma, *ver* Reforma Protestante

Regra Beneditina, 51, 62, 241
  acréscimos locais à, 71
  disciplina do tempo como ponto fun-
    damental da, 65-66
  disseminação da, 73
  especificidade das instruções na, 68-69
  fonte da, 66
  leitura e, 67, 70
  mulheres e, 67, 72, 90
  predominância da, 65-67
  ritual das preces de domingo descrito
    na, 65-66
  salmodia e, 69
  sobrevivência e estabilidade do mos-
    teiro alcançadas por meio da, 67
  textos e tempo na, 65-73

Regra do Mestre, 65-66
Reims, 92
relações humanas, 225
Relatórios Kinsey, 232
"religião política", 110
religião, 37-38, 47-48#ciência e, 18
"Relógio do Apocalipse", 238
Renascença, 37, 46, 53, 107, 124, 128, 129, 140, 142, 147, 149
República (Cícero), 64
República das Letras, 13, 14, 111, 119, 121-156, 167, 170, 171, 176, 178, 182, 186, 194, 203, 206-207, 241, 252, 253
  academias e, 147-156
  descrição da, 11, 123-129
  distâncias e, 132-134
  humanismo e, 129-131
  instituições auxiliares da, 239
  legado da, 125, 128-129
  livros e, 134-141
  mulheres e, 67, 124, 126-127
  nomes proeminentes na, 123, 138
  orientada para o futuro, 140-141
  origem do termo, 124
respublica literaria, 124
Retórica
  das descobertas, 135-137
  interesse humanista na, 130
  romana, 53, 54, 57, 108
Revelação, Livro da, 80
Revista Americana de Sociologia, 228
revistas acadêmicas, 147
revolução científica, 124
"revolução da leitura", 159
Revolução Francesa, 155n, 177, 204
Ricci, Matteo, 154
Ringmann, Matthias, 135
Riqueza das nações, A (Smith), 159, 174

Robert de Sorbon, 94
Rockefeller, John D., Sr., 229
Rockefeller, Laura Spelman, 229
rolos de papiro, 30, 32, 42, 57
Roma, 47, 51, 60, 110, 145, 150, 184
Rouelle, Gabriel-Francois, 205
ruminatio, 70
Rússia, 118, 200

Sacro Império Romano, 98, 108, 135, 162
saeculum, 73
salmodia, 69
salões, 162
saltérios, 72
salvação, 79
Samarkand, 112
sastrarthas, 180
sastras, 179-184, 255
sati, 181
Saxônia, 164
Schopenhauer, Arthur, 188
scientia, 105, 106, 107
secularismo, 12
Segunda Guerra Mundial, 52, 234, 251
Segunda Vinda, 77-79
Semana Santa, 74
seminários, 162-177, 178, 183, 191, 192, 198, 241
Sêneca, 109, 130
Septuaginta, 34, 48, 54, 57
Serampore, 182
sexualidade, na Grécia antiga, 24-25
Shockley, William, 248
shuyuan, 153-156
Sic et Non (Sim e não) (Abelardo), 90, 93
Sicília, 104
Simeão Estilita, 60
Simon, Theodore, 218

ÍNDICE REMISSIVO

Síria, 60
sistema métrico, 205
sistema solar, 205
   copernicano (heliocêntrico), 32, 113, 137-139, 142
   ptolomaico (geocêntrico), 32, 113, 142
Smith, Adam, 159, 165, 174, 184, 193, 216
Sobre a filosofia prática chinesa (Wolff), 166
socialismo, 222
Sociedade da Restauração, 154
"sociedade do conhecimento", 18, 239, 243-254, 257
Sociedade Real de Londres, 133, 150, 152
sociétés de pensée, 155n
sociologia, 231
Sócrates, 16, 22, 27, 108, 137, 153, 174
sofistas, 26-27, 28
solstício de inverno, 74
Sorbonne, 94, 162, 218
Squillace, 62
studium generale, 86n
studium particulare, 86n
sufis, 117
Sul da Ásia, 117, 118, 179
   ver também Índia
Suma Teológica (Tomás de Aquino), 96
sutras, 179

Talmude, 57
Taylor Society, 222
Taylor, Frederick Winslow, 222, 234
taylorismo, 222-226
Tebas, 21
Tempo
   ano litúrgico, 73-77
   como criação de Deus, 73
   guardiães do, 238

   milenarismo e, 77-82
   mosteiros e, 51, 52, 65-79, 131
   na tradição sânscrita, 80-82
Teologia (Abelardo), 92
"teologia primordial", 151
teologia, 13, 87, 109-110, 111, 116, 186
   ataque de Bernardo à, 91
   criação do termo por Abelardo, 90
   na Universidade de Paris, 92, 93-97
   "primordial," 151
teólogos, 11
Teon, 47
teoria da acomodação, 170
Terman, Frank, 248
Terman, Lewis M., 220-221, 248
Terra Santa, 171
Terra, circunferência da, 32
Tertuliano, 58
teste Binet-Simon, 218-221
Teste de Aptidão Acadêmica (SAT), 221, 245, 246
teste Stanford-Binet, 220-221
"*therbligs*", 223
think tanks, 233
tifo, 213-214
tiranos, 25
Tito Lívio, 130, 131
títulos de doutorado, 186
títulos, acadêmicos, 97, 108
Toledo, 87
Toledo, Eleonora, di, 151
Tomás de Aquino, Santo, 96, 102
Torá, 54, 56, 57
tradição sânscrita, 13, 80-82, 141, 179
tradições orais, conversão em erudição escrita das, 13
Tradução
   da Bíblia, 34, 54, 57, 166
   de clássicos gregos e romanos, 107, 149

de outras obras antigas para o grego,
34-35
nas línguas da Índia, 182
para línguas vernaculares, 149
por eruditos islâmico, 112
tribos germânicas, 52, 59, 62
Trindade, 89, 90
trivium, 53, 58, 108, 130, 144
troianos, 26
Trotula ("Dama de Salerno"), 103
Tucídides, 44
Túnis, 213-214
turcos otomanos, 46, 82, 212
Turquia, 113

ulemá, 112, 114, 116, 117, 118, 213
União Soviética, 223, 231, 239
Universidade da Califórnia, 244
Universidade de Berlim, 189-187, 188,
189, 190
Universidade de Bolonha, 83, 87, 95,
106, 109
como centro de estudo do direito, 92,
97-103
origem da, 85
Universidade de Cambridge, 86, 96, 162
Universidade de Chicago, 228, 230, 231
Universidade de Giessen, 207-08
Universidade de Göttingen, 167-177,
184, 190, 191
Universidade de Halle, 143, 163-167,
168, 170, 172, 174, 177, 185, 227
Universidade de Harvard, 86, 164, 193,
245, 249
Universidade de Jena, 162, 187, 189
Universidade de Leipzig, 110, 191, 218
Universidade de Oxford, 86, 94, 109,
162, 227
Universidade de Paris, 88, 105, 106, 109

Universidade de Praga, 92, 108-111
Universidade de Salerno, 92, 103-108
Universidade de Stanford, 248, 255
Universidade de Yale, 85
Universidade Johns Hopkins, 193
universidades, 10, 13, 17-18, 22, 65, 83-
119, 240
autoridade das, 102
comercialização e, 247-250
como fenômeno urbano, 85-86, 92
como guildas, 86-87, 127-128
como oportunidades de investimento,
169-170
de pesquisa, 161, 185, 193
democratização e, 243-247
direito escolástico e, 102
direitos estudantis nas, 93-95, 98-101,
126
disputas verbais nas, 18, 106-107, 109,
172, 191-192
escolástica e, 92
estudantes chineses e indianos em, 255
"faculdades" (especialidades) e, 92,
162
forma dialética de aprendizado e, 89,
90, 93
futuro das, 257-258
identificação religiosa e, 125
indisciplina e imoralidade em, 162
land-grant, 193
madrasas islâmicas, 116-117, 117, 254
mulheres e, 90, 198, 229, 245
"nações" de estudantes nas, 102
origens e ascensão das, 85-88, 240-241
seminários e, 162-177
status social e, 188
termo original para, 86n
títulos concedidos por, 97, 108, 186
ver também universidades específicas

ÍNDICE REMISSIVO

universitas, 86
Upanishads, 179, 182
urbanização, 216
usura, 100-102

vacinas, 211-212
vácuo, experimento de produção de, 146, 147, 152-153
Vale do Silício, 248, 252, 255
vândalos, 59
varíola, 212
Vedas, 81, 179
Venceslau IV, Sacro Imperador Romano, 110
Vênus, 132
verdade, 156, 211, 223
Vespúcio, Américo, 135-136, 142, 201
viagens de descobrimento, 123, 135-136, 142, 144, 171, 201
vidas de santos, coleções de, 71, 72
Virgílio, 58, 63
virtu, 142
virtude, 142, 156
virtuosi, 142, 144, 147, 148-151, 154, 156
visigodos, 59
viva voce, 92
Vivarium, 62, 63, 65

Waldseemüller, Martin, 135, 201
Warner, W. Lloyd, 225
Washington, Booker T, 230

Webb, James, 232-233, 249
Webb, Walter Prescott, 193
Weber, Max, 216
Wei Zhongxian, 154
Wellesley, Richard, 181
Western Electric Company, 224-225
Whole Earth Catalog (Catálogo do mundo inteiro) 252
Wiener, Norbert, 251, 252
Wikipédia, 253
Winkelmann, Maria, 152
Wittenberg, 118
Wolf, Friedrich August, 174-177, 178, 181, 184, 185
Wolff, Christian, 166, 187
World Wide Web, *ver* Internet
Worm, Ole, 144
Wozniak, Steve, 248, 252
Wunderkammer (gabinete de curiosidades), *142-144, 165*
Wundt, Wilhelm, 191, 218-219
Wyclif, John, 110, 118, 125

xilogravuras, 145
Xuanzang, 82

Yale, Eli, 86

Este livro foi composto na tipologia Adobe
Garamond Pro, em corpo 12/16, e impresso em
papel off-white no Sistema Cameron da Divisão
Gráfica da Distribuidora Record.